Wie in der Psychotherapie Lösungen entstehen

Christian Mayer

Wie in der Psychotherapie Lösungen entstehen

Ein Prozessmodell mit Anregungen aus der Literatur- und Filmwissenschaft

 Springer

Christian Mayer
München
Deutschland

ISBN 978-3-658-13864-6   ISBN 978-3-658-13865-3 (eBook)
DOI 10.1007/978-3-658-13865-3

Die Deutsche Nationalbibliothek verzeichnet diese Publikation in der Deutschen Nationalbibliografie; detaillierte
bibliografische Daten sind im Internet über http://dnb.d-nb.de abrufbar.

Springer
© Springer Fachmedien Wiesbaden 2017

Gedruckt auf säurefreiem und chlorfrei gebleichtem Papier

Springer ist Teil von Springer Nature
Die eingetragene Gesellschaft ist Springer Fachmedien Wiesbaden GmbH

Inhaltsverzeichnis

Einleitung

Als junger Psychiater war ich fasziniert von Diagnose-Schemata, erlaubten sie mir doch, in der verwirrenden Vielfalt von z. T. bedrohlichen Eindrücken aus dem klinischen Alltag eine Ordnung zu erkennen. Ich sah nicht mehr nur einen Menschen vor mir, der aus unerklärlichen Gründen Angst hatte, Stimmen hörte oder seltsam bizarre Bewegungen vollführte, sondern z. B. „einen Patienten mit einer katatonen Schizophrenie". Ich erinnere mich noch gut an eine Chefarztvisite, bei der ich den damaligen Leiter der Psychiatrischen Universitätsklinik in München, Prof. Hippius, als junger Assistenzarzt begleitete und ihm stolz die Neuzugänge auf Station mit ihren Diagnosen vorstellte. Am Ende der Visite überraschte er mich mit dem Satz: „Als junger Psychiater interessieren Sie sich für Diagnosen, aber je älter Sie werden, desto interessanter werden die Verläufe."

Nun, er hatte Recht behalten: Zunächst habe ich mich noch viele Jahre für Diagnosen und andere Strukturmerkmale von psychischen Krankheiten interessiert und dabei mein Instrumentarium verfeinert. Insbesondere der Zugang zur Kunsttherapie hat es mir ermöglicht, die inneren Strukturen und Konflikte meiner Patienten auch plastisch in ihren spontan gemalten Bildern zu studieren und dabei eigene Kategorien zu entdecken (Mayer 2008, 2010). Letztlich waren es aber auch die Bilder und Zeichnungen meiner Patienten, die mich schließlich auf die Bedeutung der Verläufe aufmerksam werden ließen: Wenn Patienten in meiner psychotherapeutischen Praxis zu verschiedenen Zeitpunkten während ihres Krankheits- und Gesundungsprozesses Bilder malen, dann lassen sich diese nämlich wie eine Geschichte lesen, eben wie eine Krankheits- oder „Gesundungsgeschichte". Dabei taucht regelmäßig ein typischer Verlauf mit bis zu sechs verschiedenen Stationen auf, die alle Patienten mehr oder weniger deutlich auf dem Weg zur Problemlösung durchlaufen. Es scheint also eine Art „Allgemeine Lösungsgeschichte" zu geben, die sich unabhängig von der Art des Problems, der Diagnose oder der Persönlichkeit eines bestimmten Patienten identifizieren lässt.

© Springer Fachmedien Wiesbaden 2017
C. Mayer, *Wie in der Psychotherapie Lösungen entstehen,*
DOI 10.1007/978-3-658-13865-3_1

Um die aktuelle „Station" eines Patienten in dieser Lösungsgeschichte zu erkennen, lohnt es sich zusätzlich, neben den Bildern auf die Metaphern zu hören, mit denen er seine aktuelle Situation beschreibt. Er fühlt sich beispielsweise „in einem Gefängnis gefangen", hat „die Orientierung verloren", erlebt sich „wie im freien Fall" oder hat einfach nur das Gefühl, dass „es nicht weitergeht". All diese Beschreibungen sind jeweils typisch für ein bestimmtes Stadium der Problemlösung.

Auf jeder Station lauern bestimmte typische Gefahren, ergeben sich aber auch ganz bestimmte Möglichkeiten zur Lösung, die ich in diesem Buch auf unkonventionelle Art genauer untersuchen will. Unkonventionell deshalb, weil ich mich auf der Suche nach Modellen für eine „Allgemeine Lösungsgeschichte" auch der Geschichten aus der Literatur und dem Film bediene. Viele erdachte Storys spiegeln ebenfalls die Stationen wider, die meine Patienten typischerweise durchlaufen.

Das vorliegende Buch beschreibt demnach einen neuen Zugang zu Patienten-Geschichten. Im Zentrum steht die Frage, wie Lösungen in der Therapie und im Leben zustande kommen und welche Stationen Patienten bis dorthin durchlaufen. Wie sich immer wieder zeigt, gleichen diese Stationen metaphorischen Räumen, die man sich in ihrer Gesamtheit als „Landkarte" vorstellen und sich entsprechend darin orientieren kann.

Auf dieser Landkarte finden wir regelmäßig als Station einen idealen Ort, ein **„Paradies"**, aus dem der Patient aus ganz bestimmten Gründen vertrieben worden ist. Er findet sich dann in einer weiteren Station wieder, der **„Rätselzone"**, die er als bedrohlich, fremdartig und in einer Art verwirrend erlebt, dass er sich ratlos und nicht selten wie in einem Traum erlebt. Der Patient glaubt häufig, sich davor schützen zu können, indem er angestrengt ein **„Provisorium"** aufrechterhält, bevor er in einer nächsten Station, der **„Diaspora"**, einen Ort mit sicheren Grenzen zum Rückzug sucht. Weil dieser Schutzraum aber auf die Dauer mehr und mehr zu einem Gefängnis wird und damit auch die Rückkehr in die Heimat verhindert, muss der Patient irgendwann von dort einen **„zweiten Aufbruch in die Rätselzone"** wagen. Er tut dies aber nun gestärkt, entschlossen und mit neuen kreativen Ideen, die ihm helfen, in der fremden Zone zu bestehen. So gelangt er schließlich in ein **„modifiziertes Paradies"** oder an einen **„dritten Ort"**. Das ursprüngliche Problem ist damit gelöst.

Beschäftigt man sich länger mit dieser Art der Prozess-Beobachtung, dann scheinen einem die einzelnen Stationen so evident, dass man sich wundern muss, warum sie nicht schon bisher in die Therapieplanung einbezogen wurden. Ich denke, es liegt daran, dass sich Therapeuten meist viel zu sehr an Diagnosen orientieren und dann ihre jeweiligen Interventionen an diesen abstrakten Kategorien ausrichten. Diese diagnosen- bzw. störungsspezifische Betrachtungsweise möchte ich durch ein phasenspezifisches Prozess-Modell ersetzen, in dem es einen erheblichen Unterschied macht, ob (und warum) jemand aus dem Paradies vertrieben worden ist, ob er sich noch im Provisorium mit kurzfristig wirksamen Strategien abmüht, ob er sich schon in eine Diaspora gerettet hat oder kurz vor dem Aufbruch daraus steht – und zwar unabhängig von seiner jeweiligen Diagnose.

Warum verweise ich im Laufe des Buches immer wieder auf Beispiele aus Literatur und Film, die doch scheinbar wenig mit dem „wirklichen Leben" zu tun haben? Warum üben diese medial vermittelten Geschichten dann aber so einen großen Reiz auf viele Menschen aus? Geht es in diesen Geschichten wirklich nur um Unterhaltung oder Ablenkungen von den Niederungen des Alltags? Ich glaube nicht, dass es ein Grundbedürfnis nach Unterhaltung oder „Berieselung" gibt. Vielmehr gehe ich davon aus, dass es die Grundmotivation des Gehirns ist, zu lernen. Und vor allem will es darüber etwas erfahren, welche Probleme einem im Leben begegnen können und wie man diese am besten löst. Genau dies erfährt es in Romanen und Filmen. Die Story selbst ist dabei nichts anderes als eine in Worten und Bildern vermittelte Beschreibung dieses Problemlösungsprozesses (*„Every complete story is really an analogy for the human mind's problem solving process"*, Jim Hull 2010). Und so verwundert es nicht, dass in den medial vermittelten Geschichten eben genau diese Stationen oder metaphorischen Räume durchlaufen werden, die ich auch in den Patientengeschichten gefunden habe.

So gesehen sind Geschichten aller Art eine unerschöpfliche Quelle dafür, wie Menschen Probleme lösen (oder scheitern) und damit eine Art „Lösungsdatenbank". Filmschaffende und Literaturwissenschaftler haben während der letzten Jahrzehnte ein äußerst elaboriertes System von Anschauungsweisen und Regeln entwickelt, wie sie ihr inhaltliches Material ordnen und auf eine beinahe naturwissenschaftliche Weise betrachten können. Sie haben dabei ein Ordnungssystem entdeckt, das mir wertvolle Impulse für die Analyse meiner Patientengeschichten geliefert hat. Dabei ging es mir nicht wie Joseph Campell (1999) oder Christopher Vogler (1998) in der Tradition des „Heldenepos" um den konkreten **Inhalt,** sondern um **Strukturen,** nach denen Geschichten funktionieren, sei es im Film, in der Literatur oder eben im „richtigen Leben".

Ein Missverständnis wäre es auch, wollte man die Erkundungen auf dem Lösungsweg mit dem Ansatz der narrativen Psychologie gleichsetzen (Zusammenfassung u. a. bei Boothe 2010). Der narrative Ansatz behandelt die Erzählungen des Patienten als hochgradig individuelle Konstrukte, mit denen er den einzelnen Ereignissen in seinem Leben gleichsam im Nachhinein einen Sinn gibt. Ich will diesen Ansatz hier nicht kritisieren, erachte ihn im Gegenteil als hoch bedeutsam, sehe aber, wie gesagt, eine viel spannendere Aufgabe darin, zunächst einmal genau hinzuschauen, wie Patientengeschichten eigentlich strukturell aufgebaut sind. Deshalb habe ich mich in diesem Buch auf die Suche nach einer Allgemeinen Lösungsgeschichte begeben, die (ähnlich wie eine Diagnose) überindividuell gültig ist – nur wesentlich praktischer für Therapeuten handhabbar.

Lässt man sich auf diesen neuen Blickwinkel ein und abstrahiert von den jeweils individuellen Erfahrungen und „Requisiten" der Patientengeschichten, dann erscheinen plötzlich prototypische Verläufe und Strukturen vor dem inneren Therapeuten-Auge und lassen sich dazu nutzen, die jeweilige Position des einzelnen Patienten in dieser allgemeinen Geschichte zu bestimmen. Der Therapeut fragt dann nicht mehr primär danach, „wer" ein Patient ist, sondern „wo" er sich in dieser Geschichte befindet, und kann daraus Schlüsse ziehen, wo er vorher war und welche Möglichkeiten bzw. Abzweigungen sich für die weitere Problemlösung ergeben könnten. Weil es in dieser Allgemeinen

Geschichte nur eine begrenzte Zahl von Stationen gibt, kann der Therapeut aus dem jeweiligen aktuellen „Aufenthaltsort" des Patienten auch abschätzen, wie nahe er sich bereits an einer Lösung befindet. Er kennt zudem die möglichen Lösungstypen, die sich mit der jeweiligen Vorgeschichte für ihn anbieten und welche Hilfen er ihm zu deren Realisierung anbieten kann.

Wie gehe ich also praktisch vor? Zu Beginn einer Therapie und dann jeweils zu den Zeitpunkten, an denen eine Veränderung stattgefunden hat, rege ich meine Patienten dazu an, ein Bild zu malen. Die Aufforderung ist jeweils die Gleiche:

> Versuchen Sie doch einmal, Ihren aktuellen Zustand oder Ihre aktuelle Situation in einem Bild darzustellen![1]

Auf diesen Bildern oder Skizzen, von denen zahlreiche in diesem Buch dargestellt sind, erkennt man auf den ersten Blick, „wo" sich der jeweilige Patient gerade in dieser Allgemeinen Lösungsgeschichte befindet, welche Grenzüberschreitungen ihn hierher geführt haben und wie nahe oder fern er noch einer Lösung ist. Das Konzept hat sich in der Einzelarbeit mit Patienten in meiner Praxis sowie in Weiterbildungsgruppen als äußerst nützlich erwiesen, nicht zuletzt deshalb, weil damit nicht nur dem Therapeuten eine bessere Orientierung gelingt, sondern auch dem Ratsuchenden, der sich damit auf der Folie einer Allgemeinen Lösungsgeschichte verorten kann. Insofern ist das Modell auch für Menschen in Krisensituationen geeignet. Sie können anhand der hier vorgelegten „Landkarte" erkennen, dass ihr gegenwärtiger Zustand nur eine Station innerhalb eines Lösungskreislaufs darstellt, was in der Regel als tröstlich und entlastend empfunden wird.

Im folgenden Kapitel werde ich aber zunächst auf die theoretischen Hintergründe des Modells und seine Fundierung in der Literatur- und Filmwissenschaft eingehen. Es richtet sich vorwiegend an Leser, die auch an den Literatur- und Filmwissenschaftlichen Grundlagen interessiert sind, während solche mit einem ausschließlich praktischen Interesse in Kap. 3 die Landkarte betreten können.

Literatur

Boothe, B. (2010). *Das Narrativ: Biografisches Erzählen im psychotherapeutischen Prozess*. Stuttgart: Schattauer.
Campbell, J. (1999). *Der Heros in tausend Gestalten*. Frankfurt a. M.: Insel.

---

[1]Der Begriff „Zustand" verweist den Patienten mehr auf seine innere Befindlichkeit, während der alternativ angebotene Begriff „Situation" ihm die Möglichkeit gibt, äußere Strukturen in seinem Bild darzustellen. Typischerweise biete ich für Farbbilder ein A3-Format an, für Schwarz-Weiß-Skizzen ein selbstgeschnittenes Format in der Größe 18 mal 21,5 cm (siehe auch Mayer 2008; sowie Schmeer und Mayer 2011).

Hull, J. (2010). Storyfanatic – A journal of meaningful story structure. http://narrativefirst.com/store.

Mayer, C. (2008). *Hieroglyphen der Psyche. Mit Patientenskizzen zum Kern der Psychodynamik.* Stuttgart: Schattauer.

Mayer, C. (2010). *Mit Fokus-Karten zum Ziel. Ein Navigationssystem für Psychotherapeuten und Coaches.* Paderborn: Junfermann.

Schmeer, G., & Mayer, C. (2011). Visuelle Resonanz auf Begriffe. Gibt es eine grafische Krankheitslehre?. In Kunst und Therapie, Zeitschrift für bildnerische Therapien, 2011/2 (S. 61–70). Köln: Klaus Richter.

Vogler, C. (1998). *Die Odyssee des Drehbuchschreibers* (2. Aufl.). Frankfurt a. M.: Zweitausendeins.

Was ist eine Geschichte?

Der in der Einleitung eingeführte Begriff der „Landkarte" macht deutlich, dass wir uns bei dem hier vorgestellten Ansatz vorwiegend räumlicher Metaphern bedienen, um den Therapieprozess zu beschreiben. Und in der Tat geht es mir um eine Art topologischer Psychotherapie, also ein Denken in Räumen und Grenzen, um Veränderungen zu beschreiben. Dieser Ansatz ist nicht neu und wurde erstmals von dem russischen Semiotiker und Literaturwissenschaftler Juri Lotman (1922–1993) eingeführt, um eine allgemeine Struktur von literarischen Geschichten zu beschreiben. Seine literarischen Analysen bauen auf der Beobachtung auf, dass wir uns die Welt vorzugsweise in räumlichen Charakteristika erklären und deshalb sucht er auch in erzählten Geschichten nach solchen wesentlichen Räumen, in denen sich der Protagonist aufhält bzw. die er auf der Suche nach einer Lösung durchwandert. Diese Räume sind aber nur dann wesentlich für den Fortgang der Geschichte, wenn sie mit speziellen Bedeutungen, also mit „Werten" aufgeladen sind. Schon in unserer alltäglichen Wahrnehmung, so Lotman, verknüpften wir Räumliches fast reflexhaft mit Bedeutungen. Konkret stellt er fest:

> Die allerallgemeinsten sozialen, religiösen, politischen, ethischen Modelle der Welt, mit deren Hilfe der Mensch auf verschiedenen Etappen seiner Geistesgeschichte den Sinn des ihn umgebenden Lebens deutet, sind stets mit räumlichen Charakteristika ausgestattet, sei es in Form von Gegenüberstellung ‚Himmel – Erde' oder ‚Erde – Unterwelt' (eine vertikale dreigliedrige Struktur, organisiert längs der Achse „oben – unten"), sei es in Form einer sozial-politischen Hierarchie mit der zentralen Opposition der ‚Oberen – Niedern', sei es in Form einer ethischen Merkmalhaltigkeit in der Opposition ‚recht – links' […] All das fügt sich zusammen zu Weltmodellen, die deutlich mit räumlichen Merkmalen ausgestattet sind (Lotman 1993, S. 313).

Räumliche Gegensätze wie „innen versus außen", „hoch versus tief" oder „links versus rechts" werden so also zu Wertgegensätzen bzw. semantischen Oppositionen wie „gut versus böse", „frei versus unfrei" oder „sicher versus gefährdet". Und damit, so Lotman, sind die in Geschichten beschriebenen Räume weit mehr als nur Räume, sie sind „*viel*

C. Mayer, *Wie in der Psychotherapie Lösungen entstehen,*
DOI 10.1007/978-3-658-13865-3_2

mehr als nur dekorativer Hintergrund" (Lotman 1993, S. 329), sondern sie gliedern die Erzählung in verschiedene Sinn-Räume oder „Semiosphären". Wenn wir z. B. an einen Patienten mit sozialer Phobie denken, der sich in seiner Wohnung zurückzieht, dann ist diese Wohnung mehr als nur ein „häufiger Aufenthaltsort". Der Patient strukturiert vielmehr seine gesamte Welt in ein „Innen" und ein „Außen" und semantisiert dieses „Innen" mit Bedeutungen wie „sicher" und „geborgen", während das „Außen" mit Bedeutungen wie „bedrohlich" oder „rätselhaft" aufgeladen wird. Topologisches wird also mit Semantischem vermischt und ist manchmal sogar gar nicht mehr als konkreter Raum erkennbar. Auch wenn z. B. Patienten davon berichten, dass sie sich in einem „Dschungel" oder in einem „goldenen Käfig" befinden, oder in einem „luftleeren Raum" oder einem „Gefängnis", dann meinen sie damit vielleicht gar keinen konkreten Ort mehr, sondern einen metaphorischen. Und es sind genau diese Art von metaphorischen Räumen, welche die Architektur unserer Allgemeinen Lösungsgeschichte bestimmen.

Um vom Raum oder vom Architektonischen zu einer Geschichte zu kommen, fehlt uns allerdings noch ein wesentliches Bindeglied. Räume sind statisch – eine Geschichte aber ist etwas Prozesshaftes, Dynamisches. Lotman löst diesen Widerspruch, indem er den Begriff des „Ereignisses" einführt, und versteht darunter die Überschreitung einer Grenze zwischen zwei Räumen, die mit unterschiedlichen Bedeutungen aufgeladen (also unterschiedlich semantisiert) sind (siehe Abb. 2.1).

Wenn also der oben beschriebene Patient mit einer sozialen Phobie den Raum seiner Wohnung verlässt und sich mit Freunden trifft, dann stellt diese Grenzüberschreitung zwischen einem sicheren und einem beängstigenden Raum eine bedeutsame Grenzüberschreitung dar, weil diese Räume unterschiedlich semantisiert sind. Genauer gesagt, wird durch diese Grenzüberschreitung, wenn sie denn dauerhaft gelingt, ein früheres Ereignis getilgt, das ihn erst in das Gefängnis seiner sozialen Isolation geführt hat. Eine literarische Geschichte (und auch die „Krankheitsgeschichten" unserer Patienten) besteht laut Lotman und den Literaturwissenschaftler in seiner Nachfolge (etwa Hans Krah und Klaus Renner) immer aus mindestens zwei Ereignissen bzw. Grenzüberschreitungen: ein Ereignis, das die Geschichte startet, das also zu einer Konfliktsituation führt, und einem zweiten, das dieses erste Ereignis wieder tilgt. Auch dieses lässt sich als

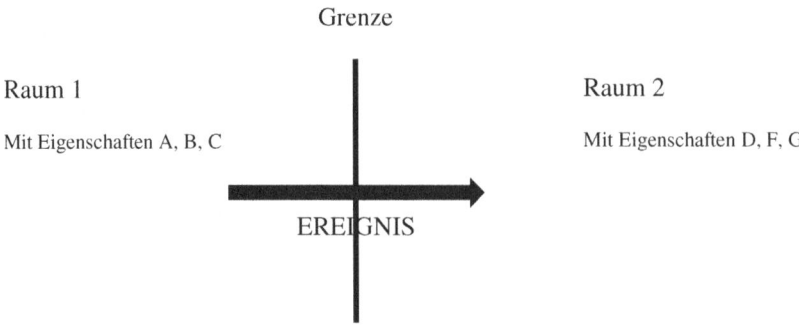

Abb. 2.1 Ereigniskonzept nach Juri Lotman

Grenzüberschreitung zwischen zwei Räumen veranschaulichen, führt also unter günstigen Bedingungen in einen Lösungsraum. Wir werden im Laufe dieses Buches sehen, wie sich der lotmansche Ereignisbegriff in hervorragender Weise verwenden lässt, um auch komplexere Patientengeschichten dahin gehend zu untersuchen, welche Räume typischerweise durchwandert und welche Grenzen überschritten werden, warum dies geschieht und wie sich schließlich ein Lösungsraum eröffnet.

Die Suche nach einer allgemeinen Struktur von Geschichten führt uns zunächst noch wesentlich weiter in der Zeit zurück als zu dem Literaturwissenschaftler Lotman aus dem letzten Jahrhundert, nämlich zu Aristoteles (384 v. Chr. – 322 v. Chr.). In seinem grundlegenden Werk zur griechischen Tragödie, der „Poetik" macht er sich zunächst sehr grundsätzliche Gedanken darüber, was eine Geschichte eigentlich ist und stellt im 7. Kapitel seiner *Poetik* fest, dass sie nur dann als Geschichte rezipiert wird, wenn sie als etwas „Ganzes" empfunden wird. Was ist aber ein Ganzes?

Nach Aristoteles ist ein Ganzes

> was Anfang, Mitte und Ende hat. Ein Anfang ist, was selbst nicht mit Notwendigkeit auf etwas anderes folgt, nach dem jedoch natürlicherweise etwas anderes eintritt oder entsteht. Ein Ende ist umgekehrt, was selbst natürlicherweise auf etwas anderes folgt, und zwar notwendigerweise oder in der Regel, während nach ihm nichts anderes mehr eintritt. Eine Mitte ist, was sowohl selbst auf etwas anderes folgt als auch etwas anderes nach sich zieht. Demzufolge dürfen Handlungen, wenn sie gut zusammengefügt sein sollen, nicht an beliebiger Stelle einsetzen noch an beliebiger Stelle enden, sondern sie müssen sich an die genannten Grundsätze halten (Aristoteles, in der Übersetzung von M. Fuhrmann 1976, S. 55).

Dieses Schema (siehe Abb. 2.2) erscheint vielleicht banal, aber nur deshalb, weil wir uns schon so daran gewöhnt haben, dass wir gar nicht mehr registrieren, dass wir es dauernd verwenden. Andererseits neigen wir dazu, Sachverhalte, die uns gänzlich in Fleisch und Blut übergegangen sind, überhaupt nicht mehr zu sehen, weil sie sozusagen a priori Kategorien geworden sind, die nicht mehr Gegenstand der Reflexion und Wahrnehmung sind.

Syd Field schreibt in seinem Klassiker „Das Drehbuch" (Field 2007, S. 51) dazu:

> Manche von Ihnen werden mir ohnehin nicht glauben. Sie halten vielleicht nichts von der Einteilung in Anfang, Mitte und Ende. Natürlich können Sie argumentieren, dass Kunst, wie das Leben, nichts weiter ist als ein paar individuelle „Augenblicke", die irgendwo in einer weiten Mitte eingefroren worden sind und keinerlei Anfang oder Ende haben. […] Dieser Meinung bin ich nicht
>   Geburt, das Leben, der Tod – ist das kein Anfang, keine Mitte, kein Ende? Frühling, Sommer, Herbst und Winter – ist das nicht Anfang, Mitte, Ende? Morgens, mittags, abends – immer ist es dasselbe und doch jedes Mal anders. […] Drehbücher sind nichts anders.

Abb. 2.2 Zeitschema einer Geschichte nach Aristoteles

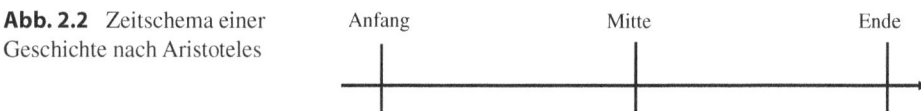

Halten wir also fest: Eine Geschichte hat – im Gegensatz zu einer Momentaufnahme oder einem Einzelbild – eine zeitliche Struktur. Genauer gesagt: Es sind mindestens 3 Zeitpunkte erforderlich, um eine Geschichte zu erzählen.

Ein sehr einfaches Beispiel hierzu findet sich in dem Buchbeitrag von Michael Titzmann (Tizmann 2014, S. 114):

> Heinrich verließ sein Büro. Er suchte sich einen Tisch vor dem Straßencafé und bestellte einen Espresso. Während er ihn trank, rauchte er. Dann ging er wieder an die Arbeit.

Zweifellos hat dieser kleine Text einen Anfang (Büro), eine Mitte (im Café) und ein Ende (wieder im Büro) und doch haben wir nicht den Eindruck, dass eine Geschichte erzählt wird.Das liegt daran, dass es zwar

> Geschehnisse [gibt], aber sie transformieren den Zustand des Protagonisten nicht. […] Bloßes Geschehen muss also vom Ereignis unterschieden werden, bei dem eine Zustandsänderung der Referenzgröße eintritt (Tizmann 2014, S. 114).

Die Referenzgröße ist Heinrich und dieser kehrt ins Büro im gleichen Zustand zurück, in dem er es verlassen hatte. Um aus dem Geschehnis eine Geschichte zu machen, müssen wir also den Text um eine Zustandsänderung von Heinrich erweitern, etwa so:

> Heinrich verließ sein Büro, weil er mit seiner Arbeit nicht weiterkam. Im Café bestellte er einen Espresso, rauchte und beobachte die Tauben auf dem Gehweg. Dabei kam ihm plötzlich eine Idee und er lief zurück an seinen Schreibtisch und konnte die Arbeit mühelos beenden.[1]

Wir brauchen also 2 Minimalvoraussetzungen für eine narrative Struktur:

- eine Einteilung in Anfang/Mitte/Ende und
- eine Veränderung des Protagonisten im Mittelteil.

Das ist das Konzept der **„minimal story"**, das erstmals 1973 von Gerald Prince in seinem Buch „Grammar of Stories" formuliert wurde (Prince 1973). Anfang und Ende in der minimal story sind nach Prince statisch, die Mitte ist dynamisch, weil hier die eigentliche Transformation stattfindet. Verbinden wir dieses Konzept der minimal story mit Lotmans Raumkonzept, dann hätten wir also mindestens 3 Räume in einer Geschichte, wobei im mittleren Raum eine Transformation des Protagonisten stattfindet. Die Mitte ist damit die eigentliche Veränderungszone und das Überschreiten der Grenze vom Ausgangsraum in den Mittelraum das entscheidende Ereignis, das eine Geschichte startet.

---

[1]Wir werden später noch sehen, dass es sich bei der Zustandsänderung eines Patienten oder eines Protagonisten in einem Film oder Roman sehr häufig um eine Erkenntnis handelt, die er im Laufe einer Geschichte erwirbt. Lotman formulierte dies mit seinem „Beuteholschema": Im Mittelteil einer Geschichte erobert der Held, meist unter Gefahren oder anderen Herausforderungen eine Beute, mit der er dann in den Ausgangsraum zurückkehrt (Lotman 1993, S. 339).

Wir erinnern uns, dass nach Lotman nur dann von einem ein Ereignis gesprochen werden kann, wenn die durchschrittenen Räume unterschiedlich mit Bedeutung aufgeladen, also unterschiedlich semantisiert sind. Nach ihm sind die Räume, die vom Held bei einem Ereignis durchwandert werden, sogar gegensätzlich semantisiert und Literaturwissenschaftler sprechen hier auch von einer Basisopposition (Taubenböck 2002). Als Beispiel für die gegensätzliche Semantisierung von Räumen wird häufig das Werk von Thomas Mann genannt, etwa von Thomas (Anz 2008) in einem Internetbeitrag im Rezensionsforum Literaturkritik.de vom 6.2.2008:

> Thomas Mann korreliert im ‚Tod in Venedig‘ wie im ‚Zauberberg‘ für sein Werk **konstitutive semantische Oppositionen** wie die von Vernunft und Sinnlichkeit, Gesundheit und Krankheit, Zivilisation und Wildnis mit **Entgegensetzungen von Norden und Süden, Westen und Osten** und der Verortung von Schauplätzen und Figuren nach diesen Himmelsrichtungen. Das Davoser Bergland und das deutsche Flachland, München, Venedig, Indien […] das alles ist in ein geografisches und zugleich semantisches Koordinatensystem eingepasst, in dem südöstlich anarchische Sinnlichkeit und nordwestlich die disziplinierte Vernunft verortet sind.

Was Thomas Mann und viele andere Schriftsteller (wie beispielsweise Franz Kafka in „Das Schloss" und „Amerika") also machen, ist, dass sie bestimmte Orte mit bestimmten gegensätzlichen Bedeutungen aufspannen und ihre Figuren dann die entsprechende Grenzen überschreiten lassen. In komplexen Romanen handelt es sich oft um zahlreiche Räume, manchmal auch ineinander verschachtelte Räume. Einfacher ist es hingegen in unserer kleinen Beispielgeschichte, bei der nur zwei Räume mit jeweils klar umrissenen Eigenschaften wesentlich sind. Der dritte Raum ist nichts anderes, als der modifizierte Ausgangsraum, also das Büro, in das unser Protagonist Heinrich mit einer Idee zurückkehrt (siehe Abb. 2.3).

Vom Arbeitsplatz ins Büro zu gehen ist jetzt keine sehr bedeutsame Grenzüberschreitung und deshalb ist unsere Minimalerzählung von Heinrich auch keine von besonderem

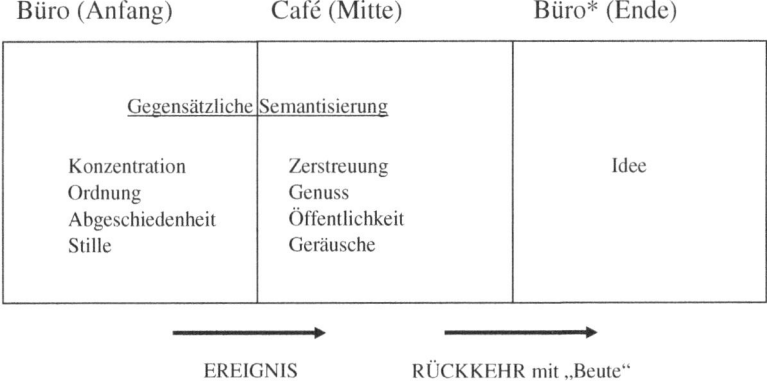

Abb. 2.3 Darstellung der gegensätzlich semantisierten Räume der Beispielgeschichte nach dem Ereigniskonzept von Juri Lotman

literarischem Wert. Lotman spricht in diesem Zusammenhang von einer Hierarchie von Ereignissen. Höherrangige Ereignisse (also Grenzübertritte) sind z. B. unwahrscheinlicher als niederrangige. Am hochrangigsten wären dann Grenzübertritte, die bisher als unmöglich galten. Oder wenn der Protagonist bei einem Grenzübertritt gegen Regeln verstößt, dann ist das auch ein Zeichen für ein höherrangiges Ereignis im Vergleich zu einem Grenzübertritt, der mehr wie ein Spaziergang anmutet. (In unserem Beispiel würde Heinrich zumindest gegen die Regel verstoßen, dass ein einfacher Angestellter während der Arbeitszeit das Büro nicht verlassen darf.).

Wenn wir diese theoretischen Überlegungen auf konkrete Patientenbeispiele anwenden, sollten wir allerdings nie vergessen, dass Lotman und die Literaturwissenschaftler nach ihm, auch metaphorische Räume in ihre Betrachtungen mit einbeziehen (siehe auch Kap. 1). Das „Jenseits" wäre so ein metaphorischer Raum (zumindest für den Atheisten) und damit der Tod ein Ereignis im Sinne einer Grenzüberschreitung vom Lebensraum in den Totenraum, oder auch das Unterbewusste, das auch sein Namensgeber Sigmund Freud nicht als verortbaren Raum im Gehirn, sondern als metaphorischen Raum definierte:

> All unserem Denken drängen sich als Begleiter und Helfer räumliche Vorstellungen auf, und wir sprechen in räumlichen Metaphern,

konstatierte Sigmund Freud 1895 in seinen „Studien über Hysterie" und kommt dann auf den Gegensatz von Bewusstem und Un(ter)bewusstem zu sprechen (Freud 1895, S. 199):

> So stellen sich die Bilder von dem Stamme des Baumes, der im Lichte steht, und seinen Wurzeln im Dunkel oder von dem Gebäude und seinem dunklen Souterrain fast zwingend ein, wenn wir von den Vorstellungen sprechen, die im Gebiete des hellen Bewußtseins sich vorfinden, und den unbewußten, die nie in die Klarheit des Selbstbewußtseins treten. Wenn wir uns aber immer gegenwärtig halten, daß alles Räumliche hier Metapher ist, und uns nicht etwa verleiten lassen, es im Gehirne zu lokalisieren, so mögen wir immerhin von einem Bewußtsein und einem Unterbewußtsein sprechen. Aber nur mit diesem Vorbehalte.

Fassen wir also zusammen, was wir bisher über die allgemeine Form einer Geschichte herausgefunden haben:

- Eine Geschichte hat einen Anfang, eine Mitte und ein Ende.
- Der Protagonist transformiert sich in der Mitte.
- Die Geschichte besteht aus mindestens einem Ereignis, das die Geschichte startet und einem weiteren, das das erste Ereignis tilgt (Lösung).
- Ein Ereignis kann als Grenzüberschreitung zwischen zwei gegensätzlich semantisierten Räumen dargestellt werden.
- Dabei kann es sich auch um metaphorische Räume handeln.

Zur Veranschaulichung ein Bild einer Patientin, das eine solche Grenzüberschreitung zwischen zwei gegensätzlich semantisierten, metaphorischen Räumen exemplarisch darstellt (siehe Abb. 2.4).

Abb. 2.4 Eine Geschichte beginnt mit der Grenzüberschreitung zwischen zwei gegensätzlich semantisierten Räumen. Die Patientin verlässt das Kindheitsparadies und betritt einen unbekannten Bereich

Die Malerin überschreitet eine Grenze von der Kindheit ins Erwachsenalter. In Wirklichkeit ist das ein zeitliches Ereignis, das im Bild allerdings in Räume übersetzt wird. Was sie hinter sich lässt, sieht auf den ersten Blick vielleicht bedrohlich aus, ist es aber für die Patientin keineswegs: Es sind keine Monster, die wir da sehen, sondern vertraute Begleiter aus Märchen und Fantasiegeschichten, die sie widerwillig zurücklassen muss. Der Raum, den sie tastend bereits mit einem Fuß betritt, ist noch leer, noch nicht mit konkreten Bedeutungen aufgeladen. Sie weiß noch gar nicht, was sie erwartet und ist deshalb zusätzlich ängstlich und traurig über den Verlust des früheren paradiesischen Zustandes.

Literatur

Anz, T. (2008). Raum als Metapher. Anmerkungen zum „topographical turn" in den Kulturwissenschaften. http://www.literaturkritik.de/public/rezension.php?rez_id=11620, Zugegriffen: 06. Febr. 2008.

Aristoteles. (1976). Poetik, Griechisch-Deutsch, Übers. von Manfred Fuhrmann Bd. 7828. Stuttgart: Reclam. Universal-Bibliothek.

Field, S. (2007). *Das Drehbuch. Die Grundlagen des Drehbuchschreibens*. Berlin: Autorenhaus.

Freud, S. (1895). *Studien über Hysterie* (1. Aufl.). Leipzig: Franz Deuticke.

Lotman, J. M. (1993). *Die Struktur literarischer Texte* (6. Aufl.). Paderborn: Wilhelm Fink.

Prince, G. (1973). *A grammar of stories. An introduction*. Berlin: De Gruyter.

Taubenböck, A. (2002). *Die binäre Raumstruktur in der Gothic Novel. Jahrhundert* (1. Aufl., S. 18–20). München: Wilhelm Fink.

Tizmann, M. (2014). Narrative Strukturen in semiotischen Äußerungen. In H. Krah & M. Titzmann (Hrsg.), *Medien und Kommunikation. Eine interdisziplinäre Einführung* (3. Aufl., S. 109–130). Passau: Stutz.

Die Räume der Lösungsgeschichte: ein erster Überblick

3

Bei meinen Erkundungen zu den Räumen, die ein Patient im Rahmen seiner Geschichte durchwandert, bin ich immer wieder auf dieses ursprüngliche Paradies als Ausgangspunkt gestoßen (siehe Kap. 4) und zunächst auf zwei weitere prototypische Räume, die er bei seiner Reise im weiteren Verlauf durchwandern wird (siehe Abb. 3.1).

Man erkennt darin die Struktur der Minimalgeschichte mit Anfang/Mitte/Ende und es ist bereits erkennbar, dass in der Mitte, also der Rätselzone, die entscheidende Transformation des Patienten stattfinden wird. Gerade durch die Verwirrung, die sich beim Betreten dieser Zone einstellt, wird der Protagonist gezwungen, seine früheren Denk- und Lösungsgewohnheiten aufzugeben und wird dadurch offen für neue Betrachtungsweisen. Er wird Herausforderungen darin bestehen müssen und schließlich mit einer „Beute" (Kap. 2.) belohnt werden, die dann auch zur Lösung führt. In literarischen Geschichten und in Filmen handelt es bei dieser Beute häufig um einen konkreten Gegenstand, etwa den „Heiligen Gral" in der mittelalterlichen Artussage, Diamanten (z. B. in Steven Spielbergs Fantasy-Film „Indiana Jones und der Tempel des Todes" oder in Märchen wie „Hänsel und Gretel" – siehe unten). Es kann aber auch ein „Wert" gefunden oder wiederhergestellt werden, wie etwa „Gerechtigkeit" in vielen Kriminalfilmen. In den Patientengeschichten handelt es sich bei der Beute nicht selten um eine Erkenntnis, eine Weisheit oder eine Erfahrung, die dem Patienten bei seiner Reise durch die Rätselzone bereichert und zu einem anderen macht, als der, der er gewesen ist.

Schauen wir uns hierzu das Märchen von Hänsel und Gretel unter dem Raumaspekt an: Im Gegensatz zu viele anderen Erzählungen beginnt die Geschichte nicht exakt in der Paradieszone, sondern unmittelbar danach. Das Paradies hat sich bereits durch ein „Meta-Ereignis" (siehe Abschn. 4.4.), nämlich eine Hungersnot, so verändert, dass sich die arme Familie des Holzhackers keine Nahrung mehr für alle leisten konnte und die Eltern deshalb ihre Kinder aussetzten. Mit dieser Vertreibung aus dem Paradies geraten die Kinder dann in die Rätselzone des Waldes. Der Wald steht in Märchen geradezu

© Springer Fachmedien Wiesbaden 2017
C. Mayer, *Wie in der Psychotherapie Lösungen entstehen*,
DOI 10.1007/978-3-658-13865-3_3

Abb. 3.1 Die Räume der
Lösungsgeschichte in linearer
Darstellung

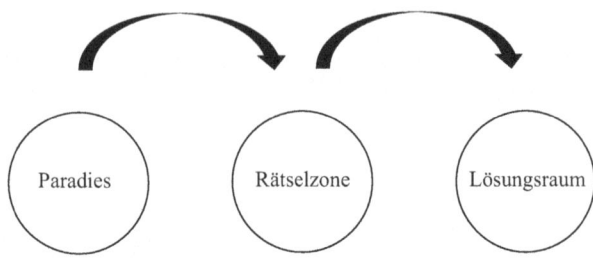

prototypisch für die Rätselzone: Die Bäume verstellen die Sicht und verhindern somit die Orientierung. Auch lauerten zu früheren Zeiten dort eine Menge Gefahren, Räuber, Wegelagerer und es erforderte Geschick und Mut (heute würden wir sagen: Kreativität), um von dort überhaupt lebend zurückzukehren. Die beiden Kinder finden zunächst aber noch einmal zurück zum Haus der Eltern, indem sie den von Hänsel ausgestreuten Kieselsteinen folgen. Auf eine ähnliche Weise versuchen auch unsere Patienten, zunächst beinahe immer den ursprünglichen Zustand wiederherzustellen – was insofern keine Lösung darstellen kann, weil es diesen Zustand, diesen „Paradiesraum" nicht mehr gibt: Der Partner hat sich unwiderruflich getrennt, die Kindheit ist vorbei, eine schwere Krankheit lässt sich nicht heilen etc. Weil die Hungersnot noch nicht vorbei ist, werden Hänsel und Gretel also ein zweites Mal ausgesetzt, verirren sich jetzt im Wald und geraten in ein **scheinbares** Paradies (siehe Abschn. 4.2), das Pfefferkuchenhaus, das sich aber schließlich als Heimat einer menschenfressenden Hexe entpuppt. Durch eine kreative List entkommen sie am Ende der Hexe, verbrennen sie und rauben ihre „Edelsteine und Perlen". Erst mit dieser Beute können sie jetzt nach Hause, also in den Ausgangsraum, zurückkehren und machen den Vater damit zu einem reichen Mann, der seine Kinder mühelos ernähren kann. Dennoch ist es nicht mehr das alte Paradies, denn *„die Mutter war gestorben"*. Wohin sie (und unsere Patienten) zurückkehren, ist also niemals exakt der Ursprungsraum, sondern immer ein verändertes, ein „modifiziertes Paradies" mit neuen Eigenschaften. Und dennoch landen sie am Ende meist dort, wo sie ursprünglich aufgebrochen waren[1], sodass ich unser vorläufiges Raum-Modell um eine zirkuläre Komponente erweitern will (siehe Abb. 3.2).

Wichtig erscheint mir, zu betonen, dass es sich bei den dargestellten Räumen sowohl um äußere als auch um innere Räume handeln kann. In dem Märchen von Hänsel und Gretel wurde die Entwicklung beispielsweise durch Grenzüberschreitungen zwischen realen Räumen beschrieben. Bei Patienten sind das „Paradies", die „Rätselzone" (und die weiteren Räume, die in diesem Buch noch vorgestellt werden) aber als innere Räume – oder besser noch: als innere Zustände vorzustellen. In vielen Fällen macht es deshalb wenig Sinn, danach zu fragen, **wo** sich diese Räume genau befinden und wie sie konkret beschaffen sind. Das modifizierte Paradies bzw. das Paradies* kann deshalb sehr wohl den Ausgangsort des Patienten darstellen, also sein Heimatland, seinen

---

[1]Eine Ausnahme, werde ich in Abschn. 6.4. vorstellen.

Abb. 3.2 Die Räume der
Lösungsgeschichte in zirkulärer
Darstellung

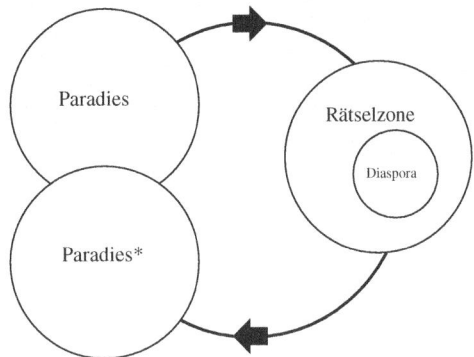

Wohnort, seine Familie und zwar ohne, dass sich diese am Ende seiner „Reise" verändert hätten. Aber durch seine innere Veränderung nimmt er sie jetzt zumindest
anders wahr und kann sie deshalb, in einem zweiten Schritt, vielleicht auch konkret
umgestalten.

Andererseits gibt es auch Patienten, bei denen diese inneren Räume mit Außenräu-
men verknüpft sind. Sie erleben beispielsweise ihre Transformation bei einer Auslands-
reise oder in einer anderen fremden Umgebung, die ihnen als Rätselzone erscheint. Oder
sie werden durch eine Trennung aus ihrem eigenen Haus „vertrieben", das ihnen im
Nachhinein als fernes Paradies erscheint. Im Abschn. 5.3. stelle ich eine Patientin vor,
deren Angsterkrankung mit einem Einbruch in ihr Haus beginnt, womit für sie nicht nur
äußere, sondern auch innere Schutzgrenzen überschritten wurden. Menschen, die eher
zum magischen Denken neigen, nehmen diese Verknüpfung von inneren und äußeren
Räumen gelegentlich nicht einmal wahr und neigen deshalb zu Ritualen, etwa um ihr
verlorenes Paradies wieder bewohnbar zu machen. Ich denke hier beispielsweise an eine
Frau, die nach wiederholten schweren Krisen mit ihrem Mann (die schließlich zur Trennung geführt hatten) auf Anraten eines „Heilers" Salz in alle Ecken ihres Hauses gestreut
und dabei die Fenster geöffnet hatte – um es für sie auf magische Weise wieder in ein
(modifiziertes) Paradies zu verwandeln. Gerade bei Patienten, die ihre Krise oder ihre
Entwicklungsschritte mit äußeren Räumen (in magischer oder nicht-magischer Weise)
verbinden, kann die hier vorgestellte Analyse innerer Räume besonders fruchtbar sein,
weil sie mit dem Außen in sinnfälliger Weise korrespondiert.

Das Paradies als Anfang und Ende der Reise

4

4.1   Die Suche nach dem Paradies

Etymologisch ist die Bezeichnung „Paradies" auf das altpersische Wort *pairi-daéza* zurückzuführen, was *„nichts anderes als umwallter oder umzäunter Garten"* (Heuermann 1994, S. 88) bedeutet. Er ist *„Ausfluss eines uralten Verlangens nach einem Zustand, den es realiter in der Menschheitsgeschichte selbstverständlich nie gegeben hat, der aber nichtsdestoweniger mit einer Intensität gesucht, imaginiert, projiziert oder halluziniert wurde, die erstaunen muss"* (Heuermann, S. 90). Den Begriff „Paradies" in einem therapeutischen Kontext zu verwenden, erscheint deshalb zunächst problematisch. Die Momente ekstatischer Verzückung oder völliger Glückseligkeit sind so selten oder kurz, dass es geradezu unsinnig wäre, sein Handeln ganz darauf auszurichten, sich diesem mythischen Ort zu nähern. Nicht jeder empfindet wie Schillers Don Karlos, der Angesichts der von ihm verbotener Weise geliebten Gemahlin seines Vaters die Verse dichtet: *„Man reiße mich von hier aufs Blutgerüste! Ein Augenblick, gelebt im Paradiese, wird nicht zu teuer mit dem Tod gebüßt"* (1. Akt, 5. Auftritt). Weil diese „Augenblicke, gelebt im Paradiese" eben so flüchtig sind, ist das Streben dorthin nach buddhistischer Sicht geradezu die Quelle allen Leidens. Zur eigentlichen dauerhaften Erlösung, so die Lehre, gelangten wir vielmehr nur, wenn wir sowohl den glücklichen Momenten als auch den unglücklichen mit Gleichmut begegnen würden. Das Nirwana wird konsequenterweise als ein Ort (wiederum ein metaphorischer Ort, wie auch der Paradiesort selbst) vorgestellt, an dem wir weder Glück noch Leid empfinden und damit aus dem ewigen Kreislauf des Strebens und Scheiterns aussteigen. In meiner Vorstellung ist das Nirwana also ein Ort der, wollte man ihn lokalisieren, eine Art Äquidistanz zu allen anderen metaphorischen Orten hat, die also von hier aus, in Gleichmut beobachtet werden können. Für die nicht in Meditation geschulten Patienten ist dies zweifellos eine Überforderung. Wir müssen unseren Patienten zugestehen, dass sie nach etwas streben, ist diese Bewegung

© Springer Fachmedien Wiesbaden 2017
C. Mayer, *Wie in der Psychotherapie Lösungen entstehen*,
DOI 10.1007/978-3-658-13865-3_4

doch zunächst häufig das Einzige, das sie aus der Depression oder der Ohnmacht, in die sie ihre Ängste gestürzt haben, herausführt. Aus einer therapeutischen Perspektive ist es also sinnvoll, dass wir uns des paradiesischen Ortes, zumindest als Arbeitshypothese, bedienen. Es ist geradezu zentral, dass sich unsere Patienten nach einem Scheitern wieder auf die **Suche** machen, und uns Therapeuten fällt zu Beginn einer Therapie die Aufgabe zu, diese Suchbewegung wieder zu initiieren.

Es sei vorausgeschickt, dass ein Patient bei dieser Suche **etwas anderes finden** wird, als das, was er vielleicht ursprünglich gesucht hat. Drehbuchautoren, die es sich zur Aufgabe gemacht haben, lebensnahe und spannende Geschichten zu konstruieren, bedienen sich dieses Wissens um die menschliche Suche nach dem vermeintlichen Paradies und es gibt nicht wenige unter ihnen (wie etwa R. B. Tobias), die in diesem „Such-Plot" geradezu den prototypischen Ablauf einer jeglichen Geschichte sehen (Tobias 1993). Viele dieser Sucher suchen anfangs nach etwas Utopischem, nach Erlösung, nach dem Sinn des Lebens, nach der Liebe eines Elternteils, das in Wirklichkeit nie Interesse an ihnen gezeigt hat, oder nach Unsterblichkeit (wie im Gilgameschepos). Ein häufiger Plot bei Patienten ist auch die Suche nach einem regressiven Ort, an dem sich andere um sie kümmern, ohne dass sie selbst irgendwelche Verpflichtungen hätten. Weil der Partner, die Eltern, die Freunde in dieser gesuchten oder herbei gewünschten Welt ausschließlich für sie da sein sollen, erleben sie jegliche Anforderung als Zumutung oder Kränkung. Sie fühlen sich ungerecht behandelt oder von Arbeitskollegen gemobbt, weil sie ihr Sehnsuchtsziel einer idealen Welt (noch) nicht relativieren können.[1] Im Unterschied zu diesen Suchern mit einem konkreten (wenn auch unrealistischem) Ziel gibt es allerdings auch solche, die eher von einem unbestimmten Verlangen angetrieben werden. Sie wissen, dass ihnen etwas fehlt, können es aber noch nicht genau benennen. Sie kommen in Therapie und schildern Symptome einer depressiven Verstimmung, berichten über Schlafstörungen, Antriebsverlust oder ein Gefühl der „Leere", ohne zu wissen, wie sie diese füllen könnten. Während die „an Utopie-Erkrankten" nach den Sternen greifen, geht es bei Letzteren, wie oben erwähnt, darum, überhaupt erst einmal eine Such-Bewegung zu initiieren. Wenn man sie fragt, was sie wollen, dann beschränkt sich ihr Ziel lediglich darauf, dass sie etwas „los-werden" wollen, nämlich das Symptom, „die Depression", „die Angst" oder Ähnliches. Trotz ihrer scheinbaren Verschiedenheit sind sich diese beiden Such-Charaktere insofern ähnlich, als dass beide das Ziel falsch gewählt haben, und so schreibt Tobias in diesem Zusammenhang (Tobias 1993, S. 76):

> Alle Charaktere starten ihre Geschichte aus einem Zustand der Unbefangenheit oder der Naivität heraus. Sie verstehen noch gar nicht richtig, was vor ihnen liegt. Sie denken sie wissen was sie wollen, aber die Erfahrung lehrt sie etwas anderes.

---

[1]Watzlawik spricht von einem **„Utopie-Syndrom"**, um diesen Patienten-Typus zu charakterisieren (Watzlawick 2013, S. 79 ff.).

Fassen wir kurz zusammen, was sich aus unseren bisherigen Überlegungen zur Paradies-
Vorstellung aus therapeutischer Perspektive ergeben hat: Einerseits erscheint es wichtig,
eine Suchbewegung bei Patienten zu initiieren, um sie aus dem Stillstand, ihrer Blockade
herauszuführen. Andererseits erweisen sich aber Paradiesvorstellungen als illusionär und
flüchtig oder sind vielleicht sogar die Quelle des Leidens, indem sie uns in einer nicht
stillbaren Sehnsucht hinterlassen.

Wie lässt sich dieser Widerspruch auflösen?

Er lässt sich dadurch auflösen, wenn wir uns daran erinnern, dass sich der Suchende
auf seiner Suche verändern wird. Dass ihn also die Suche **transformieren** wird (siehe
Kap. 2) und er auf diese Weise zu neuen Erkenntnissen über sich selbst und den Ort, der
am besten zu ihm passt, kommen wird:

> Die Dinge liegen nicht so wie der Held glaubt, dass sie liegen und es kann sein, dass der
> Held die ganze Zeit nach etwas gesucht hat, was er eigentlich gar nicht wirklich wollte.
> Aber es gibt diesen Moment der Erkenntnis, in dem der Held die wahre Natur und Bedeu-
> tung seiner Suche erkennt (Tobias 1993, S. 81).

D. h. am Ende seiner Suche entdeckt der Patient oder der Held einer Geschichte etwas
anderes, etwas was er gar nicht gesucht hat. Er kann es aber nur entdecken, weil er durch
die Suche selbst transformiert worden ist. Und diese Transformation kommt v. a. dadurch
zustande, dass er auf seinem Weg zum Sehnsuchtsziel auf Hindernisse stoßen wird. Weil
sich die Welt anders verhält, als von ihm erwartet, muss er den Blick auf sich selbst richten, auf seine Erwartungen, seine Schemata, mit denen er die Welt bisher deutete – und
muss diese entsprechend den neuen Erfahrungen korrigieren.

Der Drehbuchautor McKee nennt diese Hindernisse „Klüfte" und erklärt sie zu den
entscheidenden Punkten innerhalb einer Story:

> Auf der einen Seite ist die Welt von der wir glauben, so sei sie; auf der anderen die Realität
> wie sie wirklich ist. In der Kluft zwischen beiden liegt der Nexus der Story, der Hexenkes-
> sel, in dem unser Erzählen gebraut wird. Hier findet der Autor die stärksten Momente, die
> dem Leben eine neue Richtung geben (McKee 2010, S. 173. Siehe Abb. 4.1).

Für den Drehbuchautor sind die Klüfte deshalb so interessant, weil hier der Protagonist –
im Angesicht des Antagonisten oder einfach des So-Nicht-mehr-Weiterkommens – eine
wichtige Lernerfahrung macht und sich diese Erfahrung idealerweise nicht nur für ihn
selbst, sondern auch für den Zuschauer als hilfreich für seine weitere Entwicklung
erweist. Immer wieder führt die Story den Protagonisten in Situationen, von denen er
vermeintlich glaubt, wie sie beschaffen sind und was zu tun sei – und er wird dabei eines
Besseren belehrt. Und dies sogar noch kurz vor dem endgültigen Durchbruch zum Ziel,
am Höhepunkt der Geschichte, wie es McKee beschreibt:

> Wir haben den Protagonisten durch Weiterentwicklungen geführt, die eine Handlung nach
> der anderen ausschöpfen, bis er an die Grenze stößt und meint, er verstünde nun endlich
> seine Welt und wisse, was er in einer letzten Anstrengung zu tun habe. Er stützt sich auf

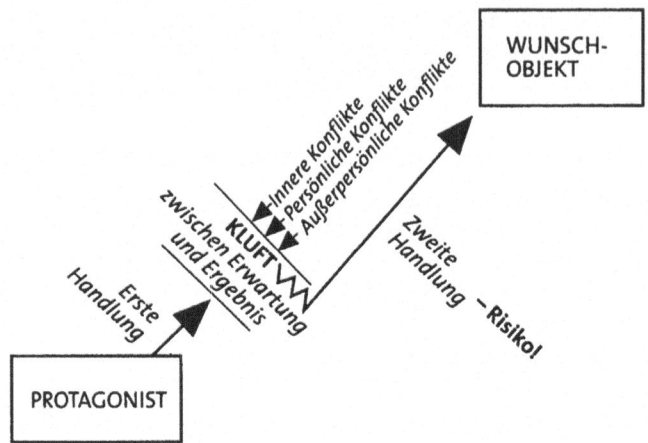

Abb. 4.1 Kluft-Modell nach McKee (McKee 2010, S. 168)

die Reste seiner Willenskraft und wählt eine Handlung, von der er meint, sie würde seinen Wunsch erfüllen, doch, wie immer, will seine Welt nicht kooperieren. Die Wirklichkeit spaltet sich, und er muss improvisieren. Ob der Protagonist das, was er will, erhält oder nicht – es geschieht jedenfalls nicht auf die Weise, wie er es erwartet (McKee 2010, S. 328).

In ganz ähnlicher Weise werden Patienten auf ihrer Suche nach dem Paradies immer wieder von der Wirklichkeit überrascht, die ihre Annahmen über sich selbst, den richtigen Weg und das eigentliche Ziel widerlegen. Aber angesichts der Begegnung mit dem Unbekannten (das wir weiter unten „Rätselzone" nennen werden) lernen sie – und modifizieren so ihre ursprüngliche Paradies-Vorstellung in einer Weise, dass sie zu einem tatsächlich bewohnbaren Ort wird. Im ältesten Epos der Menschheit etwa, dem Gilgameschepos, wird der Held Gilgamesch zu Beginn der Geschichte als grausamer und größenwahnsinniger Herrscher beschrieben. In seinem „Größenwahn" macht er sich schließlich noch auf die Suche nach Unsterblichkeit – und scheitert erwartungsgemäß. Aber durch seine Niederlagen und die Gespräche mit Menschen auf dem Weg kehrt er gewandelt zurück: Er ist jetzt stolz auf das was er hat, demütiger und gutmütiger zu seinem Volk. Dieses Ende vieler literarischer aber auch realer Lebensgeschichten fasst wiederum Tobias in seinem Buch „20 masterplots and how to build them" zusammen (Tobias 1993, S. 188):

> Der Held ist trauriger aber weiser aufgrund seiner Erfahrungen. Sehr häufig ist das die Lektion, die uns das Leben erteilt: dass Traurigkeit mit einem größeren Wissen einhergeht.

Interessanterweise kann dieser Befund auch experimentell bestätigt werden, etwa indem nachgewiesen wurde, dass Depressive zu einer besseren Realitätseinschätzung in der Lage sind als Nicht-Depressive (Alloy und Abramson 1979). Weitere Studien zu diesem Thema haben allerdings gezeigt, dass dies nur bis zu einem gewissen Grad der Depression gültig ist. Ein schwer depressiver Patient überschätzt zweifellos Risiken und unterschätzt seine eigenen Fähigkeiten, diese zu bewältigen. Dieser Typus wird uns später noch im Abschn. 5.2. begegnen. Er hat mit seinem Scheitern gleichsam aufgegeben, sich abgeschottet von seiner Umwelt und den anstehenden Herausforderungen, weil er glaubt, diese niemals bewältigen zu können. Watzlawick beschreibt diesen Typus als jemanden, der an seinen utopischen Idealen gescheitert ist (wobei hier utopisch nicht unbedingt „maßlos" oder „überzogen" meint, sondern einfach unrealistisch, unpassend im Hinblick auf die wirklichen Bedürfnisse):

> Wer versucht, das eigene Leben oder die Welt utopisch zu ordnen, und in diesem Versuch scheitert, neigt typischerweise dazu, den Grund des Scheiterns nicht in der Absurdität seiner Prämissen zu suchen, sondern – wie wir gesehen haben – entweder in der eigenen Unzulänglichkeit oder in der Umwelt. Der Gedanke, dass der Fehler bei den Prämissen selbst liegen könnte, ist unerträglich und daher undenkbar, denn die Prämissen sind die Wahrheit, sind die Wirklichkeit (Watzlawick 2013, S. 87).

Aber der Held, der am Ende seiner Suche „trauriger aber weiser" geworden ist, hat im Laufe seiner Suche gelernt, seine Prämissen zu hinterfragen. Er hat im Scheitern seine wahren Bedürfnisse kennengelernt und kann daher die Suche nach einer unbestimmten „Glückseligkeit" aufgeben. Er weiß jetzt – und genau dies mag mit einer gewissen Traurigkeit einhergehen – dass es das Paradies nur als Sehnsuchtsort gibt, dass es also auch keine Rückkehr dorthin gibt. Es ist kein *„Cherub mit Flammenschwert"*, der ihm den Rückweg ins Paradies versperrt, sondern letztlich der *„Verlust seiner Naivität"* (Heuermann 1994, S. 91).

4.2 Paradies-Illusionen

Wie wir gesehen haben, ist die Vorstellung eines idealen Ortes für Patienten einerseits hilfreich, um zumindest eine Such-Bewegung zu initiieren, die sie dann transformiert und an einem Ort landen lassen, den ich das modifizierte Paradies genannt habe. Andererseits ist der Paradies-Begriff aber auch problematisch, weil es Menschen gibt, die so hartnäckig daran festhalten, dass sie alles andere als einen „idealen Ort" nicht akzeptieren und so in einer permanenten Sehnsucht gefangen sind.[2] Die Vorstellung ist aber auch deshalb problematisch, weil dieser Paradiesort Dauerhaftigkeit suggeriert, was aber gerade für die wirklichen „High-Erlebnisse" im Leben nicht der Fall ist. Ein Verbleiben im Paradies ist also überhaupt nur möglich, wenn wir akzeptieren,

---

[2]Meiner Erfahrung nach handelt es sich dabei v. a. um narzisstisch strukturierte Persönlichkeiten. Sie glauben, sie hätten einen Anspruch auf eine „ideale Beziehung", auf Bewunderung und Macht etc. und unternehmen auch erhebliche Anstrengungen, diese Dinge zu erlangen. Weil ihre Wünsche aber nie in dem von ihnen erwartetem Ausmaß erfüllt werden, bleiben sie oft lebenslang auf der Suche nach diesem paradiesischem Zustand oder reagieren mit (narzisstischer) Wut, weil er ihnen vermeintlich von anderen vorenthalten wird.

1. dass es sich nicht um einen idealen Ort, sondern allenfalls um ein modifiziertes Paradies, also ein „Paradies mit Abstrichen", handelt und
2. dass ein dauerhaftes Verweilen darin nicht möglich ist, bzw. so etwas wie Dauerhaftigkeit nur erreicht werden kann, wenn wir immer wieder zu Anpassungsmanövern bereit sind. In Wirklichkeit ist nämlich auch das modifizierte Paradies kein permanenter, störungsfreier Ort. Es verändert sich stattdessen ständig und wir müssen uns diesen veränderten Zuständen permanent anpassen.

Ad. 1: Wenn Patienten einen scheinbar idealen Ort gefunden zu haben glauben, sollten wir vorsichtig sein. Nicht selten handelt es sich dabei nämlich keineswegs um das Paradies, sondern um einen Ort, der noch nicht genügend durchleuchtet worden ist, der vielmehr „projektiv verzerrt" wahrgenommen wird, also durch unsere Wunschvorstellungen überlagert wird. Das aber macht uns unvorsichtig und wir tappen in dieses Trugbild ähnlich naiv hinein wie Hänsel und Gretel, kurz nachdem sie aus ihrem eigentlichen Paradies (ihrer Familie) aufgrund einer Hungersnot vertrieben worden waren. Auf ihrem Weg durch den Wald (eine Metapher für die Rätselzone, siehe Abschn. 5.1) trifft das hungernde Geschwisterpaar bekanntlich auf das verheißungsvolle Pfefferkuchenhaus im Wald. Nachdem sie von dem Haus gegessen hatten

> sahen sie aus der Thüre eine kleine steinalte Frau schleichen. Sie wackelte mit dem Kopf und sagte: „ei, ihr lieben Kinder, wo seyd ihr denn hergelaufen, kommt herein mit mir, ihr sollts gut haben," faßte beide an der Hand und führte sie in ihr Häuschen. Da ward gutes Essen aufgetragen, Milch und Pfannkuchen mit Zucker, Aepfel und Nüsse, und dann wurden zwei schöne Bettlein bereitet, da legten sich Hänsel und Gretel hinein, **und meinten sie wären wie im Himmel**.

Wie die Geschichte weitergeht ist bekannt. Ganz ähnlich erlebe ich gelegentlich die „Schwärmerischen" unter meinen Patienten, die immer wieder in intensive Liebesabenteuer geraten, nur um dann wenige Wochen später desillusioniert daraus zu erwachen. Wenn Patienten derart häufig in diese Verzückung geraten, sollte das Augenmerk des Therapeuten zweifellos darauf liegen, was an diesem scheinbaren Paradies nicht gesehen wird.

Ad 2.: Oft liegt der Keim der Tragödie aber nicht in einer Paradies-Illusion, sondern darin, dass ein lebbares (also modifiziertes) Paradies tatsächlich eine Weile bestanden, sich dann aber verändert hat – und sich der Protagonist weigert, diese Veränderung zur Kenntnis zu nehmen. Ja, es kann sogar vorkommen, dass auf der bewussten Ebene erkannt wird, dass es nicht mehr so ist, wie es sein soll, dass aber dennoch so getan wird, als wäre alles noch wie früher. Ein Patientenbeispiel soll dies zeigen:

Eine 35-jährige Bankangestellte trauerte immer noch einer glücklichen Ehe nach, obwohl sich ihr Mann bereits vor 5 Jahren von ihr getrennt hatte. Mit der Trauer erkennt sie zwar einerseits die Vertreibung aus dem Paradies an – andererseits erhält sie den vormaligen Zustand in einer geradezu grotesken Weise aufrecht, indem sie die frühere gemeinsame Wohnung nicht kündigt. Trotz ihres spärlichen Einkommens als Bankangestellte zahlt sie immer noch die teure Miete und lässt die Wohnung selbst in eben dem Zustand, in dem sie sie vor 5 Jahren verlassen hatte. Nur für die Aufrechterhaltung der Illusion einer „angehaltenen Zeit" verzichtet sie auf jeglichen kleinen Luxus, auf Urlaube, auf eine wohnlichere Einrichtung ihrer neuen Single-Wohnung und überweist stattdessen knapp 2000 EUR pro Monat an den früheren Vermieter. Mindestens einmal pro Woche fährt sie zu der alten Wohnung, um „nach dem Rechten zu sehen" und einen kurzen Gang durch die Zimmer zu machen. Beunruhigt ist sie lediglich durch den massiven Schimmel, der sich zwischenzeitlich – wohl wegen der mangelnden Lüftung – an verschiedenen Wänden gebildet hat. Oft spricht sie in der Therapie darüber, wie aufwendig wohl eine Sanierung wäre und vor allem von ihrer Scham, einem Handwerker Zutritt zu ihrem offensichtlich längst verlassenen Paradies zu gewähren. Sie weiß natürlich über die Unsinnigkeit ihres Konservierungs-Vorhabens und schämt sich auch mir gegenüber für ihr Tun – und dennoch ist sie von der diesen Paradies-Bewahrern eigenen Zeit-Blindheit befallen, also von der Illusion, man könnte einen Zustand bewahren, indem man die Veränderungen der Zeit negiert. In diesem Sinne erinnert die Patientin auch an den Protagonisten des Kriminalromans „Psycho", der später von Alfred Hitchcock verfilmt wurde. Norman Bates lebt darin mit der konservierten Mumie seiner Mutter in einer früher gemeinsam betriebenen Pension und tötet jeden Besucher, von dem er die Aufdeckung seines Geheimnisses befürchtet.

Spätestens, seit der deutsche Physiker Hermann Helmholtz den zweiten Hauptsatz der Thermodynamik formuliert hat, wissen wir aber, dass eine permanente Energieleistung nötig ist, um einen Zustand gegen seinen Zerfall, also dem Übergang in Unordnung (Entropie) zu bewahren. Und so befinden sich auch die Paradiesbewahrer unter unseren Patienten permanent in dem auszehrenden Zustand einer permanenten Anstrengungsleistung. Unter einer psychoanalytischen Perspektive könnte man die Arbeit des „krampfhaft" am Paradies festhaltenden Patienten als permanente Verleugnungsleistung klassifizieren. [3] Unter einer konstruktivistischen Perspektive könnte man aber auch von einer Umdeutungsleistung sprechen, von einem anstrengenden Bemühen, sich die, eigentlich nicht mehr zu leugnenden Veränderungen im Paradies schön zu reden, sie als belanglos oder irrelevant zu bagatellisieren. Diese Umdeutungs- oder Verdrängungsleistung mag sogar für eine Zeit lang funktionieren, übersieht aber die wachsenden Spannungen und Scherkräfte, die sich an der Bruchlinie zwischen fantasiertem Idealzustand und der tatsächlichen Realität aufbauen. Ähnlich den Verschiebungen von architektonischen Platten entlädt sich dieser Druck über kurz oder lang in einer plötzlichen ruckartigen Verschiebung, wobei das resultierende Erdbeben einem Sturz in den Gegenraum gleichkommen und sich der Protagonist dann, von einem Moment auf den anderen, dort plötzlich unbehaust, schutzlos und bedroht in der Rätselzone (siehe Abschn. 5.3) wiederfindet. Von dort aus wird ihm dann der ursprüngliche paradiesische Ort als eine Art Leuchtturm erscheinen und er wird sich auf den Rückweg dorthin machen und feststellen, dass sich ihm mächtige Hindernisse in den Weg stellen.

---

[3]Vgl. auch das Verleugnungsstadium in den Trauerphasen von Verena Kast (1994).

Wenn er aber gleich und zeitnah reagiert, dann ist es ihm vielleicht sogar möglich, sich den Veränderungen der Zeit mit eigenen Veränderungen anzupassen, sodass sich erst gar nicht größere Spannungen aufbauen. Er findet gleichsam unmittelbar zurück in den ursprünglichen Zustand des Wohlbefindens, indem er permanent und zeitnahe „Ausbesserungsarbeiten" am Paradies leistet.

So etwa ein 57-jähriger Patient, der in seinem 46. Lebensjahr bei einem Autounfall eine schwere Schädel-/Hirnverletzung im Bereich des limbischen Systems und angrenzender Bereiche im Parietallappen erlitt. Während er zuvor als hoch bezahlter Ingenieur bei verschiedenen Firmen tätig war, war es ihm danach zunächst nur noch stundenweise möglich, sich zu konzentrieren. Aufgrund einer Beeinträchtigung von Filtermechanismen führten bereits alltägliche Situationen, v. a. soziale Anforderungen, zu einer Reizüberflutung mit vegetativer Übererregung und Panikattacken. Auf seine Umgebung wirkte er auf eigentümliche Weise „seltsam" und trotz weiterhin bestehender hoher Intelligenz geistig eingeschränkt. Über weite Strecken der Therapie haderte der Patient mit seinem Schicksal und sehnte sich nach der Wiederherstellung seines früheren Zustandes, was allerdings auch durch zahlreiche psychopharmakologische und neurorehabilative Maßnahmen nicht gelang. Therapeutisch wurde v. a. an seinen Insuffizienzgefühlen gearbeitet, womit sich der Patient immer mehr auf seine erhaltenen Fähigkeiten besinnen konnte. Weil es ihm nicht mehr möglich war, regulär als Angestellter zu arbeiten, brachte er seine hochgradig originellen Ideen jetzt als „Privatgelehrter" in Forschungseinrichtungen wie dem Frauenhofer-Institut und der Universität ein, befruchtete damit diverse Projekte, für die er zwar nur wenig Geld aber Anerkennung bekam. Im sozialen Bereich lernte er seine offensichtlichen Defizite zu „verstecken" und mittels gelerntem Verhalten zu kompensieren. Gelegentlich schimmerte zwar immer noch die „Sehnsucht nach dem ursprünglichen Paradies auf" aber eigentlich hatte er sich bereits in einer Art „Restaurationsleistung" an die Defizite angepasst. In dieser Endphase der Therapie entstand folgende Skizze (Abb. 4.2).

Der Kreis symbolisiert das ursprüngliche Paradies, von dem ein Teil (markiert durch den senkrechten Strich) abhandengekommen war. Der schraffierte Bereich steht dabei für jene Teile seiner früheren Welt und seiner Persönlichkeit, die für immer verloren waren. Einen kleinen Teil davon (mit einem + Zeichen gekennzeichnet), hatte er sich durch Disziplin und Anstrengung, also durch erlerntes Verhalten (dafür steht das „E"), zurückerobert. Mehr war nicht möglich – aber was möglich war, war die Eroberung von neuem Terrain (rechter Erweiterungskreis) an der „Außengrenze des Paradieses". Konkret bestand dieses neue Terrain in der Beschäftigung mit gänzlich neuen theoretischen (auch philosophischen) Fragestellungen, einer neu gewonnenen Achtsamkeit für die kleinen Momente des Lebens (er hatte sich z. B. einen Hund zugelegt und verbrachte mit ihm viel Zeit in der Natur) und einer neuen Liebesbeziehung zu einer Frau, die Verständnis für seine Beeinträchtigungen hatte. Durch seine permanenten und unermüdlichen „Ausbesserungsleistungen" am Paradies hatte er es zwar nicht mehr originalgetreu wiederaufbauen können – aber eben mit kleinen und größeren Änderungen, wie wir sie oben auch schon als kennzeichnend für das „modifiziertes Paradies" kennengelernt haben. Im

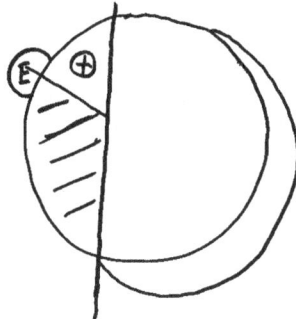

Abb. 4.2 Ausbesserungsarbeiten am Paradies bei einem Patienten nach Schädel-Hirn-Trauma

Unterschied zu anderen Lösungen musste er aber keine weite Reise zurücklegen, musste also auch nicht in der weit von der „Heimat" entfernten Rätselzone über längere Zeit verharren, sondern machte sich stattdessen unmittelbar ans Werk. Mit anderen Worten: Demjenigen, der sich den Veränderungen seiner Welt zeitnah stellt, dem bleibt eine Odyssee im homerschen Sinne erspart.

An diesem letzten Beispiel wird aber auch deutlich, dass es einer gewissen Arbeit bedarf, um zu einem (modifizierten) Paradies zu gelangen. Mit Arbeit meine ich dabei durchaus traditionelle Tugenden wie Disziplin, Beharrlichkeit und Verzicht (auf kurzfristige) Ablenkungen. Es gibt allerdings eine Reihe von Patienten, die sich der Illusion hingeben, das Paradies wäre einfach zu haben und wenn es bisher nicht geklappt hätte, dann läge dies nur daran, dass es ihnen von anderen vorenthalten würde. Oder an einem leicht behebbaren „Defekt", der sozusagen vom Therapeuten mit seinem „Psychoskalpell" herausgeschnitten werden könnte, ohne dass sie selbst etwas dazu beitragen müssten.

Ein solcher Patient versuchte, mich zu Beginn der Therapie mit einer Zielvorstellung zu verführen, die er so formulierte: „Ich möchte durch die Therapie lernen, leistungsfähiger zu werden und mit mehr Disziplin an meinen selbst gesteckten Zielen zu arbeiten." Er hatte sich ursprünglich an einen Coach gewandt, um von ihm zu lernen, wie er seine selbst gegründete Firma, nach einer Durststrecke von mehreren Jahren, in die schwarzen Zahlen führen könnte. Bei mir stellte er sich zunächst „großspurig" vor, schilderte seine „überragende" Karriere vor seiner Firmengründung, wobei sich auf näheres Nachfragen aber bald herausstellte, dass ihm nach seinem Studium lediglich über einen Glücksfall ein überdurchschnittlich erfolgreicher Berufseinstieg gelungen war. Ich war mir unsicher, ob es sich wirklich um einen Therapieauftrag handelte, oder ob nicht doch besser ein Coaching angebracht wäre, vielleicht bei einem anderen Coach als dem früheren, der möglicherweise nur keinen Draht zu dem Patienten gefunden hatte. Überdies fanden sich in der Anamnese keinerlei frühkindliche Konfliktkonstellationen, mit denen in einer tiefenpsychologisch fundierten Therapie gearbeitet werden könnten. Stattdessen hatte er als Einzelkind die gesamte Aufmerksamkeit seiner Eltern genossen und hatte später eine Waldorf-Schule besucht, in der sehr individuell auf seine Bedürfnisse eingegangen worden war. Später hatte er eine sehr wohlhabende Frau geheiratet, die mit ihrem Geld die Firmengründung erst ermöglicht hatte, jetzt aber allmählich die Geduld mit ihrem Partner verlor, weil dieser sich nicht genügend disziplinieren konnte, um die Firma auch in Gang zu bringen und stattdessen laufend Verluste generierte.

In der dritten probatorischen Sitzung ließ ich ihn ein Bild malen, wie üblich mit der Vorgabe, er solle seinen aktuellen Zustand oder seine aktuelle Situation dabei darstellen (siehe Abb. 4.3).

Der Patient stellt das Paradies mit einer goldenen Kugel am Ende einer Straße dar. Die goldene Kugel symbolisiere für ihn die erfolgreiche Firma, die er für meine Begriffe in der Fantasie deutlich überdimensioniert entwarf. Er malt sich zwar abseits dieser geraden „Straße zum Paradies", meint aber, dass er sich dennoch „ungefähr in die richtige Richtung" bewege. Diese Vorwärtsbewegung würde allerdings gebremst durch die schwere Kugel an seinem Handgelenk. Diese Kugel wolle er jetzt in der Therapie loswerden, wobei sich auf näheres Nachfragen herausstellte, dass er sich selbst dabei in einer passiven Haltung sah und stattdessen vom Therapeuten erwartete, er solle die Kugel für ihn entfernen. Patienten äußern eine derartige Therapievorstellungen selten direkt, aber mit der Zeit lernt man als Therapeut, sie dennoch als unbewussten Wunsch wahrzunehmen, spätestens dann, wenn einige kleine erste Schritte (im Sinne von therapeutischen „Hausaufgaben") regelmäßig nicht gemacht werden und dann aber stattdessen Vorwürfe an den Therapeuten gerichtet werden, dass „die Therapie nicht wirklich etwas bringe". Immerhin gelang es in diesem Fall, auch den Patienten von seiner illusionären Therapievorstellung zu überzeugen. Die Zukunft wird zeigen, ob er sich selbst auf den anstrengenden Weg in sein persönliches Paradies machen wird und zwar **mit** seinem Gewicht. Jedenfalls war der Abschied nach der fünften probatorischen Sitzung durchaus versöhnlich und der Patient erwies sich als dankbar für die Konfrontation mit seinen illusionären Erwartungen.

Abb. 4.3 Auf dem Weg ins Paradies als Beispiel für eine illusionäre Erwartung an den Therapeuten

4.3   Der anthropologische Ort als erlebbares Paradies

Im Zuge der Beschäftigung mit der Suche nach dem Paradies taucht unwillkürlich eine Frage auf: Woher kommt eigentlich diese konkrete (wenn auch nicht immer passende, wie wir gesehen haben) Vorstellung eines Paradieses, also eines idealen Ortes, den wir glauben finden zu müssen? Zumindest auf den ersten Blick erscheinen die jeweiligen Paradiesvorstellungen ja hochgradig individuell, was gegen eine angeborene, archetypische Verankerung der entsprechenden Bilder spräche: Der eine träumt von Reichtum und Macht, der andere von Liebe und wieder ein anderer von einer Erlösung im Religiösen. Wenn wir aber davon ausgehen, dass unsere individuellen Paradies-Vorstellungen das Resultat einer Lerngeschichte sind, dann könnten sich wiederum nur diejenigen auf die Suche machen, die entsprechende Paradies-Zustände bereits irgendwann in ihrem Leben erlebt haben. Und in der Tat scheint dies auch so zu sein, wie das folgende Beispiel zeigt:

Es handelt sich um eine 72-jährige Frau, deren Familie im 1. Lebensjahr der Patientin aus Schlesien geflüchtet ist. Die Mutter war auf der Flucht gestorben und die Patientin wuchs hier in Deutschland mit ihrem Vater, 2 Brüdern und 2 Schwestern auf, wobei sich keiner in nennenswerter Weise um sie kümmerte. Auffällig an der Patientin war, dass sie trotz ihrer chronischen depressiven Verstimmung nicht sagen konnte, was sie eigentlich vermisste. Sie lebte völlig zurückgezogen, mied den Kontakt zu Menschen und auch ihren eigenen beiden Töchtern aus einer früheren Ehe war sie keine wirkliche Mutter, sondern versorgte sie nur mit dem Nötigsten. Wie wir später noch sehen werden, lebte sie in einer Diaspora und hatte sich dort mit allerlei Ersatzbildungen (v. a. schaute sie Tag und Nacht Filme) eingeschlossen. Weil eine Suchbewegung nicht zu erkennen war, gestaltete sich die Therapie erwartungsgemäß schwierig. Wohl aufgrund der frühkindlichen Traumatisierung war es ihr lange Zeit auch nicht möglich, von ihrer Kindheit zu sprechen – bis sie sich eines Tages aufmachte, ihre über ganz Deutschland verteilten Geschwister aufzusuchen und mit ihnen über ihre Mutter zu sprechen, die sie ja selbst nie bewusst kennengelernt hatte. Weil sie selbst keinerlei Vorstellungen von ihrer Mutter hatte, waren diese Erzählungen für die Patientin äußerst irritierend. Als zentrales Problem erkannte sie für sich genau dies: *„Ich weiß nicht, wie sich ‚Mutter‘ anfühlt. Und deshalb habe ich auch nie etwas Mütterliches gefunden, niemanden der auf mich aufpasst"*. Weil sie keine Vorstellung von dem frühkindlichen Mutter-Kind-Paradies hatte, war sie nie an einem Ort angekommen, der dem glich, vielleicht mit Ausnahme des therapeutischen Raumes, der allerdings auch nur ein vorübergehender, ein Durchgangsraum in ihrem Leben war. Ihr exzessiver Fernsehkonsum ist geradezu typisch für solche Patienten ohne eigene Paradies- Erinnerungen, findet sich doch in bestimmten, medial erzählten Geschichten häufig ein Ersatz für jene heile Welt, die sie selbst nicht erfahren haben.

Ein Beispiel findet sich auch in einem der bekanntesten Werke der Weltliteratur, „Madame Bovary" von Gustav Flaubert. Wie bei der eben beschriebenen Patientin stirbt hier die Mutter früh und die Protagonistin wird von ihrem Vater in ein Klosterinternat gegeben. Hier flüchtet sie sich in die exzessive Lektüre von sentimentalen Liebesromanen und entwickelt aus dieser Beschäftigung (mangels eigener Paradies-Erinnerungen) eine entsprechende Sehnsucht nach „großer Leidenschaft", „großer Liebe" und „großem Leben". Die Bilder aus den Büchern waren an die Stelle ihres eigenen leeren Platzes für diese Vorstellungen getreten. Aber vielleicht genau deshalb waren sie kein wirklicher Wegweiser, sondern führten die junge Frau später in diverse unheilvolle Männerbeziehungen. Selbst die Geburt einer Tochter ändert nichts daran, dass Emma, die Protagonistin des Romans, zunehmend unzufrieden ist, unter Depression und Stimmungsschwankungen leidet und sich schließlich mit Arsen suizidiert. Bis heute steht in der psychologischen Fachliteratur der Begriff „Bovarysmus" für die Übernahme von Glücksversprechen (Paradies-Vorstellungen) aus Büchern und Filmen. Weil diese aber fremde und nicht autochthon gewachsene Vorstellungen vermitteln, erweisen sie sich im wirklichen Leben meist nicht als tragfähig.

Ein Ersatz für persönliche Paradiesvorstellungen findet sich im Übrigen auch in der Werbung, die man demzufolge auch als eine moderne Form des Bovarysmus bezeichnen könnte. Hier wird nicht nach den persönlichen Glücksvorstellungen der Rezipienten gefragt, sondern sie werden stattdessen dazu verführt, fremde Paradiesvorstellungen für die eigenen zu halten, und sie werden dabei obendrein *zu „willigen Opfern der größten Illusion, in die sich die Psyche überhaupt zu verstricken vermag – der Illusion, Glücksseligkeit sei käuflich"* (Heuermann 1994, S. 108).[4]

Trotz aller Verschiedenheiten in den unterschiedlichen Paradies-Vorstellungen, seien sie nun erfunden oder aus fernen, individuellen Erinnerungen aufgetaucht, gibt es m. E. doch eine Konstante, die allen eigen ist. Ein Merkmal, das geradezu universal ist, ist nämlich die glücksversprechende Vorstellung von Kontakt, Kommunikation und Verstandenwerden.

In einem ähnlichen Sinne beschreibt der französische Ethnologe Marc Augé einen speziellen „anthropologischen Ort" und grenzt ihn von „Nicht-Orten" ab. Der anthropologische Ort ist auch für ihn insofern Heimat, weil der Mensch hier leicht und ohne Verständigungsschwierigkeiten kommunizieren kann, weil er den Wortschatz mit anderen teilt. Dieser Wortschatz beinhaltet

> Worte all derer auch, die erkennen, daß sie derselben Welt angehören, weil sie dieselbe Sprache sprechen. Der Ort erfüllt sich durch das Wort, durch den andeutungsweisen Austausch einiger Kennworte, im Einverständnis und in der komplizenhaften Intimität der Gesprächspartner (Augé 2014, S. 92).

Wenn sich dieser ideale Ort erst „durch das Wort erfüllt", dann handelt es sich aber nicht mehr um einen geografisch eindeutig lokalisierbaren Ort – genauso wie unser Paradies-Ort nicht unbedingt auf einen bestimmten Platz im Leben des Protagonisten

---

[4]Interessanterweise wird in der Werbung häufig explizit mit dem Begriff der „Verführung" gearbeitet, etwa in der Eis- oder Zigarettenwerbung. Dabei wird in Umkehrung des biblischen Paradiesmythos der Eindruck erweckt, *„dass die Verführung in diesem Zusammenhang nicht die Vertreibung aus dem Paradies, sondern im Gegenteil, den Weg zu einem paradiesischen Zustand bedeutet"* (Grasnick 2005, S. 22).

zurückführbar ist. Nach Augé handelt es sich also um ein *„rhetorisches Territorium"*, ein *„rhetorisches Land"* (Augé, ebd.), das der Bewohner des anthropologischen Ortes mit anderen teilt. Er ist nicht mehr alleine, weil er nicht nur ihre Sprache, sondern mit der gemeinsamen Sprache auch die Denkweise der Anderen teilt.

Die Frage

> Wo ist eine Person zu Hause? bezieht sich weniger auf ein geographisches als vielmehr auf ein rhetorisches Gebiet […]. Die Person ist dort zu Hause, wo sie sich in der Rhetorik der Menschen auskennt, mit denen sie das Leben teilt. Daß man zu Hause ist, erkennt man daran, daß man sich ohne Schwierigkeiten verständlich machen kann und ohne langwierige Erläuterungen Zugang zu den Denkweisen seiner Gesprächspartner findet. Das rhetorische Land einer Person endet dort, wo ihre Gesprächspartner die Gründe, die sie für ihr Tun und Lassen angibt, oder die Klagen, die sie vorbringt, und die Bewunderung, die sie äußert, nicht mehr verstehen. Eine rhetorische Kommunikationsverwirrung zeigt an, daß eine Grenze überschritten worden ist, eine Grenze, die man sich eher als Grenzzone oder Schwelle vorstellen muß denn als klar gezogene Linie (Augé 2014, S. 179).

Wollen wir also diesen Ort innerhalb der Grenzen vermessen, dann müssen wir zuallererst fragen, wo der Mensch sich verstanden fühlt und wo er letztlich auch andere in ihrer Sprache und ihren Ritualen ohne Übersetzungsanstrengung versteht. Paradies heißt für diesen Menschen verkürzt „Verstanden werden", oder, lässt man neben dem Sprechen auch eine visuelle Metapher gelten: „Gesehen werden", wie man ist – wie man sich also auch selbst sieht. Dem Nicht-Ort dagegen begegnet man überall außerhalb dieses Bereichs, im Gegenraum, beim Unterwegssein:

> Der Raum des Reisenden wäre also der Archetypus des Nicht-Ortes (Augé 2014, S. 102).

Darin liegt aber nicht nur eine Bürde, die Last des nicht unmittelbar Verstandenwerdens, sondern auch eine Chance. Hat nämlich der Reisende seine Heimat und damit sein vertrautes Bezugssystem einmal verlassen, dann befreit er sich auch von den Bezügen, in die er von den Anderen in seiner Vertrauten Umgebung verstrickt wird:

> Der Raum des Nicht-Ortes befreit den, der ihn betritt, von seinen gewohnten Bestimmungen. Er ist nur noch, was er als Passagier, Kunde oder Autofahrer tut und lebt (Augé 2014, S. 120).

In welcher Weise Reisen dazu geeignet sind, sich aus einengenden Identitäts-Zuschreibungen zu befreien, zeigt das folgende Beispiel: Ein 49-jähriger Patient unterbrach die Therapie bei mir kürzlich, um für 3 Monate in Kapstadt zu leben. Er kannte diesen Ort noch nicht, versprach sich allerdings genau durch diese Anonymität eine Befreiung aus seiner „Identitätskrise", in die er im Zusammenhang mit seiner Homosexualität, seinem ungeliebten Beruf und seinem heranrückenden 50. Geburtstages geraten war. Von seinem ehemaligen Bekanntenkreis hatte er sich völlig zurückgezogen und verbrachte ganze Wochen alleine in seinem Appartement. Ohne dass es auf seiner Reise zu wesentlichen, wegweisenden Erkenntnissen gekommen wäre, kehrte er dennoch befreit von dort zurück. *„In Kapstadt"*, meinte er, *„fragt dich niemand, wer du bist und was du beruflich machst"* und gerade deshalb sei er ganz auf sich selbst zurückgeworfen worden. Er habe dies zunächst als äußerst belastend empfunden, habe sich ebenso zurückgezogen wie hier in Deutschland, habe dann aber schrittweise Menschen kennengelernt, die ihm gänzlich vorurteilsfrei und ohne Erwartungen begegnet wären. Diese Erfahrung hatte er offensichtlich „als Beute" mit zurückgebracht, zeigte sich seither wesentlich geselliger und im Reinen mit sich, mit seiner sexuellen Orientierung und seiner beruflichen Tätigkeit, die zuvor oftmals ein Anlass für Minderwertigkeitsgefühle gewesen war.

Das Betreten eines fremden Territoriums, also das Heraustreten aus dem Vertrauten, wird hier zur Chance, die eigene Identität zu finden oder neu zu formulieren. Es zwingt den Protagonisten, sich zu erklären, wer er ist, und in diesen Erzählungen spricht er nicht nur zu den Fremden, sondern auch zu sich selbst, wobei er sich jedes Mal auch ein wenig neu erfindet. Die Patienten begegnen uns in der Therapie als „Reisende" im Sinne von Augé. Sie sind nicht mehr an ihrem „anthropologischen Ort", sondern an einem Nicht-Ort und deshalb bietet es sich an, sie nach ihrer Bestimmung, ihrer Identität und nach ihren Absichten zu befragen, um genau dieses Selbstgespräch, diese Art der Selbstbefragung in Gang zu bringen. Weil er am Nicht-Ort seine alte Bestimmung verloren hat, ist jetzt der günstigste Zeitpunkt für eine Neu-Orientierung gekommen.

Identifizieren wir mit Augé den Nicht-Ort vorzugsweise mit dem Transitraum, dem Unterwegssein, dann finden wir ihn vor allem in jenen Bildern dargestellt, in denen sich der Protagonist auf einem Weg befindet. Hier sind allerdings nicht die Wege gemeint, die in eindeutiger Weise zu einem vermeintlichen Glückszustand führen. Auf diesen Wegen hat der Protagonist ja noch einen genauen Plan, er weiß, wer er ist und wohin er will (auch wenn er sich damit häufig irren dürfte), hat sich also seine Identität und Bestimmung noch erhalten. Vielmehr handelt es sich bei der eigentlich Transitzone um Durchgangsräume, die nicht „hin zu etwas" führen, sondern um Wege, die gerade eine solche Ausrichtung in einem Koordinatensystem vermissen lassen (siehe Abb. 4.4).

In Abb. 4.4 etwa führt der Weg klar weg von etwas, auf das die Protagonistin „spuckt". Einst war dieses Etwas ein Sehnsuchts-Ort, die Kunstakademie, die sie über viele Jahre angestrebt und zu der sie schließlich aufgrund ihrer zeichnerischen Begabung Zugang gefunden hatte. Schon bald stellte sich aber heraus, dass sie hier aufgrund ihrer Vorliebe für Comichaftes keine neue Heimat fand und mit ihren Bildern auf heftige Ablehnung stieß. Trotzig und stolz machte sie sich in einem Fantasy-Kostüm (ein Hexenkostüm, das sie sich auch in Wirklichkeit geschneidert hatte, um an einem sog. Cosplay-Event teilzunehmen) auf einen Weg, von diesem untergegangenen Paradies weg und hinein ins Unbekannte, wobei sie sich mit dem Kostüm auch von einem Stück ihrer früheren Identität befreit.[5]

---

[5]Wie wir in Kap. 4.4 sehen werden, zeigt das Bild eine Ordnungsverletzung vom Typ 2, in der der Protagonist in einen neuen Raum berufen wird, weil er Eigenschaften entwickelt, die gegen den Ordnungszustand des früheren Paradieses verstoßen.

Abb. 4.4   In der Transitzone. Der Weg ins Unbestimmte des Nicht-Ortes

Die Ausführungen von Augé legen den Eindruck nahe, dass der anthropologische Ort vorzugsweise durch eine verbale Verständigungsbasis definiert ist. Mit dieser Definition würden wir aber sämtliche frühkindlichen Erfahrungen aus unsere Betrachtung ausschließen, die vor dem Spracherwerb stattgefunden haben und die gerade so konstituierend dafür sind, ob ein Mensch später in seiner Entwicklung ein „Urvertrauen" in die Welt entwickelt oder nicht. Mittlerweile wissen wir zwar aus den Ergebnissen der Säuglingsforschung, dass sich der Säugling wohl zu keinem Zeitpunkt als eins mit der Mutter empfindet (wie es Freud noch ursprünglich angenommen hatte), dass er aber im günstigsten Fall sehr wohl einen ähnlich paradiesischen Zustand erlebt hatte, wenn er nämlich optimal von seiner Mutter in seinen Bedürfnissen gesehen und beantwortet wurde (siehe hierzu Stern 2010). Auch hier handelt es sich also um einen gelungenen „Dialog", der im Sinne von Augé den anthropologischen Ort definiert, allerdings um einen präverbalen. Er ist dadurch gekennzeichnet, dass die Mutter den Säugling in seinen verschiedensten Bedürfnissen erkennt und diese mit ihrem gesamten Verhalten beantwortet. Dies ist der Ort, zu dem sich viele unserer Patienten auf die Suche machen und den wir vereinfachend im Weiteren das „Paradies" nennen.

4.4   Der Verlust des Paradieses

Bis jetzt haben wir den Blick darauf gerichtet, wonach Menschen, die in Therapie kommen, streben, wohin es sie zieht und wie dieser Sehnsuchtsort beschaffen sein sollte, um ihre Suche zu einem befriedigenden Abschluss zu bringen. Diese Patienten befinden sich also schon mitten in einer Geschichte. Wollen wir aber das „Ganze", von dem Aristoteles spricht (siehe Kap. 2), in den Blick nehmen, so müssen wir noch weiter in der Zeit zurückgehen, nämlich zum Anfang. Der Anfang steht in Patientengeschichten für einen Zustand vor der Krise, als „alles noch gut war". Bei manchen Ratsuchenden liegt dieser ungestörte Zustand erst wenige Wochen zurück. Andere wiederum erlebten beinahe ihr ganzes Leben als schwer oder krisenhaft und erinnern sich nur glücklich an die fernen Zeiten der frühen Kindheit. Aber unabhängig davon, wie weit die glücklichen Zeiten schon zurückliegen: Irgendwann, so meine Erfahrung, hat es sie immer gegeben, und zwar ganz gleichgültig davon, wie schwer die Belastungen oder Traumata im späteren Leben gewesen sind. Und deshalb ist es naheliegend, das Paradies nicht nur als ersehnten Endpunkt der Reise in unserem Modell zu verwenden, sondern auch als Ausgangspunkt. Wie aus dem vorausgegangenen Kapitel deutlich wurde, verwenden wir den Paradies-Begriff bei unseren Untersuchungen nicht, um einen Zustand der ekstatischen Verzückung oder völligen Glückseligkeit zu charakterisieren, sondern weit profaner im Sinne des beschriebenen „anthropologischen Ortes", also eines Ortes (bzw. Zustandes), an dem sich der Patient verstanden, gesehen bzw. „beantwortet" fühlte. Etwas wissenschaftlicher könnte man auch formulieren, dass es sich dabei um einen Ort handelt, an dem die Grundbedürfnisse des Menschen, zumindest zu einem gewissen Ausmaß, vorübergehend erfüllt waren.[6] So verstanden, können wir das Paradies oder den anthropologischen Ort als Ausgangspunkt der aktuellen Geschichte verstehen und uns zunächst einmal fragen, warum er überhaupt verlassen worden ist.

4.4.1   Der Aufbruch aus Verlangen

Ronald Tobias schreibt von zwei Möglichkeiten, wie Geschichten beginnen können (Tobias 1993, S. 74):

> In Act One (setup), the hero is at the point of origination, usually home. A force moves him to act, either out of **necessity or by desire.**

In unserem Zusammenhang könnten wir also formulieren, dass der Protagonist das Paradies entweder aus Verlangen oder aus Notwendigkeit verlassen kann. Das heißt: Entweder er bricht freiwillig auf, oder er wird dazu gezwungen. Mit den Protagonisten, die freiwillig bzw. aus Verlangen aufbrechen, will Tobias jene beschreiben, die eigentlich bleiben könnten, die keine Notwendigkeit zum Verlassen des Ausgangszustandes zwingt, die aber in sich eine positive Aufbruchsstimmung verspüren, die vielleicht von Neugier, Spieltrieb, erotischer Versuchung oder purer Abenteuerlust getrieben sind. In Cinema Paradiso (einem Filmklassiker von Giuseppe Tornatore von 1988) ist z. B. ein kleiner

---

[6]Bei diesen Grundbedürfnissen handelt es sich laut Klaus Grawe (Grawe 2004) um das Bedürfnis nach Bindung und Autonomie, nach Orientierung und Kontrolle, Selbstwerterhöhung und Selbstwertschutz und um das Bedürfnis nach Lustgewinn und Unlustvermeidung.

Junge fasziniert vom Kino und macht sich auf, ein berühmter Theaterregisseur zu werden. Jason, der Held in der Argonautensage, begibt sich auf eine gefährliche Reise, weil er König werden will, und Miguel de Cervantes Don Quixote zieht, als Ritter verkleidet, aus purer Abenteuerlust in die Welt hinaus, *„simply because he desires to become a knight and make a difference in an indifferent world"* (Tobias 1993, S. 75). Alle diese Helden hätten vielleicht auch einigermaßen zufrieden bleiben können, wo sie waren. Sie hätten sich vielleicht auf Dauer dort gelangweilt, mit Sicherheit hätten sie auch das ihnen innewohnende Potenzial nicht gelebt, hätten vielleicht auch nicht die „zündende Idee" gehabt, wie unser Heinrich aus der Beispielgeschichte in Kap. 2, aber sie wären nicht gegen ihren Willen vertrieben worden.

Jedem Therapeuten werden spontan Patienten einfallen, deren Geschichte „aus Verlangen" oder „aus eigenem Antrieb" begonnen hat, die dann aber in Komplikationen geraten sind, um schließlich in ihrer Praxis zu landen. So gibt es nicht wenige, die ursprünglich aus purem Übermut eine außereheliche Affäre begonnen haben, um sich schließlich zerrissen und verzweifelt zwischen zwei Partnern wiederzufinden. Eine Seminarteilnehmerin visualisierte in einem Seminar ihren aktuellen Zustand, ihre aktuelle Situation mit einem Bild (siehe Abb. 4.5).

Sie war gerade 39 Jahre alt geworden (ein häufiges „Aufbruchsalter" für Frauen) und eigentlich zufrieden mit ihrem Partner und ihren beiden Kindern. Aber angesichts des näher rückenden 40. Geburtstages verspürte sie einen Drang, „noch einmal etwas anders zu erleben", und verlässt daher auf dem Bild (in ihrer Zukunftsvorstellung) das ursprüngliche Paradies (links), in das sie zuvor so passend eingebettet gewesen war. Sie platziert sich auf hoher See als orange Kugel, zwar immer noch relativ sicher, erwartet aber für

Abb. 4.5 Aufbruch aus dem Paradies aus „Verlangen"

die weitere Zukunft eine (rechts in Abb. 4.5 dargestellte) farbenfrohe, allerdings auch etwas bedrohliche Zone, die wir aufgrund des oben Gesagten unschwer als Rätselzone erkennen können.

Literarische Beispiele für einen Aufbruch aus Verlangen, aus eigenem Antrieb, finden wir z. B. bei den Protagonisten der Romane von Thomas Mann (siehe auch Kap. 2). Eindrucksvoll beschreibt Mann z. B. den „Grenzübertritt" seines Romanhelden Thomas Castorp von seiner Heimat (dem ursprünglichen Paradies) ins Davoser Hochland, das zweifellos die Rätselzone markiert:

> Dieses Emporgehobenwerden in Regionen, wo er noch nie geatmet und wo, wie er wußte, völlig ungewohnte, eigentümlich dünne und spärliche Lebensbedingungen herrschten, – es fing an, ihn zu erregen, ihn mit einer gewissen Ängstlichkeit zu erfüllen. Heimat und Ordnung lagen nicht nur weit zurück, sie lagen hautsächlich klaftertief unter ihm, und noch immer stieg er darüber hinaus (zitiert in Müller 2006, S. 49).

Die Rätselzone ist jetzt zunächst einmal eine Zone, in der die ursprünglichen Annahmen des Protagonisten, wie die Welt und wie er selbst beschaffen ist, erschüttert werden. Es gibt neue Regeln, die er noch nicht verstanden hat – und dadurch erscheint dieser neue Raum überhaupt erst rätselhaft und verwirrend. Lotman, der ja nur an der allgemeinen Struktur einer Geschichte interessiert war, sie also ausschließlich **von oben** betrachtete, aus der Perspektive des Literaturwissenschaftlers, hat sich für Befindlichkeiten des Protagonisten noch nicht interessiert. Wenn wir aber Begriffe wie „rätselhaft" oder „verwirrend" gebrauchen, dann begeben wir uns damit gleichsam in den Kopf der Hauptfigur und müssen daher an diesem Punkt vom lotmanschen Konzept in Reinform abweichen. Auf ähnliche Weise sind wir im Übrigen bereits punktuell von seinem Konzept abgewichen, als wir von einem „Aufbruch aus Verlangen" gesprochen haben, weil auch das Verlangen ein intrapsychisches Phänomen ist, das in der rein strukturellen Betrachtungsweise von Lotman nicht vorkommt. Diese Abweichungen erscheinen mir aber dennoch für unsere Zwecke wichtig zu sein, wenn wir sein Ereignis- bzw. Grenzüberschreitungskonzept auf Patientengeschichten übertragen wollen. Wenn wir nämlich über Patientengeschichten sprechen, dann ist es auf der Suche nach einer Systematik sehr wohl vernünftig, die Gefühlslagen der jeweiligen Protagonisten miteinzubeziehen. Lotman spricht nur von abstrakten Räumen, ich hingegen von gefühlmäßig vorstrukturierten Räumen wie dem „Paradies", der „Rätselzone" und dem „Lösungsraum". Und mit der Unterscheidung eines „Aufbruchs aus Verlangen" und dem „Aufbruch aus Notwendigkeit", den ich aus der Filmtheorie übernommen habe, berücksichtige ich zudem die möglichen Motive des Protagonisten, also **warum** er eine Zone, einen Raum verlassen will.

4.4.2   Der Aufbruch aus Notwendigkeit

Für die im Folgenden dargestellten Gründe für den „Aufbruch aus Notwendigkeit" erscheint mir die lotmansche Theorie in Reinform aber wieder hilfreich zu sein. Zur Erinnerung: Ein Ereignis ist nach Lotman die Versetzung einer Figur über die

Grenze eines semantischen Raumes in einen anderen. Jeder semantische Raum beinhaltet nach Lotman eine bestimmte Ordnung, eine innere Organisation von Welt, die innerhalb dieses Raumes gültig ist (vgl. Lotman 1993, S. 32). Eine Ordnung ist aber immer durch bestimmte Regeln festgelegt, also implizite oder explizite Vorschriften, wie man sich verhalten darf und welches Verhalten eine Normabweichung zu diesen Regeln darstellt. Lotman beschreibt diesen Zusammenhang von Grenze und Regel folgendermaßen:

> Ein Ereignis ist somit immer die Verletzung irgendeines Verbotes, ein Faktum das stattgefunden hat, obwohl es nicht hätte stattfinden sollen (Lotman 1993, S. 336).

Bei dem „Aufbruch aus Verlangen", den Lotman, wie oben beschrieben, nicht untersucht hat, trifft dies nicht immer zu. Wenn sich jemand auf eine abenteuerliche Urlaubsreise einlässt, verletzt er damit keine Regel. Allerdings sehr wohl, wenn sich ein Patient auf eine außereheliche Beziehung einlässt. Bei den beiden folgenden Gründen für eine Vertreibung aus dem Paradies spielen Regelverletzungen durchgehend die zentrale Rolle. Die Vertreibung erfolgt hier aus Notwendigkeit, weil die Regelverletzung einen Aufbruch aus dem Ursprungsraum unvermeidlich macht. Klimczak bringt hierfür in seinem Buchbeitrag „Ereignis und Perspektive" das Beispiel eines katholischen Priesters, der eine sexuelle Beziehung eingeht, damit gegen die Regeln des Priesteramtes verstößt und folglich dieses nicht mehr ausüben kann – also daraus vertrieben wird. Grundlegend für diese Regelverletzungen ist für Klimczak, dass der Protagonist seine „Merkmale" verändert und er stellt fest:

> Als ereignishaft gilt demnach die Existenz einer Merkmalskombination, die es gemäß des jeweiligen […] Ordnungssatzes **nicht geben kann, darf oder soll** (Klimczak 2012, S. 171).

Genau betrachtet ist es also eine Merkmalsveränderung des Protagonisten, die erst zur Regelverletzung führt. Diese Merkmalsveränderung können wir in vielen Fällen als eine Art „Entschluss" darstellen: Der Priester verändert seine Merkmale, weil er jetzt plötzlich nicht mehr bereit ist, seine Sexualität zu verleugnen. Er wird zu einem sexuellen Wesen und begeht daraufhin eine Regelverletzung. Er tut etwas, was es nicht „geben kann, darf oder soll" – und dies macht ja die Erzählung erst interessant, wäre es doch wenig erzählenswert, wenn immer nur das Übliche und damit das Erwartbare passieren würde. In dem Sammelband zur Filmsemiotik (Gräf et al. 2014, S. 337) heißt es hierzu:

> Dies [die Regelverletzung – Anmerkung des Autors] ist es, was eine Geschichte auszeichnet, etwas Erzählenswertes, da der Bruch mit der Realität Spannung evoziert.

Ein zölibatär lebender Priester ist unter dem Spannungsaspekt nicht erzählenswert. Einen nicht zölibatär lebenden Priester aber darf es nach den Ordnungssätzen für das Priesteramt nicht geben. Sein „Auftreten" stellt insofern schon das entscheidende Ereignis dar. Unter einer psychologischen Perspektive wäre es jetzt natürlich auch interessant, nicht nur das Ereignis der Vertreibung aus dem Paradies näher zu untersuchen, sondern auch die jeweiligen Ordnungssätze, die beispielsweise in Kulturen, Firmen oder Familien herrschen – und dann in einem zweiten Schritt mit dem Patienten zu untersuchen, ob deren Einhaltung sinnvoll oder krankmachend ist.

Als wohl bekanntestes Beispiel für eine Vertreibung aufgrund einer Ordnungsverletzung fällt uns die biblische Paradies-Geschichte ein. Hier gilt ein klarer Ordnungssatz, nämlich das Verbot Gottes, nicht vom Baum der Erkenntnis von Gut und Böse zu essen. Genau dieses Verbot wird aber gebrochen und Adam und Eva werden demzufolge aus dem Paradies vertrieben. Ein Beispiel für eine Regelverletzung aus der klinischen Praxis, wird durch das in Abb. 4.6 gezeigte Bild einer 32-jährigen Patientin illustriert.

Die Patientin erzählt in ihrem Bild eine ganze Geschichte mit zwei Grenzüberschreitungen, also einem Ereignis und einer Ereignistilgung. Ursprünglich war sie eine der beiden blauen Kinderfiguren, links oben im Kreis ihrer Familie. (Die Figuren unterhalb des blauen Querstrichs brauchen wir für unser Anliegen nicht zu berücksichtigen. Es handelt sich um den nahen und weiteren Freundes- und Bekanntenkreis). Ihre Familie reduzierte sie auch noch als Erwachsene auf ihre Kinderrolle, verhinderte also das Erwachsenwerden. Die implizite Regel im Ursprungsraum war also: „Du musst Kind bleiben, weil wir als Eltern nicht verlassen werden wollen." Sie verstößt jetzt gegen diese Regel, überwirft sich mit ihren Eltern, geht gleich nach dem Abitur für ein Jahr ins Ausland und wählt nach ihrer Rückkehr ein Studium (Psychologie), das den Eltern eigentlich überhaupt nicht passt, die sie gerne als Juristin gesehen hätten.

Sie gerät dadurch in eine fremde Zone, den Gegenraum rechts auf dem Bild. Typischerweise versuchen viele Patienten beim Eintauchen in den Gegenraum, erst einmal mit hektischer Aktivität den Rätselhaftigkeiten und Bedrohungen zu begegnen (siehe Abschn. 5.3): Sie zeichnet sich mit vielen Armen. Weil es nicht leicht ist, im Gegenraum

Abb. 4.6 Eine Patientin verlässt das Paradies, weil sie gegen die Regeln verstoßen hat – und kehrt mit einer „Beute" zurück

zu bestehen, weil es auch noch keinen richtigen Plan gibt, werden viele in der Rätselzone zunächst hyperaktiv und laufen Gefahr, sich darin zu erschöpfen. Aber unsere Protagonistin hier lernt in diesem Gegenraum auch einen Partner kennen, mit dem sie schließlich in das ursprüngliche Paradies links oben zurückkehrt: Sie malt sich selbst grau und den Partner rot, beide sind von einer roten Blase umgeben. Der Partner schützt sie jetzt von den Erwartungen der Eltern, mit dem abgeschlossenen Studium und ihrem ersten Job als Psychologin demonstriert sie ihren Eltern, dass sie erwachsen geworden ist.

Ein anderes Beispiel wäre die fristlose Kündigung eines 54-jährigen Patienten, der über viele Jahre als Abteilungsleiter bei einer größeren Firma tätig gewesen war. Die Kündigung war erfolgt, weil er Porno-Bilder auf den hauseigenen Server heruntergeladen hatte und damit klar gegen die Regeln der Firma verstoßen hatte. Bei genauerer Betrachtung handelte es sich bei diesem Kündigungsgrund um einen Vorwand, denn der Patient war aufgrund seiner Renitenz gegenüber Autoritäten schon länger bei seinem Vorgesetzten in Ungnade gefallen und hatte deshalb auch bereits eine Abmahnung erhalten, die ihm sein Chef mit den Worten: „Irgendwann kriege ich Sie noch ganz klein" überreicht hatte. Mit seiner Art, derartig bedrohliche Situationen (im Privatem und Beruflichen) völlig auszublenden, hatte er sich auf diese Gefahr aber nicht eingestellt, hatte stattdessen genauso weitergemacht wie immer. Mit anderen Worten: Er war von der in Abschn. 4.2 beschriebenen **Veränderungs-Blindheit** befallen, hatte also die offensichtlichen Veränderungen in seinem Paradies ignoriert und war deshalb von dort weit in die Rätselzone katapultiert worden, in der er schließlich meine Hilfe suchte. Natürlich konzentrierte sich die Therapie zunächst weitgehend auf eine Stabilisierung des gelegentlich suizidalen Patienten, aber eben auch auf seine habituelle Veränderungs-Blindheit, die ihm bereits in seiner Ehe zum Verhängnis geworden war und dort dazu geführt hatte, dass ihn seine Frau verließ – wiederum eine Vertreibung aus einem (anderen) Paradies. Diese ereignete sich wenige Jahre vor der Kündigung und war für den Patienten v. a. deshalb besonders schmerzhaft, weil er mit der Scheidung auch den Kontakt zu seiner Tochter verlor, die bei der Frau blieb und von dieser gegen ihn in Stellung gebracht worden war.

Wenn wir jetzt vorübergehend den Blick auf die Tochter werfen, dann bringt uns dies zu einem weiteren Grund dafür, auf welche Weise Menschen aus dem Paradies vertrieben werden. Die Tochter war durch die Scheidung nämlich auch aus ihrem (Kindheits-) Paradies vertrieben worden – und zwar weder aus „Verlangen", noch weil sie gegen irgendwelche Regeln verstoßen hatte. Wie können wir diesen Vertreibungsgrund strukturell beschreiben?

Schauen wir uns hierzu zunächst das Bild einer 42-jährigen Patientin an, in dem sie ihre zentrale Kindheitserfahrung „erzählt" (Abb. 4.7).

Als sie 5 Jahre alt war, trennte sich der Vater von ihrer Mutter und heiratete kurz darauf eine neue Frau, die künftige Stiefmutter der Patientin (links im Bild). Weil die Mutter wegen dieser Ereignisse in schwere Depressionen verfiel und damit unfähig war, sich weiter um die Patientin zu kümmern, nahm er sie zu sich in die neue Familie. Aus dem

Abb. 4.7 Vertreibung aus dem Paradies durch ein Meta-Ereignis

Blickwinkel der Patientin hatte er damit ihr Kindheitsparadies (rechte Bildhälfte) zerstört und sie in eine von Wolken verdunkelte Rätselzone (die wie hier sehr häufig mit
Fragezeichen symbolisiert wird) gezogen. Sie hatte nicht gegen irgendwelche Regeln
verstoßen, stattdessen haben sich die Regeln, hat sich die gesamte Ordnung ihrer Welt
verändert. Das Paradies war untergegangen.

Bisher hatten wir es mit Grenzüberschreitungen zwischen Räumen zu tun, deren Ordnung bzw. deren Regelsystem konstant blieb

> Deren Regeln werden zwar verletzt und gebrochen, sie sind als Regeln dabei aber weiter
> gültig – dies bedingt ja den Bruch und die narrative Spannung. Davon zu unterscheiden
> ist nun die dritte Möglichkeit, wie es (strukturell) zu einem Ereignis kommen kann. Hier-
> für, für die Ereignisinitiierung aufgrund einer Raumzerstörung, das **Metaereignis,** ist auch
> die Ordnung selbst einzubeziehen. Das System der semantischen Räume selbst, also die
> Grundordnung der dargestellten Welt, transformiert sich. […] Genau dadurch kann es zu
> einer Situation kommen, die nun ereignishaft ist, ohne es vorher gewesen zu sein (Gräf et al.
> 2014, S. 338).

Wie wir schon am vorherigen Beispiel gesehen haben, verlässt auch hier der Vater das
ursprüngliche Paradies aus Verlangen. Er verletzt damit die Regeln des Ausgangsraums,
das „Eheversprechen". Für die Tochter aber ändert sich dadurch die gesamte Struktur des
Raumes, in dem nun völlig neue Regeln, eine neue Ordnung herrscht. Für sie hat also
ein Meta-Ereignis stattgefunden. Eigentlich hat sie selbst gar keine Grenze überschritten, sondern der Raum um sie herum hat sich durch den Schritt des Vaters geändert. Am
ehesten ließe sich dies bildlich durch eine Art Überblendung von Paradies und neuem

Raum darstellen, in dem sich die Patientin nach dem Meta-Ereignis plötzlich wieder-findet. Weil dies aber für die Patientin malerisch nicht darstellbar ist, wird es als Über-schreitung einer Grenze dargestellt, über die sie von ihrem Vater gezogen wird.

Wir sehen also, dass uns die Ereignis-Theorie von Lotman und seinen Nachfolgern bemächtigt, Ereignisse, die sich auf den ersten Blick ähneln, genauer zu unterscheiden. Dies erscheint mir nicht nur unter einer wissenschaftlichen Perspektive von Wert, sondern auch unter einer psychologischen: Die Entscheidung, aus Verlangen aufzubrechen, oder nicht, eine Regel zu brechen, oder nicht, ist mehr oder weniger freiwillig. Ein Meta-Ereig-nis aber geschieht ohne das Zutun des Protagonisten und ist deshalb für ihn nicht verhin-derbar. Wenn etwa ein junger Erwachsener seiner Homosexualität gewahr wird, dann wird er damit zwar inkonsistent zur Außenwelt, in der Homosexualität möglicherweise sank-tioniert wird. Ob er die Homosexualität lebt oder nicht, ob er sich outet oder nicht, also den „Regelbruch" begeht, ist seine Entscheidung. Wenn aber beispielsweise ein jüngeres Geschwister geboren wird und sich damit das Familiensystem gänzlich verändert (also ein Meta-Ereignis stattfindet), dann hat sich das ältere Geschwister darauf einzustellen, ohne dass es eine Wahl hätte. Psychologisch ist die Einführung der Kategorie des Meta-Ereig-nisses auch deshalb so interessant, weil wir damit zwischen den Konflikten der sog. syste-mischen Psychologie und der traditionellen Individualpsychologie unterscheiden können. Ohne dies zum jetzigen Zeitpunkt auch beweisen zu können, würde ich annehmen, dass es sich bei systemischen Konflikten immer um Meta-Ereignisse handelt, während sich die Individualpsychologie vorwiegend auf anderen Ereignistypen gründet. So gesehen han-delt es sich z. B. auch in dem Märchen von Hänsel und Gretel um einen systemischen Konflikt: Ganz ohne Zutun der Kinder hat mit der Hungersnot ein Meta-Ereignis stattge-funden, von dem auch die Eltern betroffen waren. Auch für sie änderte sich die „Ordnung der Dinge" und sie gerieten dadurch in einen Konflikt – ob sie die Kinder nun in den Wald schicken sollten oder nicht. Sie entschieden sich schließlich dafür sie auszusetzen und waren nun selbst der Initiator eines Meta-Ereignisses für die Kinder, die sich plötzlich in einer anderen Welt wiederfanden.

Zahlreiche Beispiele für Meta-Ereignisse finden sich im Übrigen auch in Büchern und Filmen, so z. B. in dem Science-Fiction-Film „Interstellar" (Christopher Nolan 2014). Hier zwingt eine Umweltkatastrophe auf der Erde die Menschen dazu, in einen anderen Raum, zu einem anderen Planeten aufzubrechen. Die Erde, und damit der ganze verfüg-bare Raum der Menschheit, hat sich verändert, es hat ein Meta-Ereignis stattgefunden. Weil der Zustand der Erde inkonsistent mit den Bedürfnissen der Menschen geworden ist, müssen sie diese verlassen. Einige wenige haben dies erkannt und machen sich pro-aktiv auf. Diese Raumfahrer und das, was von der NASA noch übrig geblieben ist, haben erkannt, dass sich die Ordnung irreversibel geändert hat, dass es das Paradies hier nicht mehr gibt. Der überwiegende Rest der Weltbevölkerung aber tröstet sich noch mit der Vorstellung, dass alles von selbst wieder gut werden würde, sie schützen sich mit Staub-tüchern gegen die Sandstürme und verschließen gleichsam real und metaphorisch die Augen vor den eigentlich unübersehbaren Veränderungen. Sie sind damit ein Beispiel für die in Abschn. 4.2 beschriebene Veränderungs-Blindheit.

Sehen wir einmal von dem Spezialfall eines „Aufbruchs aus Verlagen" ab, so wird der Verlust des Paradieses durchweg als ein negatives Ereignis wahrgenommen. Er wird sich zwar am Ende als fruchtbar erweisen, weil nur so eine Weiterentwicklung möglich ist (also Lernen stattfindet), aber zunächst findet sich der Protagonist in einer neuen, unwirtlichen und nicht-verstandenen Welt wieder und speichert dieses Vertreibungserlebnis deshalb als ein Art „Schmerz" in seinem Gedächtnis ab. Diese negative Erinnerung ist insofern problematisch, als dass sie die eigentliche Paradieserfahrung überlagern kann, dass also jedes Mal, wenn ein Patient an die glücklichen Zeiten zurückdenkt, gleichzeitig der Moment der Vertreibung, der Verlust, mit ins Bewusstsein tritt. Aufgrund dieser Konditionierung entwickeln Patienten gelegentlich die Überzeugung, dass unmittelbar etwas „Schlimmes passieren wird, wenn ich mich glücklich fühle" – ein Phänomen, das Kognitionspsychologen die „Angst vor dem Glück" bzw. „Fear of Happiness" nennen (Gilbert et al. 2012). Diese Überzeugung kann letztlich dazu führen, dass das Paradies überhaupt nicht mehr gesucht wird und sich Patienten dauerhaft mit einem gerade noch ertragbaren Unglück abfinden. Mit anderen Worten: Sie schließen sich von ihrer weiteren Entwicklung ab und weigern sich, ihre mit der Vertreibung begonnene „Geschichte" zu Ende zu leben. Im Laufe dieses Buches werden wir sehen, wie wir sie dennoch dazu ermutigen können. Im Blick haben sollten wir dabei aber immer die Gründe ihrer ursprünglichen Vertreibung, die ich abschließend noch einmal zusammenfassend darstellen will.

Zusammenfassung

1. Aufbruch aus Verlangen oder aus eigenem Antrieb
2. Aufbruch aus Notwendigkeit:
    2.1. Eine Merkmalsänderung des Protagonisten lässt ihn eine Entscheidung treffen, die eine Regelverletzung darstellt. Er wird daraufhin aus dem Paradies vertrieben.
    2.2. Es findet ein Meta-Ereignis statt, das die Ordnung im Paradies grundlegend verändert. Der Protagonist findet sich in einem anderen Raum wieder.

Literatur

Alloy, L. B., & Abramson, L. Y. (1979). Of contingency in depressed and nondepressed students: Sadder but wiser? *Journal of Experimental Psychology, 108*(4), 441–485.

Augé, M. (2014). *Nicht-Orte* (4. Aufl.). München: Beck.

Gilbert, P., McEwan, K., Gibbons, L., Chotai, S., Duarte, J., & Matos, M. (2012). Fears of compassion and happiness in relation to alexithymia, mindfulness, and self-criticism. *Psychology and Psychotherapy: Theory, Research and Practice, 85* (4), 374–390.

Gräf, D., Grossmann, S., Klimczak, P., Krah, H., & Wagner, M. (2014). *Filmsemiotik. Eine Einführung in die Analyse audiovisueller Formate* (2. Aufl.). Marburg: Schüren.

Grasnick, T. (2005). Säkularisierte Paradiesvorstellungen in der Werbung. Hausarbeit im Fach Germanistik. http://www.mythos-magazin.de/mythosforschung/cg_werbung.pdf.

Grawe, K. (2004). *Neuropsychotherapie*. Göttingen: Hogrefe.

Heuermann, H. (1994). *Medien und Mythen. Die Bedeutung regressiver Tendenzen in der westlichen Medienkultur*. München: Wilhelm Fink.

Kast, V. (1994). *Sich einlassen und loslassen. Neue Lebensmöglichkeiten bei Trauer und Trennung*. Herder: Freiburg.

Klimczak, P. (2012). Ereignis und Perspektive. Die Lotman-Rennersche Grenzüberschreitungstheorie bei multiperspektivischen Medientexten. In S. Frisch & T. Raupach (Hrsg.), *Revisionen – Relektüren – Perspektiven* (S. 170–186). Marburg: Schüren.

Lotman, J. M. (1993). *Die Struktur literarischer Texte* (4. Aufl.). Paderborn: Wilhelm Fink.

McKee, R. (2010). *Story: Die Prinzipien des Drehbuchschreibens*. Berlin: Alexander.

Müller, C. (2006). Strukturalistische Analyse des narrativen Raumes – erprobt an Thomas Manns der Roman Der Zauberberg. In T. Lörke & C. Müller (Hrsg.), *Vom Nutzen und Nachteil der Theorie für die Lektüre. Das Werk Thomas Manns im Lichte neuerer Literaturtheorien* (S. 24–49). Würzburg: Königshausen & Neumann.

Stern, D. (2010). *Die Lebenserfahrung des Säuglings* (10. Aufl.). Stuttgart: Klett-Cotta.

Tobias, R. (1993). *20 Masterplots and how to build them*. Cincinnati: Writer's Digest Books.

Watzlawick, P., Weakland, J. H., & Fish, R. (2013). *Lösungen. Zur Theorie menschlichen Wandels* (8. Aufl.). Bern: Huber.

5.1 Die erste Begegnung mit der Rätselzone

In Kap. 4 habe ich den an das Paradies angrenzenden Raum als Gegenraum oder als Rätselzone beschrieben, allerdings ohne genauer auszuführen, worin das Rätselhafte dieses Raumes eigentlich besteht. Am einfachsten ist dies an einem weiteren Beispiel zu erklären:

Ein 56-jähriger Patient kam ursprünglich auf Drängen seiner Frau zu mir. Sie drohte mit einer Trennung, weil sie es nicht mehr ertrage, dass er ausschließlich für seinen Beruf als selbstständiger Unternehmensberater lebe und sich ihr und den Töchtern gegenüber nur mehr gereizt oder desinteressiert verhalte. Unter dem Damoklesschwert der angedrohten Trennung war es ihm erstaunlich rasch möglich, sich so zu verändern, dass seine Frau sich ihm auch wieder vorsichtig annäherte. Allerdings wirkten seine Versuche „sich neu zu erfinden", auf mich (und wohl auch auf sie) irgendwie gekünstelt, unecht oder gar gespielt. Auf die gleiche Weise, wie er beruflich erfolgreich geworden war, versuchte er jetzt, in seiner Macher-Art und motiviert durch sein extremes Leistungsstreben die Ehe zu retten: Um seine „Muse" zu fördern, nahm er Gitarren-Stunden, fuhr alleine mit dem Motorrad durch den Westen der USA und fügte sich bereitwillig dem Diktat seiner Frau, sich einer „Psychotherapie zu unterziehen". Seine Frau wertschätzte seine Versuche zwar, verkehrte allerdings nach Jahren der Abstinenz noch nicht wieder sexuell mit ihm. In der Therapie berichtete er stolz von seinen Fortschritten und wie dumm er gewesen sei, sich sein ganzes Leben lang, getrieben von seinem ehrgeizigen und überstrengen Vater, dem Erfolg und dem Geldverdienen zu widmen. Wenige Wochen, nachdem er angekündigt hatte, die Therapie bald nicht mehr zu benötigen, kam es dann zum Zahlungsausfall seines größten Kunden, womit auch seiner Firma die Insolvenz drohte. In dieser Situation bemerkte ich erstmals eine fundamentale Verunsicherung. Mit der Entlassung der Hälfte seiner Mitarbeiter und der notwendig gewordenen

© Springer Fachmedien Wiesbaden 2017
C. Mayer, *Wie in der Psychotherapie Lösungen entstehen,*
DOI 10.1007/978-3-658-13865-3_5

Verkleinerung des Büros fühlte er sich „seiner Identität beraubt", käme sich „wie nackt" vor, sei völlig „orientierungslos" und bewege sich „wie in einem dichten Dschungel", in dem er „keinen Weg mehr erkennen" könne. Und er habe erstmals in seinem Leben wirklich Angst, weil er nicht mehr wisse, was zu tun sei. Während er sich bisher stets souverän und überlegen präsentiert hatte, erschien er mir gegenüber jetzt plötzlich verlegen, sprach leise und legte beim Sprechen gelegentlich die Hand vor sein Gesicht, um ein Erröten zu verbergen. Erst jetzt wurde ihm wirklich bewusst, dass sein gesamtes Selbstbewusstsein ausschließlich auf beruflichem Erfolg basiert hatte, also darauf, dass er die Leistungserwartungen seines Vaters erfüllte, und nachdem ihm dieser Weg nun aufgrund der drohenden Insolvenz auf unabsehbare Zeit verschlossen blieb, fand er sich erstmals ohne diese Scheinidentität nackt und unbeschützt in einer fremden Welt wieder, die er wortreich mit den oben zitierten Metaphern beschrieb. Eine derartige Wortwahl signalisiert unmissverständlich den Eintritt in die Rätselzone und beschreibt die typischen Empfindungen, wenn jemand mit einer radikal neuen Situation konfrontiert wird.

Typisch ist auch die allererste Reaktion des Patienten auf die Krise, die ja zunächst durch die Trennungsabsichten seiner Frau eingeleitet worden war. Und zwar reagiert er darauf mit seinem alten, in früheren Krisensituationen erlernten Muster: Er versucht, die Initiative zu ergreifen, flüchtet sich in Handeln und versucht so, sein Selbstkonzept als selbstbewusster Macher zu retten. Weil er auf altbewährte Muster zurückgreift, transformiert er sich nur zum Schein und glaubt insgeheim, seine ihn konstituierenden Merkmale beibehalten zu können (womit im Sinne von Lotman auch keine Grenze überschritten würde, also überhaupt kein Ereignis stattgefunden hätte). Er stemmte sich gleichsam gegen die Vertreibung aus dem Paradies und gegen den Eintritt in die Rätselzone, die immer mit einer wirklich tief greifenden Verunsicherung einhergeht. Erst durch den beinahe Bankrott seiner Firma hatte er die entscheidende Schwelle überschritten und hatte damit einen Raum betreten, den er nicht kannte und in dem deshalb seine alten Coping-Strategien nicht mehr funktionierten. Und jetzt sehen wir auch, woher das Rätselhafte dieses Raumes kommt: Weil die Welt uns ständig mit überkomplexen Herausforderungen konfrontiert, neigen wir permanent dazu, diese zu vereinfachen. Diese Vereinfachungen nennen wir „Lebenserfahrung". Sie gründet auf Modellen darüber, wie die Welt grundsätzlich beschaffen ist, auf Schemata und Theorien, wie wir uns in bestimmten, ähnlichen Situationen am günstigsten verhalten sollten, um zu einem gewünschten Ergebnis zu kommen. Diese Vereinfachungsleistung ist zunächst enorm hilfreich – allerdings nur bis zu dem Punkt, an dem eine wirklich neue Situation eintritt, die mit diesem Erfahrungswissen eben nicht zu lösen ist. Diese Situation nennen wir „Krise". Das eigentlich Krisenhafte einer Krise besteht genau darin, dass unser Erfahrungswissen, unsere bisherigen Verhaltens-Schemata und Welterklärungs-Modelle nicht mehr brauchbar sind und wir so in einen Zustand (in einen Raum) der Verwirrung und Ratlosigkeit stürzen. Und tatsächlich erleben viele Patienten diesen Moment ihrer Problemgeschichte häufig als einen Sturz, als ein Fallen, ganz ähnlich wie den Fall von Alice ins Wunderland (in die Rätselzone) durch einen Kaninchenbau (siehe Abb. 5.1).

Abb. 5.1 Die erste
Begegnung mit der Rätselzone,
als Fallen dargestellt

Man könnte meinen, dass es sich bei diesem neuen Raum nicht um einen semantisierten Raum im Sinne der lotmanschen Theorie handelt. Er erscheint ja gerade deshalb so verwirrend und rätselhaft, weil wir seine Struktur und die Regeln, die darin gelten, nicht verstehen. Aber das heißt nicht, dass es hier keine Strukturen und Regeln gibt! Die Rätselzone ist durchaus voller Bedeutungen und damit semantisiert. Ihr Sinn ist nur verborgen und wird sich im Lauf der weiteren Geschichte dem Protagonisten auch erschließen (siehe Abschn. 7.2).

An dieser Stelle der Geschichte aber wird der tiefere Sinn der Rätselzone noch nicht erkannt. Er wird die Rätselzone später eine zweites Mal betreten, dann aber gestärkt und mit einem größeren Wissen, hinsichtlich seiner ehemals blinden Flecken (siehe Kap. 10). Die erste Begegnung mit der Rätselzone geht noch nicht mit einem größeren Wissen einher, sondern im Gegenteil: Hier wird „Wissen zu Unwissen" (Erler 2009, S. 131), weil die bisherige Denkweise des Protagonisten dekonstruiert wird. Dieser Prozess geht subjektiv einher mit einer „Krisenerfahrung". Diese

> signalisiert ein Missverhältnis von abstrakten (im Gedächtnis organisierten, alten) und konkreten (neuen) Erfahrungen. Das abstrakte Modell wird dadurch destabilisiert, erschüttert, geht über in einen chaotischen Prozess, der subjektiv als eine Phase der Ungewissheit, der Verwirrung, aber auch der intensiven Erfahrung und Wahrnehmungsoffenheit erlebt wird (Mayer 2010, S. 58).

Häufig schildern Patienten diese Erfahrung beim ersten Eintritt in die Rätselphase auch als „unwirklich" und „traumähnlich". Der Traum hat m. E. die Funktion, neue Erfahrungen (die im Traum als sog. „Tagesreste" erscheinen) altbewährten Schemata zuzuordnen (Mayer 2010, S. 60 ff.). Der Traum probiert spielerisch aus, in welchen (alten) Kontext das neue Ereignis am besten passt. Wenn es aber in kein früheres Schema passt, dann werden auch diese alten Muster erschüttert und dekonstruiert. Strukturell passiert damit etwas ganz Ähnliches wie beim ersten Eintritt in die Rätselzone, was auch die Ähnlichkeit des jeweiligen (traumartigen, oneiroiden) Affekts erklärt.

Sowohl der Traum als auch die Krisenerfahrung führen letztlich zu einer neuen Ordnung. Auf welche Weise diese Konstruktion nach der Dekonstruktion zustande kommt, wie also „aus Unwissen wieder Wissen entsteht" (siehe Kap. 12), werden wir im Laufe dieses Buches noch genauer untersuchen. Bei dem oben geschilderten Patienten führte die Verunsicherung jedenfalls zu einer neuen Qualität der Paarbeziehung und zwar zur großen Überraschung des Patienten. Sein Vater hatte ihn so erzogen, dass er glaubte, nur dann liebenswert zu sein, wenn er etwas Großartiges leistet, wenn er Erfolg im Leben hat. Folglich glaubte er, dass er seine Frau nur behalten könne, wenn er diese Vorgaben erfüllt – was allerdings in der Vergangenheit gerade zur Entfremdung geführt hatte. So hatte sich seine Frau in einem Paargespräch vor allem darüber beschwert, dass er immer nur an seinen Beruf denke und dass er seine Familie wie ein arroganter Firmenpatriarch führe. Im Zuge der Krise begegnete er seiner Frau jetzt aber als verunsicherbarer und fehlerhafter Mensch, was sie weitaus liebenswerter fand, als seine frühere „Macher-Fassade". An dieser hätte sie vor allem gestört, dass er auf alle Probleme „immer sofort eine Antwort" gewusst hätte, ohne sich überhaupt zuvor wirklich mit ihr beschäftigt zu haben. Das war nach dieser Krisenerfahrung jetzt nicht mehr der Fall. Anstatt ihr sofort eine pragmatische Lösung anzubieten, reagierte er vielmehr fragend, einfühlend und begleitete sie auf eine Weise, die er selbst in der Therapie, in seiner Krise, als hilfreich erlebt hatte.

Allerdings enden solche Ausflüge in die Rätselzone nicht immer mit einer neuen Erkenntnis, einem neuen Wissen und einer neuen Orientierung. Insbesondere bei strukturschwachen Patienten droht immer auch das Abgleiten in die dauerhafte Orientierungslosigkeit einer psychotischen Erkrankung. Es erstaunt deshalb nicht, dass dieses zutiefst menschliche Spannungsfeld zwischen drohendem dauerhaftem Chaos und neuer Erkenntnis auch in zahlreichen Romanen dargestellt wird, insbesondere bei Franz Kafka und Thomas Mann. Gerade diese, in ihrem wirklichen Leben zutiefst in einer rigiden bürgerlichen Welt verankerten Autoren, stellen dieser Welt in ihren Romanen immer wieder die Rätselzone als Kontrapunkt gegenüber und lassen ihre Protagonisten als Grenzgänger dazwischen wandeln. So stellt etwa Christian Müller in seiner literarischen Analyse des „Zauberbergs" von Thomas Mann fest:

> Wird Hans Castorp aus diesem 'Totenreich' des Berghof wieder in die Heimat des Flachlandes zurückkehren? Oder wird er dem Zauber- und Schattenreich verfallen? Welche Entwicklung wird er in diesem Spannungsfeld durchmachen? Fragen dieser Art markieren das inhaltliche wie strukturelle Zentrum des Romans (Müller 2006, S. 57).

Ganz ähnliche Fragen stellen sich in der Therapie mancher strukturschwacher Patienten bei ihrer ersten Begegnung mit der Rätselzone. Die meisten Hilfesuchenden fürchten dieses „Sich-Verlieren-in-der-Rätselzone" allerdings grundlos. In Abschn. 5.2 werden wir sehen, wie sie sich zu helfen wissen.

5.2   Die Diaspora: ein Schutzraum in der Fremde

Weil Befindlichkeiten mit Worten oft nur unanschaulich und unscharf beschrieben werden können, beziehe ich in diesem Buch immer wieder spontan gemalte Patientenbilder in meine Analysen mit ein. Diese Bilder stellen im wörtlichen Sinn eine Verräumlichung von Erfahrung dar und sind deshalb ganz besonders dazu geeignet, unser Raum-Modell einer Lösungsgeschichte zu veranschaulichen. Wenn man Patienten immer wieder einmal während einer laufenden Therapie dazu auffordert, ihre aktuelle Situation oder ihren aktuellen Zustand in einem Bild oder einer Skizze darzustellen (siehe Kap. 1), dann findet sich mit am häufigsten ein ganz bestimmter Typ Bild, in dem sich der Maler selbst darstellt, eingeschlossen in einem „Kasten" oder einer „Blase", die ihn von seiner Umgebung trennt. Sehr häufig werden diese Art Bilder unmittelbar **nach** einer Krisenerfahrung gemalt. Es liegt also nahe, sie als ein Stadium nach dem direkten Kontakt mit der Rätselzone zu interpretieren.

Das Bild in Abb. 5.2 entstand zu Beginn einer Therapie einer 23-jährigen Patientin, die am Übergang zum Erwachsenenleben Wasch- und Kontrollzwänge entwickelt hatte.

In der Anamnese schildert sie Schwierigkeiten im Umgang mit der erwachenden Sexualität, die für sie in Widerspruch steht zu den noch stark präsenten kindlichen Wünschen nach Geborgenheit bei den Eltern, die von einer möglichen Hinwendung zu einem Geschlechtspartner gefährdet erscheint. Der Kasten symbolisiert die Einengung der Handlungsspielräume durch die Zwangssymptomatik, gleichzeitig aber auch einen

Abb. 5.2 Darstellungen der
Diaspora – Beispiel 1

Abb. 5.3 Darstellungen der Diaspora – Beispiel 2

Schutz vor der noch fremden Welt der Triebe, wobei in der Ferne das ursprüngliche oder
das künftige Paradies erscheint: Menschen, die sie lieben, akzeptieren, wo vielleicht
Sexualität (noch) keine Rolle spielt. Der paradiesische Ort ähnelt in dieser Beschreibung
dem „anthropologischen Ort" im Sinne von Auge (siehe Abschn. 4.3). Zwischen ihr und
diesem Ort liegt allerdings nicht nur der schützende Kasten, sondern auch eine düstere,
mit Fragezeichen markierte Zone, die unschwer als Rätselzone identifiziert werden kann.

Beim Bild in Abb. 5.3 handelt es sich um das Lebenspanorama eines 43-jährigen
Psychologen.[1]

Der verschwommene linke Teil des Bildes symbolisiert eine traumatische Kindheit, an
die sich der Patient kaum mehr im Detail erinnert (bzw. erinnern will). Sie war geprägt
durch seine Erfahrungen mit einem gewalttätigen, alkoholkranken Vater, der den Patienten und seine Mutter regelmäßig schlug und dem er sich nur durch einen Auszug aus dem
Elternhaus mit 18 Jahren entziehen konnte. Erst zu diesem Zeitpunkt beginnt die eigene
Lebenslinie, die den Patienten aber schon bald in einen Kasten, in ein Schutz-Gefängnis
führt. Auslöser für den Einschluss war die Zurückweisung des Patienten durch seine erste
große Liebe, die sein ohnehin brüchiges Urvertrauen erneut labilisierte und zu einem
sozialen Rückzug mit Abschottung von Gleichaltrigen (blaue und grüne Flecken) führte.
Er selbst stellt sich in seinem Gefängnis als kaum wahrnehmbaren weißen Strich dar, der
allerdings einen schwarzen Schatten wirft. Darüber schwebt eine schwarze Wolke.

---

[1]Das Lebenspanorama entsteht nach einer kleinen Imaginationsübung, bei der der Patient im
Geiste, mit entsprechender Anleitung des Therapeuten, die verschiedenen Phasen seines Lebens
durchreist und anschließend ein Bild anfertigt – siehe auch Schmeer (1994).

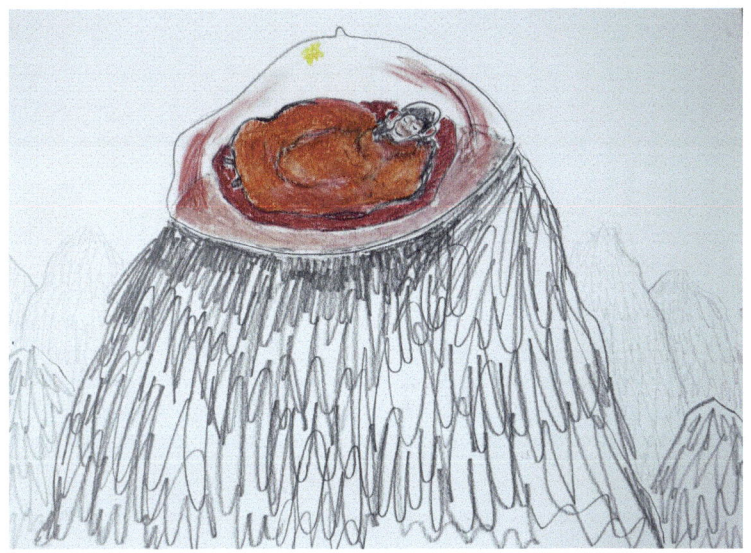

Abb. 5.4 Darstellungen der Diaspora – Beispiel 3

Betrachten wir nun Abb. 5.4: Diese 28-jährige Studentin malt sich, von einer Art glä-
sernen Glocke beschützt, auf dem Gipfel eines steilen Gebirges, das sich auch im Hintergrund mit weiteren unbewaldeten Bergen fortsetzt. Nachdem sich ihre Eltern in ihrem
10. Lebensjahr getrennt hatten, war sie nicht nur aus ihrem Kindheitsparadies vertrieben
worden, sondern hatte auch ihr „Urvertrauen" gegenüber Beziehungen um Allgemeinen
verloren und schottete sich demzufolge von ihrer Umwelt ab, die als unwirtliche Rätselzone erscheint. Selbst wenn sich die Schutzhülle irgendwann öffnen sollte, hätte es ein
Partner wohl schwer, den steilen Hang zu überwinden. Allerdings scheint sie es sich im
Inneren der Glocke durchaus behaglich eingerichtet zu haben, ja, es scheint ihr sogar ein
einsamer Stern darin – als Ausdruck ihres bescheidenen Glücks, vielleicht auch als Symbol dafür, dass sie gerade ganz „bei sich" ist.[2]

Eine weitere Darstellung der Diaspora findet sich in Abb. 5.5: Die Malerin dieses
Bildes kommt wegen einer sozialen Phobie in Psychotherapie. Aus Angst vor anderen Menschen flüchtet sie sich in eine Traum- bzw. Fantasiewelt, die sie in Form der
blauen Kreise darstellt. Sie berichtet über stundenlanges Tagträumen bzw. tranceartige
Zustände, in denen sie mit geschlossenen Augen auf ihrem Bett liegt und dabei eine Welt
entwirft, die sie selbst kontrollieren kann.

---

[2]Bilder wie dieses legen nahe, das Innere dieser abgetrennten Räume in Patientenbildern gelegentlich nicht nur als Schutzraum zu sehen, sondern auch als Ausdruck des „wahren Selbst", das sich
nur in den Momenten offenbart, in denen es ganz von Außeneinflüssen geschützt ist, wie etwa in
der Einsamkeit oder im Traum.

Abb. 5.5 Darstellungen der Diaspora – Beispiel 4

Was haben diese Bilder gemeinsam? Der Protagonist versucht, sich abzuschotten bzw. zu schützen vor einer fremden, rätselhaften und bedrohlichen Welt. Innerhalb der Abschottung gelten seine eigenen Regeln, sodass er sich den Anforderungen der Außenwelt nicht stellen muss. Ich nenne diese neu entstandene Zone innerhalb der Rätselzone die „Diaspora", weil sie dem Raum ähnelt, den sich Immigranten häufig in dem neuen Land, in das sie übersiedeln, schaffen (siehe Abb. 5.6).

Wie Gayatri Spivak in ihrem Buchbeitrag „Diaspora: Außerhalb in der Metropole?" beschreibt, wurde der Begriff „Diaspora" erstmals im Alten Testament verwendet und

[…] bedeutet so viel wie ‚im Ausland zerstreut'. Moses prophezeite den Juden, sie würden zerstreut in alle Völker, wenn sie seine Zehn Gebote missachteten. Das ‚Deuteronomium'

Abb. 5.6 Die Räume
der Lösungsgeschichte:
Erweiterung um die Diaspora

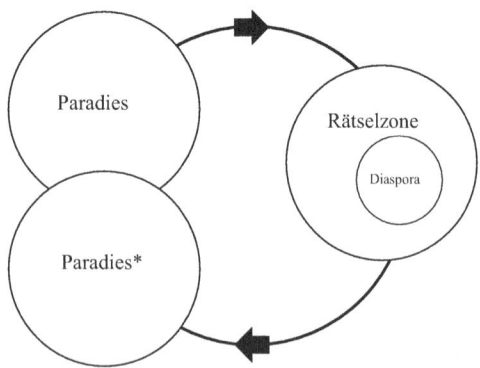

(5. Buch Mose) wurde als eines der ersten Bücher der Bibel ins Griechische übersetzt und hinterließ uns das Wort ‚Diaspora' (Spivak 2014, S. 69).

Am Anfang der Geschichte des jüdischen Volkes steht also nach dieser Überlieferung eine Vertreibung aufgrund eines Regelverstoßes, also ein Vorgang, den wir im Abschn. 4.4. als einen von 3 Mechanismen beschrieben haben, warum der Protagonist das Paradies verlassen muss: Weil er gegen die bestehende Ordnung verstößt. Spivak schreibt weiter:

> 1993 erschien mein Buch ‚Outside in the Teaching Machine'. Diese Struktur ‚außerhalb – in', eher als das einfache ‚außen', ist auch für das Diasporische relevant (Spivak 2014, S. 65).

und verweist damit darauf, dass eben auch die Diaspora nicht im luftleeren Raum lokalisiert ist. Nach der Vertreibung aus dem Paradies ist man nicht nur einfach „draußen", sondern wiederum in eine andere Struktur eingebettet *(„außerhalb – in")* – die aufgrund ihrer Fremdheit zumindest von Innen als Rätselzone wahrgenommen wird.

Das Gleiche gilt übrigens auch aus der Perspektive der Außenbewohner. Auch ihnen sind die anderen – in der Diaspora-Blase – fremd. Für sie sind also **die anderen** in der Rätselzone, was deutlich macht, dass Etikettierungen wie Diaspora und Rätselzone relativ, also vom Standpunkt des Beobachters abhängig, sind. Lotmann prägte hierfür den Begriff der „Polyphonie der Räume" innerhalb einer Geschichte:

> Verschiedene Helden können nicht nur zu verschiedenen Räumen gehören, sondern auch mit verschiedenen, bisweilen unvereinbaren Typen der Raumaufteilung gekoppelt sein. Dann erweist sich ein und dieselbe Welt des Textes als für die jeweiligen Helden in verschiedener Weise aufgeteilt. Es entsteht sozusagen eine **Polyphonie der Räume,** ein Spiel mit den verschiedenen Arten ihrer Aufteilung (Lotman 1993, S. 329).

Unabhängig davon, wer sich nur als „draußen" und wer sich als „drinnen" wahrnimmt, findet im weiteren Verlauf fast immer ein Prozess der Entfremdung von Innen- und Außenbewohnern statt, der sich im Weiteren wie von selbst verstärkt, wie Paul Scheffer in „Die offene Gesellschaft und ihre Einwanderer" schreibt:

> Dabei bewirkt die Unsicherheit, dass man sich an eine Identität klammert. Derselbe Prozess findet sich auch bei der einheimischen Bevölkerung, wo sich die sozialen und kulturellen Verunsicherungen in einem ‚Wir sind wir'-Gefühl niederschlagen (Scheffer 2014, S. 87).

Bis allerdings

> irgendwann der Punkt kommt, an dem das Vermeiden, an dem die Illusion, dass eigentlich alles unverändert ist, nicht mehr durch Abschottung aufrechterhalten werden kann […]. Das ist dann eine konfliktreiche Phase (Scheffer 2014, S. 89).

Weil das Leben ein dynamischer Prozess ist, der sich nicht anhalten oder eingrenzen lässt, wird es zu dieser konfliktreichen Phase fast zwangsläufig irgendwann kommen.

Paul Scheffer schreibt hierzu weiter unten:

[Es] kommt der Moment, an dem man seine Traditionen nicht mehr aufrecht-erhalten kann. Man kann nicht der bleiben, der man einmal war (Scheffer 2014, S. 90).

Auf der Bildebene wird dieser beginnende Integrationsprozess oft mit einem Aufbrechen der Blase oder des Kastens dargestellt, einem Vorgang, den wir in Abschn. 7.2 noch genauer untersuchen werden – markiert er doch einen wesentlichen Punkt in der Lerngeschichte.

Eine Variante dieses Diaspora-Motivs möchte ich nur kurz erwähnen: Es ist das „Insel-Motiv". Inseln können wir leicht mit dem Paradies selbst verwechseln, weil sie häufig sehr positiv, mit Palmen und allerlei sonstigen Urlaubsmotiven dargestellt werden. Aber wir dürfen nicht vergessen, dass sie von einem Meer umgeben sind, das die Insel vom Festland und damit von den anderen Menschen trennt.

In ihrem Bild (Abb. 5.7), das zu Beginn der Therapie entstand, erzählt eine 49-jährige Patientin eine ganze Geschichte. Rechts im Bild ist das ursprüngliche Paradies in Auflösung dargestellt. Ursprünglich bestand es in einer Symbiose mit der Tochter, die oben in einer Blase dargestellt wird und mit der die Patientin auch noch im Erwachsenenalter mit einer Art Nabelschnur verbunden war. In der Therapie arbeitete ich auf eine Loslösung von dieser Tochter hin, auch weil diese selbst darauf drängte und trotz ihrer eigenen Angsterkrankung selbstständiger von der Mutter werden wollte. Zum Zeitpunkt des Malens positioniert sich die Patientin als Schwimmerin auf offener See, also in der Rätselzone oder dem Gegenraum. Ziel ist eine rettende Insel, die ihr als neues Paradies

Abb. 5.7 Schwimmend auf dem Weg in die Diaspora, als Insel dargestellt

erscheint, was sie aber nicht sein kann, denn es wäre ein Ort ohne Verbindung zur übrigen Welt.

Ohne, dass ihr dieses Bild noch in Erinnerung gewesen wäre, malte die Patientin ein Jahr später ein weiteres (Abb. 5.8), um ihren Zustand nach dem erfolgten Ablöseprozess darzustellen (die Tochter war zwischenzeitlich ausgezogen und hatte eine eigene Familie gegründet):

Ihre Position ist der rote Punkt im Zentrum des Bildes. Sie befinde sich jetzt auf einer Art Plattform (grün dargestellt), inmitten eines segmentierten Kreises. Die Segmente entsprächen den einzelnen Bereichen ihres Lebens, in denen jeweils „Chaos herrsche" und aus denen sie deshalb herausdränge. Die Patientin hatte zwischenzeitlich ihren Beruf als Krankenpflegerin wegen einer Überlastungssymptomatik aufgeben müssen und sich noch nicht „neu sortiert". Sie fühlte sich beschäftigungslos, eingesperrt im häuslichen Bereich und einsam, v. a. weil sie im Laufe der Jahre auch den Zugang zu ihrem Mann verloren hatte. Bemerkenswert ist v. a., dass sie mit dieser Zeichnung unbewusst das frühere Inselmotiv variierte, einschließlich der Farbgebung: Grün für die Insel und Blau für das Meer. Mit den roten Pfeilen stellt sie ihre Fluchttendenzen von diesem einsamen Ort dar, wobei eine Flucht durch das Blau verhindert wird.

Erst gegen Ende der Therapie verwandelt sich die Insel-/Meer-Situation in eine Szene auf dem „Festland" (Abb. 5.9).

Sie sitzt jetzt spielend mit einem Enkelkind (aus der Ehe ihres Sohnes, der selbst nicht dargestellt wird), ihrem Mann (rechts) und auch wieder mit ihrer Tochter (die jetzt als erwachsene Frau links dargestellt wird) in ihrem Garten. Das abgegrenzte Grün der ursprünglichen Insel ist zu einer nicht begrenzten Blumenwiese geworden, womit sich

Abb. 5.8 Die Insel kann nicht mehr verlassen werden und wird zu einem Gefängnis

Abb. 5.9   Die Insel wird zum Festland, der Bewegungsspielraum wird erweitert

der Bewegungsspielraum maßgeblich erweitert hat. Das Blau des Meeres hat sich in einen Himmel verwandelt, also auch einen Raum, der nach oben offen ist.[3]

Zusammenfassend lässt sich festhalten, dass sich der Protagonist beim Eintritt in die Rätselzone bemüht, sich von seiner Umgebung durch Kästen, Kreise oder Inseln abzugrenzen. Er versucht, seine bisherige Lebens- und Denkweise beizubehalten, und verleugnet damit in gewisser Weise die Welt, in der er nach der Vertreibung aus dem Paradies gelandet ist. Damit verweigert er sich aber der notwendigen Auseinandersetzung mit der Veränderung, er schließt die Augen davor und tut gleichsam so, als ob alles beim Alten geblieben wäre.[4]

Mit dieser Sichtweise wird allerdings nur das Negative der Diaspora-Bildung herausgehoben. Meine therapeutische Arbeit hat mich aber gelehrt, dass es durchaus von Vorteil sein kann, wenn Patienten fähig sind, sich angesichts einer völlig neuen Situation zunächst in eine Schutzstruktur zu flüchten, bzw. dass wir diese Struktur als Therapeuten nicht gleich wieder infrage stellen sollten. Die Schaffung einer diasporischen Hülle wird nämlich nur dann fragwürdig, wenn sie zur Dauereinrichtung wird, wie ich versucht habe, mit den obigen Patientenbeispielen zu zeigen.

---

[3]Wie in Abschn. 7.3 ausführlich dargestellt, handelt es sich bei dieser Lösung um ein Beispiel für eine Metatilgung: Die ursprüngliche Spannung bzw. Inkonsistenz wird durch eine völlige Neuordnung und -interpretation der Bildelemente aufgelöst. Die Diaspora selbst muss nicht mehr verlassen werden, weil sie selbst zu einem neuen, modifizierten Paradies geworden ist.

[4]Dieses Phänomen wird in der neueren Forschungsliteratur als „Veränderungsblindheit" bzw. „Change Blindness" bezeichnet (siehe auch Chabris und Simons 2011).

5.3 Das Provisorium: Wenn Schutz noch nicht möglich ist

Dass die Diaspora-Bildung eine Leistung ist, sehen wir auch daran, dass viele Patienten eben gar nicht in der Lage sind, diese Schutzhülle in einer Art zu bilden, die wirklich zuverlässig schützt. Sie sind damit den Bedrohungen des Gegenraums in bedrohlicher Weise ausgeliefert.

Abb. 5.10 stammt aus einer der ersten Sitzungen mit einer Patientin, die vor wenigen Wochen ihren gewalttätigen Mann verlassen hatte und in einer Nacht-und-Nebel-Aktion mit der gemeinsamen 2-jährigen Tochter geflüchtet war.

Das ehemalige Paradies in Form eines gemeinsamen Hauses ist zerfallen und die Patientin hat sich mit ihrer Tochter (grüner Punkt) in eine Blase zurückgezogen, die allerdings nur notdürftigen Schutz vor der schwarzen Wolke (sie steht für den wütenden Mann) verspricht. Die Patientin lebt in Angst vor seiner Rache, eine sichere Diaspora hat sich noch nicht gebildet. Weil die Diaspora noch nicht fertig ausgebildet ist und deshalb nur notdürftigen Schutz verspricht, nenne ich diese Zone das Provisorium (siehe Abb. 5.11). Sie stellt eine vorläufige, notdürftige und instabile Lösung mit begrenzter Haltbarkeit dar.

Im Gegensatz zur relativen Sicherheit der Diaspora ist der Protagonist hier noch von Angst beherrscht, muss insbesondere befürchten, dass die Schutzwälle nicht halten und er dann vom Gegenraum überwältigt wird. Dieser Gegenraum wird im Bild der Patientin personalisiert in Form eines Wolkengesichts dargestellt und dieses entspricht tatsächlich einer Person, nämlich dem ehemaligen Partner. Seine Rätselhaftigkeit bezieht er daraus, dass der Patientin seine Absichten und möglichen Kampfstrategien nicht bekannt sind, ja

Abb. 5.10 Das Provisorium im Bild: Die Hülle verspricht noch keinen sicheren Schutz

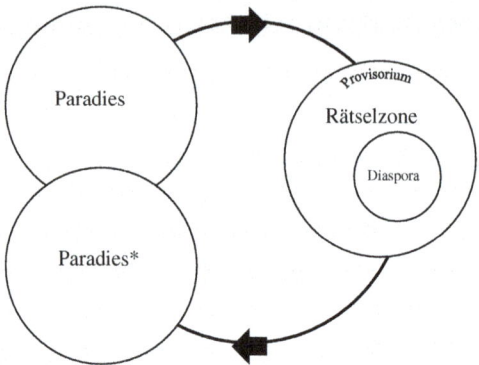

Abb. 5.11 Die Räume der Lösungsgeschichte: Erweiterung um das Provisorium

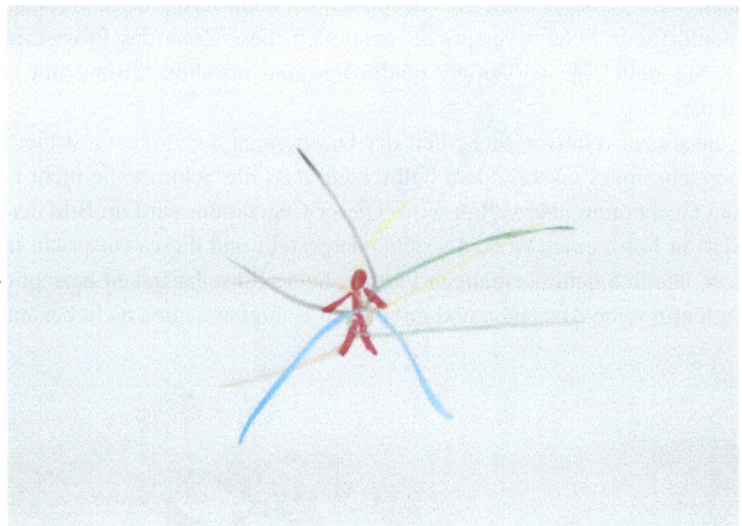

Abb. 5.12 Ein Zustand vor dem Provisorium: Es gibt keinerlei Schutz vor den Bedrohungen in der Rätselzone

nicht einmal sein Aufenthaltsort, sodass sie ständig fürchten muss, dass er ihr irgendwo auflauert.

Nicht selten stellt die Rätselzone, der Gegenraum, diffusere Bedrohungen dar, die nicht an einer bestimmten Person festgemacht werden können, etwa bei der Malerin von Abb. 5.12.

Es handelt es sich um eine 24-jährige Studentin mit einer sog. strukturellen Störung, also einer Störung, bei der sich aufgrund traumatisierender Kindheitserlebnisse keine stabilen Abwehrstrukturen gebildet haben. Sie erlebt ihre Umwelt daher permanent als bedrohlich, die äußeren Einflüsse (dargestellt als unterschiedliche Halbovale) gehen

Abb. 5.13 Eine erste
Schutzhülle entsteht, bleibt
aber unvollständig

direkt durch sie hindurch. Sie werden noch nicht einmal durch eine notdürftige Schutzhülle eingedämmt, womit das Bild eine Phase noch vor Entstehung des Provisoriums
einfängt, die Phase der ungeschützten Begegnung mit dem Gegenraum.

Im Unterschied zu der Patientin, die aufgrund einmaliger äußerer Belastungen (Flucht
vor dem gewalttätigen Mann) in ein Provisorium geraten war, befinden sich strukturell
gestörte Patienten gleichsam in einem permanenten Bedrohungszustand, zumindest
solange sie nicht durch eine entsprechende Therapie in die Lage versetzt werden, sich
selbst besser zu schützen. In diesem Falle entwickelte sich im Laufe der Therapie eine
vorläufige, wenn auch noch keine vollständige Schutzhülle. Eine Skizze aus dieser Phase
der Therapie markiert die Entstehung eines Provisoriums (Abb. 5.13).

Die Patientin kann sich jetzt besser vor den negativen „Einflüssen" des Studiums und
der Arbeit schützen, als bedrohlich und aggressiv nimmt sie aber immer noch ihre Familie (links oben) und ihrer Freunde wahr, mit denen sie sich demzufolge immer wieder
in Kämpfe verwickelt. Zu diesen Auseinandersetzungen kommt es beinahe reflexhaft,
ohne dass die Patientin die Möglichkeit hätte, die jeweiligen Äußerungen und Handlungen ihrer engsten Bezugspersonen genauer dahin gehend zu untersuchen, ob sie wirklich feindselig oder kränkend waren. Es kommt also zu den für diese Patienten typischen
„Übersetzungsfehlern" (siehe Abschn. 11.2), vielleicht, weil ihnen das entsprechenden
Urvertrauen fehlt, mit dem im Zweifelsfall auch einmal mögliche gute Absichten der
Anderen in Betracht gezogen würden. Bei einem Reflex handelt es sich um eine unmittelbare, starre Verknüpfung von Reiz und Reaktion. Eine Modifizierung der Antwort ist
nicht möglich, weil ein Zwischenraum fehlt, von dem her ein regulierender Einfluss ausgehen könnte.

Dieser Zwischenraum zwischen Reiz und Reaktion wird in der Psychoanalyse als
„psychischer Binnenraum" (Rudolf et al. 2008) oder „Mentalisierungsraum" (Fonagy
et al. 2008) bezeichnet. In diesem Raum werden die Außenreize untersucht und entsprechend gewichtet. Es ist ein Raum, in dem auf symbolischem Niveau mit psychischen
Inhalten hantiert werden kann, in dem wir also beispielsweise über uns nachdenken

können, uns Dinge vor Augen halten und diese dann auf einer Meta-Ebene manipulieren können – um z. B. bewusste Entscheidungen treffen zu können – und nicht mehr reflexhaft reagieren müssen. Gerade Patienten, bei denen etwa durch ein frühkindliches Trauma tiefer gehende Vertrauensstrukturen zerstört worden sind, haben ihn nur in eingeschränktem Maße zur Verfügung und reagieren damit – wie die Malerin von Abb. 5.13 häufig „kurzschlusshaft".

Gerd Rudolf beschreibt diesen Binnenraum folgendermaßen:

> Das Erleben des Selbst ist gebunden an die Entwicklung eines seelischen Binnenraums, d. h. einer inneren Bühne, auf der die eigenen Gedanken, Fantasien, Erinnerungen, Gefühle, Objektbilder, Selbstaspekte, etc. interagieren und von einem introspektiven Ich differenziert wahrgenommen werden können; […] Die so erfahrenen psychischen Akte können zudem sprachlich bezeichnet werden, d. h. es kann mit einer gewissen Distanz psychisch mit ihnen umgegangen werden; sie sind nicht bloß wie bei strukturellen Störungen vorüberrauschende, namenlose, körpernahe Umstände der Erregung und Anmutung. Zu den psychischen Vorgängen im seelischen Binnenraum gehören vor allem auch die Aushandlungs- und Entscheidungsprozesse zwischen widersprüchlichen Impulsen, Bedürfnissen, sowie zwischen gegensätzlichen Affekten und die Suche nach Lösungen bei konflikthaften Interessensgegensätzen zwischen psychischen Subsystemen. Unter strukturellen Gesichtspunkten ist es von großer Wichtigkeit, dass diese Aushandlungen im eigenen Binnenraum gehalten werden können, ohne dass z. B. bedrohliche Impulse oder negative Affekte nach außen verlegt und den anderen zugeschrieben werden. Es sind also insbesondere Entscheidungs- und Homöostasebemühungen, welche als psychisch spannungsreiche Vorgänge im psychischen Binnenraum ablaufen. Die Metapher eines psychischen Binnenraums verweist somit auf zwei bedeutsame strukturelle Funktionen: Zum einen auf die Fähigkeit, Konflikte intrapsychisch auszutragen (eine regulative Funktion) und zum anderen die Fähigkeit, die eigenen psychischen Vorgänge auf einer „inneren Bühne" wahrnehmen zu können (eine reflexive Funktion) (Rudolf et al. 2008, S. 20 f.).

Es gibt also Patienten, die dauerhaft nicht auf solch einen Binnenraum zugreifen können, weil sich nie ein solcher gebildet hat. Es ist, als lebten sie in einer habituellen Krisensituation, und zwar selbst dann, wenn von einem unabhängigen Beobachter (wie dem Therapeuten) eine erklärende äußere Belastung gar nicht unmittelbar wahrnehmbar ist. Allerdings kann auch ein psychisch gesunder Mensch unter einer massiven äußeren Belastung vorübergehend seinen psychischen Binnenraum verlieren. Alle Aufmerksamkeit ist dann auf das Außen und seine Bedrohungen gerichtet und die Fähigkeit zur Reflexion und damit einer Relativierung und Einordnung der Gefahr ist nicht mehr gegeben.

Bilder, die hierher gehören, haben bestimmte Charakteristika: Es finden sich fragile, instabile Lösungen. Der Protagonist muss sich permanent anstrengen, um zumindest einen vorübergehenden Gleichgewichtszustand herzustellen. Oder er glaubt, für seine Belange kämpfen zu müssen, und entwickelt dabei nicht selten eine erhebliche Aggressivität. Hektische Aktivität ersetzt hier zielgerichtetes Handeln. Weil er noch keinen Weg für eine stabile Lösung gefunden hat, muss er improvisieren und ist dennoch dabei fast durchgehend Störungseinflüssen ausgesetzt. Treffen diese ungebremst auf den

Abb. 5.14 Ein Zustand vor dem Provisorium: die scheinbare Aussichtslosigkeit

Protagonisten, etwa in Form von Bedrohungspfeilen, dann handelt es sich noch um das kurze Stadium vor der provisorischen Lösung, wie Abb. 5.13 oder auch Abb. 5.14 zeigen.

Diese Patientin fühlt sich von Feinden in einer ausweglosen Bedrohungssituation umstellt. Eine provisorische Lösung ist noch nicht erkennbar: Sie kann weder flüchten (weil der Fluchtweg von einem geradezu übermächtigen Gegner verstellt ist), noch kämpfen (sie ist unbewaffnet), noch ist eine vorläufige Schutzstruktur sichtbar, wie sie das Provisorium häufig kennzeichnet.

Zu diesen Bildern, die dem Provisorium vorausgehen, gehören etwa auch solche, in denen der Protagonist in einem Meer oder einem See ertrinkt. Eine provisorische Lösung könnte man sich hier etwa in Form eines Bootes vorstellen, allerdings eines mit einem Leck, sodass ständig Wasser aus dem Boot geschöpft werden muss, um es am Untergehen zu hindern. Beim Betrachter stellt sich angesichts dieser Bedrohung ein Gefühl der Ohnmacht und Aussichtslosigkeit ein – aber der Protagonist hat noch nicht aufgegeben (sonst hätte er sich ja auch nicht in die Hände eines Therapeuten begeben). Er hat zwar selbst noch keine Idee oder Strategie, wie er die scheinbar unlösbare Aufgabe bewältigen könnte, aber er probiert mal dies und mal jenes aus. Mit anderen Worten: Er improvisiert. So gesehen ist er auch nicht auf bestimmte Abwehrmechanismen beschränkt, sondern versucht von allem etwas – womit das klinische Bild oft einer aus vielen Neurosen zusammengemischten Störung gleicht und man deshalb auch von einem „polyneurotischen Bild" (etwa mit Ängsten, Zwängen, depressiven Episoden, Essstörungen, Selbstverletzungen etc.) spricht.

Wesentlich ist, dass der Protagonist in diesem provisorischen Stadium gleichsam nie zur Ruhe kommt, er muss gegen ein Ungleichgewicht ankämpfen, sich vor einem

Abb. 5.15   Das Provisorium als permanente Kraftanstrengung

übermächtigen Gegner schützen, Wasser aus einem untergehenden Boot schöpfen, oder permanent mit Belastungen jonglieren, wie das Bildbeispiel einer Studentin zeigt (Abb. 5.15).

Bei strukturellen Störungen ist dieses Provisorium habituell, also chronisch geworden. Sie sind, wie man sagt, „stabil in ihrer Instabilität". Weitaus häufiger trifft man das Provisorium aber als vorübergehendes, kurzzeitiges Zwischenstadium bei der Lösungsfindung an, etwa bei der Bewältigung einer einmaligen, größeren Belastung (Akute Belastungsstörungen, Anpassungsstörungen) oder bei Angstneurosen.[5]

Typisch sind provisorische Lösungen auch für jüngere Patienten, die alleine aufgrund ihres Alters gelegentlich noch nicht über stabile Abwehr- bzw. Stabilitätsstrukturen verfügen, insbesondere wenn sie einer akuten Belastung ausgesetzt sind. Abb. 5.16 stammt von einer 18-jährigen Patientin, die erstmals in einer eigenen Wohnung lebt, nachdem sich die Eltern unmittelbar zuvor getrennt haben.

Sie kommt wegen diffuser Ängste und schulischer Schwierigkeiten und vermisse subjektiv v. a. „dass jemand auf sie aufpasse". Die Wolke links oben symbolisiere ihre sozialen Kontakte als wichtige Ressource. Direkt über ihr die „Bedrohung" in Form von eigenen Ansprüchen (violettes Gebilde mit grünen „Knospen") und rechts daneben (schwarze Striche) die Ansprüche der „Gesellschaft", v. a. der Schule. In der rechten Bildhälfte antizipiert sie zwei verschiedene, am Ende ausgefranste Zukunftslinien:

---

[5]Depressive Patienten, die sich in einer Diaspora „verschanzt" haben, sind so gesehen weitaus stabiler – was allerdings aus therapeutischer Sicht auch ein Problem darstellen kann, indem diese Stabilität eine Veränderung erschwert.

Abb. 5.16 Ein Provisorium im Jugendalter

eine grüne, die mit schwarz kontaminiert ist, und eine unkontaminierte, violette Linie. Unten links im Bild die wohl wichtigste Ressource, der Vater, in Form eines roten Kreissymbols, unten rechts die Mutter (mit ihr als „Ableger"), die sie aufgrund ihrer eigenen Instabilität nicht mehr, wie früher, halten könne. So wundert es nicht, dass die Patientin einen festen Stand vermisst. Ihr Selbstsymbol ruht auf einer instabilen Spirale, die durch zwei in sich verschlungene Linien (blau und violett) dargestellt wird. Die gelbe Zone, die das Selbst-Symbol in der Mitte umgibt, zeigt den sich bildenden psychischen Binnenraum.

Dieser entwickelt sich im Laufe der Therapie weiter, wie im Bild von der Patientin gegen Ende der Therapie dargestellt (Abb. 5.17).

Der psychische Binnenraum (gelb) umgibt ein „Kern-Selbst" (Stern 2010) und ist stabil nach außen abgegrenzt. Über die verschlungenen Linien steht dieses mit der Außenwelt (blau) in Verbindung. Offensichtlich ist die Patientin also schon bereit, die hermetische Abschließung der Diaspora zu überwinden, und steht bereits mit dem Gegenraum in Kontakt. Parallel zu dieser Weiterentwicklung auf der Bildebene besserte sich auch der klinische Zustand der Patientin. Sie hatte sich zwischenzeitlich weitgehend von den Eltern abgelöst, stand aber weiterhin mit ihnen in Verbindung, wenn sie sie benötigte. Die schulischen Leistungen hatten sich so weit stabilisiert, dass sie, wenn auch deutlich verspätet, zum Abitur zugelassen wurde.

Wenn bei erwachsenen Patienten ein einmaliges Ereignis zu einer dauerhaften Instabilität führt, dann verweist diese Reaktion meiner Erfahrung nach häufig auf eine tiefer liegende provisorische Lösung, gleichsam auf eine biografisch angelegte Bruchstelle, die nur notdürftig gesichert war und die mit dem akuten Trauma wieder aufgerissen wird.

Abb. 5.17 Nach der Ablösung von den Eltern entwickelt sich aus dem Provisorium ein stabiles Selbst

So stellte sich beispielsweise kürzlich eine 33-jährige Personalerin bei mir mit einer akuten Belastungsreaktion nach einem Einbruchsversuch vor. Die Patientin lebt alleine mit ihrer 3-jährigen Tochter in einer Mietwohnung. Zwei Monate vor ihrem ersten Termin bei mir sei sie nachts von Geräuschen geweckt worden, die eindeutig nicht von ihrer im Nebenzimmer schlafenden Tochter stammten. Als sie sich daran machte, nachzuschauen, sei sie im Flur einem vollkommen schwarz gekleideten, und maskierten Einbrecher begegnet, der allerdings sofort vor ihr geflohen und durch das Dachfenster entkommen sei. Seither leide sie unter schweren, v. a. nächtlichen Angstzuständen mit massiven Schlafstörungen, könne deshalb kaum mehr arbeiten und habe das Gefühl, ihr Leben würde „zusammenbrechen". Ein Jahr zuvor hatte sie sich von ihrem Partner, dem Vater ihrer Tochter, getrennt, weil ihr dieser mit einer anderen Frau untreu gewesen wäre. Im Zuge dieser Trennung war sie von London nach München gezogen und hatte hier nach einer sehr schwierigen Zeit der Orientierungslosigkeit einen Job, einige Freunde und auch eine passende Wohnung gefunden. Übertragen auf das hier vorgestellte Raum-Modell war sie also aus dem Familien-Paradies in die Rätselzone vertrieben worden, hatte es aber geschafft, sich dort eine Diaspora einzurichten – in die jetzt aber der Einbrecher eingedrungen war und damit die Schutzhülle zerstört hatte. Offensichtlich handelt es sich also um eine akute Trauma-Reaktion. Ich erörterte mit ihr die bewährten Trauma-spezifischen Behandlungsmöglichkeiten (wie EMDR) und überlegte, sie an einen entsprechend spezialisierten Kollegen zu überweisen. Um mir Klarheit über die innere Struktur der Patientin zu verschaffen, bat ich sie, in der zweiten Sitzung ein Bild zu malen, wie üblich mit der Aufforderung, darin ihren aktuellen Zustand oder ihre Situation darzustellen (Abb. 5.18).

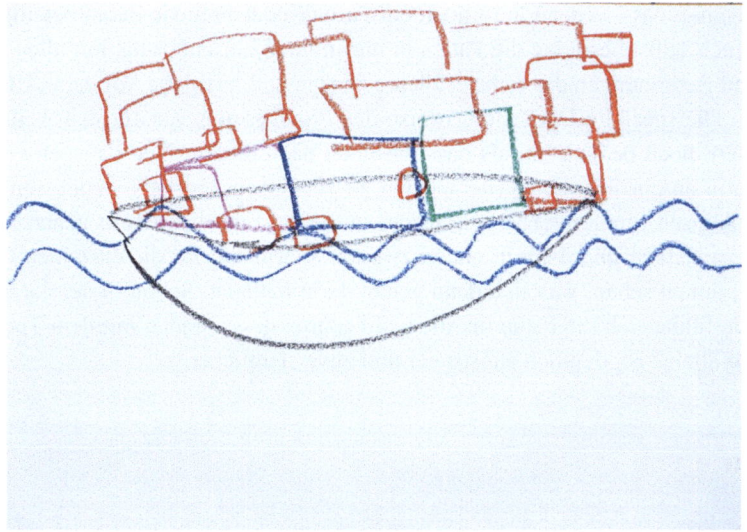

Abb. 5.18 Das Provisorium als überladenes Schiff dargestellt

Sie fühle sich wie ein maßlos überladenes Schiff auf hoher See. Der rosa Container stelle die Verantwortung für ihre Tochter dar, der blaue, die nicht verarbeitete Trennung von ihrem Partner und der grüne die Arbeitsbelastung. Alle übrigen, uniform orange dargestellten Kästen, symbolisierten die verschiedenen Aufgaben des täglichen Lebens, mit denen sie sich alleine herumschlagen müsste, nachdem beide Eltern vor 3 und 6 Jahren verstorben wären (der Vater an einem Mord und die Mutter an Brustkrebs), und sie keine Verwandte und nur wenige Freunde in München hätte. Die Überladung sei so ausgeprägt, dass sie allen „Schifffahrtsgesetzen zuwider laufe" und wohl das Boot demnächst zum Kentern bringen würde. Im Sinne meines Modells hatte ich eigentlich ein anderes Bild erwartet, nämlich einen irgendwie gearteten, notdürftig gesicherten Schutz-Raum, in den der Einbrecher eindringt und ihn so nach außen öffnet – also ein Provisorium. Allerdings verweist das Bild der Patientin genau auf diese provisorische Lösung, wenn auch auf eine andere Weise: Das überladene Schiff ist auch eine instabile Lösung, die nicht auf Dauer bestehen kann. Im Zentrum der Angst steht das Versinken in der Rätselzone, die hier durch das Meer symbolisiert wird, und die von der Patientin mit einem „völligen Kontrollverlust" in Verbindung gebracht wird. Der Einbrecher erscheint interessanterweise überhaupt nicht in dem Bild, wodurch das akute Trauma in seiner Bedeutung relativiert wird, obwohl es natürlich der letzte Anstoß für die Dekompensation der Patientin war. Allerdings konnte es seine fatale Wirkung nur entfalten, weil sich die Patientin schon zuvor in einer instabilen Situation, also in einem Provisorium, befand, das jetzt im Bild in seiner eigentlichen Gestalt offenbar wurde. Der Konstruktionsfehler dieser Lösung bestand ganz offensichtlich darin, dass die Stabilität nur von der Patientin alleine ausging, dass weder Eltern noch ein Partner oder Freunde daran beteiligt waren. Der Einbruch selbst bestärkte die Patientin nur in ihrer Einschätzung, mit allen Anforderungen und Bedrohungen des Lebens alleine zu sein und jetzt kurz vor dem „Untergang" zu stehen. Die spezielle Darstellungsweise des Provisoriums war für den weiteren Verlauf insofern hoch bedeutsam, als dass ich mich nach diesem Bild dagegen entschloss, die Patientin an einen Trauma-Therapeuten zu verweisen und jetzt stattdessen eine tiefenpsychologisch fundierte Therapie plane, in der es zunächst darum gehen wird, ihre Stabilität zu stärken und dann in einem zweiten Schritt mit ihr die einzelnen Container zu öffnen, um zu sehen, was sich denn genau darin befindet. Schon in der darauffolgenden Stunde fühlte sich die Patientin, die wohl spürte, dass sie jetzt mit dem Therapeuten nicht mehr alleine ist, deutlich angstfreier und zuversichtlicher.

Literatur

Chabris, C., & Simons, D. (2011). *Der unsichtbare Gorilla – wie unser Gehirn sich täuschen läßt.* München: Piper.

Erler, M. (2009). Psychagogie und Erkenntnis. In O. Höffe (Hrsg.), *Klassiker Auslegen Bd. 38: Aristoteles' Poetik* (S. 123–140). Berlin: Akademie.

Fonagy, P., Gergely, G., Jurist, E. L., & Target, M. (2008). *Affektregulierung, Mentalisierung und die Entwicklung des Selbst* (3. Aufl.). Stuttgart: Klett-Cotta.

Lotman, J. M. (1993). *Die Struktur literarischer Texte* (6. Aufl.). Paderborn: Wilhelm Fink.

Mayer, C. (2010). *Mit Fokus-Karten zum Ziel. Ein Navigationssystem für Psychotherapeuten und Coaches.* Paderborn: Junfermann.

Müller, C. (2006). Strukturalistische Analyse des narrativen Raumes – erprobt an Thomas Manns der Roman Der Zauberberg. In T. Lörke & C. Müller (Hrsg.), *Vom Nutzen und Nachteil der Theorie für die Lektüre. Das Werk Thomas Manns im Lichte neuerer Literaturtheorien* (S. 24–49). Würzburg: Königshausen & Neumann.

Rudolf, G., Grande, T., & Henningsen, P. (2008). *Die Struktur der Persönlichkeit. Theoretische Grundlagen zur psychodynamischen Therapie struktureller Störungen.* Stuttgart: Schattauer.

Scheffer, P. (2014). Die offene Gesellschaft und ihre Einwanderer. In I. Charim & G. Auer (Hrsg.), *Lebensmodell Diaspora. Über moderne Nomaden* (S. 85–94). Bielefeld: transcript.

Schmeer, G. (1994). *Krisen auf dem Lebensweg. Psychoanalytisch-systemische Kunsttherapie.* Stuttgart: Klett-Cotta.

Spivac, G. C. (2014). Außerhalb in der Metropole. In I. Charim & G. Auer (Hrsg.), *Lebensmodell Diaspora. Über moderne Nomaden* (S. 65–74). Bielefeld: transcript.

Stern, D. (2010). *Die Lebenserfahrung des Säuglings* (10. Aufl.). Stuttgart: Klett-Cotta.

Über das Leben in der Diaspora: Bleiben oder Gehen?

Die Diaspora ist ein Ort, weit entfernt vom ursprünglichen Paradies, vergleichbar einer behelfsmäßigen Unterkunft in der Fremde. Die Heimat fehlt und wird zunächst noch sehnsüchtig herbeigewünscht, aber der Reisende steht hier nicht mehr so unter Spannung, wie an den vorausgehenden Stationen. Er kann es sich hier notdürftig einrichten, ein Bild vom Zuhause aufstellen oder sich mit anderen Dingen umgeben, die ihn an die Heimat erinnern. Ja wohl oder übel muss er das auch, weil er nicht mehr ins ursprüngliche Paradies zurückreisen kann: Es ist für immer untergegangen und existiert ausschließlich in seiner Erinnerung.

Zunächst ist der Protagonist also gezwungen, sich mit den Verhältnissen „vor Ort" auseinander zu setzen. Durch den geschaffenen Schutzraum hat er jetzt ein wenig Zeit und Ruhe gewonnen, Zeit zu reflektieren, wobei er sich als Erstes die Frage stellt: Kann ich hier bleiben? Ist es mir möglich, mich an die neue Situation zu gewöhnen? Und was könnte mir dabei helfen? Es ist durchaus nicht ausgeschlossen, dass sich ein Reisender an diese neue Situation anpasst, vergleichbar einem Auswanderer, der allmählich heimisch wird in dem neuen Land. Die Geschichte zeigt, dass viele Auswanderer in ihrem Exil bleiben, selbst dann, wenn sich die ungünstigen Bedingungen, die sie einst aus der Heimat vertrieben haben, zwischenzeitlich gebessert haben. Sie haben sich so erfolgreich an die neue Situation angepasst, dass das Exil kein Ersatz mehr für die Heimat ist, sondern eine neue Heimat, schöner vielleicht sogar als der ursprüngliche Ort. Weil dem so ist, wurde neuerdings von soziologischer Seite sogar die Definition von Diaspora geändert. Ursprünglich bedeutete der Begriff Folgendes: Diasporen, seien

> Gemeinschaften von expatriates, (1) die sich von einem ursprünglichen Zentrum an mindestens zwei periphere Orte verstreut haben; (2) die eine Erinnerung, Vision oder einen Mythos des ursprünglichen Heimatlandes aufrechterhalten; (3) die glauben, dass sie in ihrem Gastland nicht voll akzeptiert sind; (4) die die Heimat ihrer Ahnen als Ort einer letztlichen Rückkehr, wenn die Zeit dafür gekommen ist, sehen; (5) die sich der Aufrechterhaltung und Wiederherstellung dieser Heimat widmen; und (6) deren Gruppenbewusstsein und -solidarität zentral

© Springer Fachmedien Wiesbaden 2017
C. Mayer, *Wie in der Psychotherapie Lösungen entstehen*,
DOI 10.1007/978-3-658-13865-3_6

über die anhaltende Beziehung mit dem Heimatland geprägt ist (Mayer, R. 2005, S. 9 f.).
[…]

Zwischenzeitlich gilt vor allem ein Aspekt aus Safrans Kriterienkatalog als überholt – die
Idee, jede Diasporagemeinschaft strebe mehr oder weniger konkret die Rückkehr in eine
Heimat an (ebd. S. 10).

Dies mag sicher auch für viele Menschen gelten, die nicht aus ihrem Heimatland, sondern aus einer Lebenssituation vertrieben worden sind, in der sie sich ursprünglich wohlgefühlt haben. Auch bei diesen schwindet vielleicht irgendwann der Rückkehrwunsch,
wenn es ihnen gelungen ist, sich ganz in die neue Situation einzufügen. Nur solche
Reisende erscheinen nicht in unseren Behandlungszimmern. Patienten haben einen Leidensdruck, der in vielen Fällen gleichbedeutend mit gerade diesem nicht aufgegebenen
Wunsch nach Rückkehr ins Paradies ist.

Manche Therapieansätze zielen geradezu darauf ab, den Patienten in die Lage zu versetzen, an diesem ungeliebten und nicht von ihm selbst gewählten Ort zu verbleiben, ihn
also bei seiner Anpassung an die neuen Bedingungen zu unterstützen bzw. diese einfach
hinzunehmen und sich nicht etwa dagegen aufzulehnen. Hervorzuheben ist hier insbesondere ein Ansatz, der sich in den letzten Jahren als sog. Dritte Welle der Verhaltenstherapie
etabliert hat, die sog. Acceptance and Comittment Therapy (ACT) (Hayes et al. 2014).[1]

Aber auch ohne entsprechende therapeutische Hilfe versuchen Patienten, sich im diasporischen Raum „einzurichten". Sie tun dies etwa mit entsprechenden Ersatzbildungen,
wobei hier an erster Stelle vielleicht legale und illegale Drogen zu nennen sind, oder
auch exzessives Tagträumen, wie es von einer Patientin in Abschn. 5.2 (Abb. 5.3) in
einem Bild dargestellt wurde.

In anderer Weise wird das Traum-Bedürfnis von den modernen Unterhaltungsme-
dien bedient, die mit ihren Filmen und Serien von einer Welt ohne Happy Ends, ohne
Spannung und ohne Helden ablenkt. In meiner Praxis begegnen mir in den letzten Jahren
immer mehr Menschen, die geradezu süchtig sind nach zunehmend professionell gestal-
teten, über das Internet jederzeit und überall abrufbaren Serienproduktionen. Dabei handelt es sich durchaus nicht nur um junge Menschen, wie das Beispiel eines 57-jährigen
Fotografen zeigt. Er lebt seit 4 Jahren in einer „Zwangsgemeinschaft" mit einer Frau, mit
der ihn so gut wie nichts verbindet, mit der er „weder reden noch lachen kann", die er
aber aus Rücksicht auf eine gemeinsame Tochter auch glaubt, nicht verlassen zu können.
Um ihr auszuweichen, geht er täglich selbst zu Bett, wenn er seine Tochter zum Schlafen
gebracht hat, und steht dann bereits gegen 4 Uhr morgens auf, um seinen Serien im Internet zu folgen. Dabei besteht keinerlei Gefühl für die Unnatürlichkeit dieser Situation,
sie wird mir gegenüber geradezu vehement verteidigt, etwa indem er meint, dass „nur in

---

[1]Auf den ersten Blick könnte man denken, dass auch die Behandlung mit Antidepressiva grundsätzlich bewirkt, dass man sich mit einem nicht zu ändernden Zustand innerhalb der Diaspora
arrangiert. Die Wirkungen eines Antidepressivums sind aber weitaus vielfältiger, wie ich in Kap. 9
weiter ausführen werde.

Geschichten das wirkliche Leben stattfinde". Als ich ihm von meinen Gedanken über das Paradies, der Rätselzone, die Diaspora und anderen Räumen erzähle, sieht er sich keineswegs mit Ersatzbildungen innerhalb des diasporischen Raumes beschäftigt. Vielmehr seien die Filme, wie alle anderen Geschichten, die einzig mögliche Welt, in der man sich als Sinn suchender Mensch aufhalten könnte. Außerhalb dieses Raumes bestehe „Anarchie, Sinnfreiheit, die Bedeutungslosigkeit des Universums". Man sei also überhaupt nur in Geschichten zu Hause und nirgendwo sonst. Mit seiner Ansicht erinnert er an den Drehbuchautor McKee, der in seinem Grundlagenwerk „Story" schreibt:

> Unser Verlangen nach Storys ist eine Widerspiegelung des tiefen menschlichen Bedürfnisses, die Grundmuster des Lebens zu erfassen (McKee 2010, S. 19).

Die Geschichten, die wir uns erzählen, erfinden nach dieser Anschauung also nicht wirklich etwas, sind insofern auch keine Ersatzbildungen, sondern sie entdecken die Grundmuster des wirklichen Lebens.

Insofern ist die Geschichte

> […] keine Flucht vor der Realität, sondern ein Mittel, das uns auf unserer Suche nach Realität trägt, unsere beste Bemühung, in die Anarchie des Daseins Sinn zu bringen (McKee 2010, S. 20).

Dieser Anschauung würden sicher auch Künstler, insbesondere Schriftsteller, ohne Einschränkung zustimmen. Sie nehmen nicht selten ein Leben in Armut und Einsamkeit auf sich, um ihre gesamte Energie in das künstlerische Werk zu stecken. Dieser soziale Rückzug, die Abschottung von der „wirklichen Welt", erinnert stark an die von mir beschriebenen Charakteristika der Diaspora – aber sind dann die darin entstehenden Werke nichts als Ersatzbildungen, um sich das Leben in diesem Raum erträglicher zu machen? Oder werden durch den Schriftsteller tatsächlich neue Welten geschaffen, die sogar wirklicher sind als das alltägliche Chaos, weil sie dessen Gesetzmäßigkeiten und Regeln in komprimierter Form aufzeigen, sozusagen das Wesentliche daraus extrahieren? Vielleicht ist es ja nur die Perspektive der Nicht-Kreativen, aus der die Künstler wie Gefangene in einer Diaspora erscheinen, während sie sich selbst in ihren Geschichten dem Paradies näher fühlen, als alle anderen? *„Ernst ist das Leben, heiter die Kunst"* schreibt Friedrich Schiller in seinem Prolog zum Wallenstein und meint damit vermutlich genau jene Perspektive des Kunstschaffenden, der im Gegensatz zum nur Kunst-Konsumierenden dem Glück näher ist als Letzterer.

Sehr eindrucksvoll ist diese spezielle Form des „Lebens in Geschichten" von Andrea Taubenböck in ihrer literaturwissenschaftlichen Doktorarbeit „Die binäre Raumstruktur in der Gothic Novel des 18. – 20. Jahrhundert" (Taubenböck 2002) an einem Beispiel herausgearbeitet worden: Wie der Titel ihrer Untersuchung verrät, wendet Taubenböck die lotmansche Raumtheorie auf verschiedene literarische Produktionen an und zeigt dabei am Einzelfall auf, wie jeweils die „binäre räumliche Grundopposition" (Taubenböck 2002, S. 255) durch verschiedene schriftstellerische Strategien überwunden wird.

Anders als der Titel nahelegt, untersucht sie aber nicht nur Werke des 18.–20. Jahrhunderts, sondern auch moderne Romane, wie etwa Stephen Kings Roman „Misery" (King 1987). Interessant ist dieser Roman für unsere Zwecke, weil darin die Situation eines Schriftstellers beschrieben wird, genauer: Wie in der schriftstellerischen Existenz die Opposition zwischen Innen und Außen, also zwischen Diaspora und Außenwelt, überwunden werden kann, ohne die Diaspora zu verlassen. Der Hauptprotagonist ist der Schriftsteller Paul Sheldon, der mit einer Serie von trivialen Geschichten über die romantische Heldin Misery Chastain bekannt geworden ist. In seinem letzten Buch der Serie lässt er die Heldin sterben. Er will das triviale Genre hinter sich lassen und sich der seriösen Literatur zuwenden. Dies erbost eine seiner größten Fans derart, dass sie (Annie) sich entschließt, den Schriftsteller zu entführen, um ihn dann mit brutalen Mitteln zu zwingen, sein neues Manuskript zu verbrennen und die Misery-Geschichten fortzusetzen. Um sein Leben zu retten, lässt sich Sheldon darauf ein – ähnlich wie Scheherazade, die auch nur am Leben gelassen werden soll, solange sie erzählt. Entscheidend ist nun, dass aus seinem ursprünglichen Widerwillen mit dem Schreiben plötzlich Begeisterung wird, sogar Faszination,

> so dass der fiktive Raum der Phantasie, in den sich Paul während des Schreibens begibt, mehr und mehr zum willkommenen Zufluchtsort wird (Taubenböck 2002, S. 256).

Schließlich vergisst der Held alles um sich herum und sein Gefängnis, die Diaspora, löst sich auf:

> After a while Annie turned off the vacuum cleaner and stood in the doorway, watching him. Paul had no idea she was there – had no idea, in fact, **he** was. He had finally escaped (King 1987, S. 105).

Taubenböck analysiert die Situation des Schriftstellers sehr treffend in lotmanscher Terminologie:

> Der Phantasieraum suspendiert somit temporär die Dichotomie innen – außen. Mit Hilfe seiner kreativen Fähigkeiten als Autor schafft sich Paul Sheldon eine alternative Welt, die im Laufe der Zeit so mächtig wird und einen so starken Sog auf ihn ausübt, dass sie nicht nur als Fluchtraum dient, in den sich der Gepeinigte begibt, wenn er die Enge seines Gefängnisses nicht mehr aushält. Er lässt sogar die Gelegenheit verstreichen, zwei Polizisten, die Annie in ihrem Anwesen verhören, durch lautes Schreien auf sich aufmerksam zu machen und so seine Freiheit wiederzuerlangen. Auf Annies immer wieder gestellte Frage: ‚Why didn't you holler? […] But why didn't you?' antwortet Paul: ‚I want to finish my book in relative peace' (Taubenböck 2002, S. 257).

Genau diesen inneren Frieden suchen auch unsere Patienten im Gefängnis ihrer Diaspora. Allerdings erschaffen sie in den seltensten Fällen selbst neue Geschichten oder Fantasieräume, sondern sie konsumieren Geschichten als Ersatz für ein eigenes Leben außerhalb ihres Gefängnisses. Im Gegensatz zum Künstler brechen sie also nicht wirklich aus, „suspendieren" nicht die Grenze von Innen und Außen, sondern konsumieren die Geschichten anderer wie eine Droge.

In Abschn. 11.2. beschreibe ich eine junge Studentin, die im Stadium der Diaspora mit Prüfungsängsten und psychosomatischen Darmsymptomen zu mir in Therapie kam. Wie erwartet, stellte sie ihren aktuellen Zustand als hermetisch abgeschlossenen Kasten dar (Abb. 11.4). Ich bat sie, nun eine weitere kleine Zeichnung davon anzufertigen, was innerhalb des blauen Kastens geschehe (Abb. 6.1): Sie malt sich selbst in ihrem Bett im Studentenwohnheim, rechts davon der Fernseher, der Tag und Nacht laufe und ihr ein Gefühl von „Leben und Gemeinschaft" vermittle, und gibt damit ein Beispiel dafür, wie Geschichten als Ersatzbildungen für das wirkliche, als bedrohlich erscheinende Leben „draußen" missbraucht werden können.

Sehr schön ist in diesem Bild auch dargestellt, wie einseitig, also unidirektional, die Kommunikation hier stattfindet. Die Strahlen des Fernsehers bescheinen die Patientin in ihrem Bett, sie selbst bleibt völlig passiv, schläft vielleicht sogar. Wenn aber Menschen etwa über das Internet kommunizieren, dann handelt es sich um einen bidirektionalen Austausch. Grenzen, wie sie dem diasporischen Zustand zu eigen sind, werden hier nicht bestätigt, sondern überwunden. Das gilt selbst für die Simulationen von neuen Welten und Räumen im Internet, wie beispielsweise in der Anwendung „Second Life". Hier interagieren Menschen miteinander auf einer Server-Plattform, indem sie sich virtueller Gestalten, sog. Avatare, bedienen und ihr Äußeres so auf beliebige Weise manipulieren können. Sie verbringen ihre Zeit im Spiel, treiben Handel oder knüpfen neue Kontakte. Auch wenn dies alles am heimischen Computer stattfindet, so unterscheiden sich diese Interaktionen grundlegend von der Beschäftigung mit Computerspielen bzw. einem Medienkonsum ohne menschliches Gegenüber. Hier sind die Figuren auf dem Screen eben nicht von einer menschlichen Psyche „beseelt", sondern ein Ersatz für ein Gegenüber, dem gefahrlos innerhalb der eigenen Grenzen begegnet werden kann.

Abb. 6.1 Das Leben in der Diaspora – Filme als Realitätsersatz

Patienten sind manchmal geradezu Künstler im Einrichten in der Diaspora. Zu diesen Künstlern zähle ich auch jene mit bestimmten psychosomatischen Symptomen oder auch rein körperlichen Störungen, denen sekundär eine bestimmte psychische Funktion zugewiesen wird. Während meiner Arbeit im psychiatrischen Konsiliardienst einer großen Universitätsklinik machte mich mein damaliger Vorgesetzter, Prof. Dr. Hans-Peter Kapfhammer, schon zu Beginn darauf aufmerksam, dass ich in den Gesprächen mit meinen körperlich oder psychosomatisch erkrankten Patienten zunächst immer die Frage im Hinterkopf haben sollte, „welchen **Sinn die Krankheit** für den Betroffenen habe". Ich habe gelernt, dass der Sinn der Krankheit sehr oft darin besteht, eine für den Fortgang der Geschichte notwendige Handlung zu unterlassen. Anstatt nach Lösungsmöglichkeiten für das jeweilige Problem zu suchen, beschäftigen Patienten sich jetzt mit der Krankheit oder sie glauben, aufgrund ihrer Beeinträchtigungen gar nicht mehr in der Lage zu sein, nach einem Rückweg ins Paradies zu suchen. Bei speziellen psychosomatischen Krankheiten, den sog. Konversionsstörungen, ist der ursprüngliche Konflikt im Symptom geradezu eingefroren und damit neutralisiert – und damit natürlich auch die Lösungssuche.[2] Ich denke hier z. B. an Patienten mit psychogenen Beinlähmungen. Nicht selten geht es dabei um den unbewussten Wunsch, sich aus einer unbefriedigenden Situation zu entfernen, von einer ungeliebten Arbeitsstelle, aus einer schwierigen Partnerschaft oder Ähnlichem. Mit der Lähmung signalisiert der Patient jetzt auf einer symbolhaften Ebene, dass er sich hierzu nicht in der Lage sehe, also in diesem Raum bleiben müsse, den wir hier Diaspora nennen. Selbst eine so beeinträchtigende Symptomatik wie eine Depression kann einen solchen höherrangigen Sinn haben, indem sie den Patienten gleichsam einfriert in einer eigentlich unbefriedigenden Situation und ihn daran hindert, sich auf den vielleicht mühsamen Weg zurück in ein ursprüngliches Paradies aufzumachen. Andererseits kann eine dauerhafte depressive Verstimmung aber auch anzeigen, dass der Protagonist es aufgegeben hat, sich aus der Diaspora zu befreien. In diesem Zusammenhang sind die Versuche von Seligman zur „erlernten Hilflosigkeit" besonders interessant, weil sie auch ein Raummodell implizieren (Seligman 1975). Eine Depression entwickelt sich nach Seligman immer dann, wenn ein Lebewesen die Erfahrung macht, dass es ihm trotz zahlreicher Anstrengungen nicht gelingt, seinen Zustand zu beeinflussen, bzw. ein Übel zu beseitigen. Das Paradigma, das mittlerweile auch beim Menschen bestätigt wurde, basiert ursprünglich auf einem Tierexperiment mit Hunden. Hunden, denen in einem Käfig Stromschläge verpasst werden, die sie im Gegensatz zu einer Kontrollgruppe nicht vermeiden können, verlassen den Käfig auch dann nicht, wenn dieser schließlich geöffnet wird. Sie haben sich gleichsam in die Unvermeidbarkeit ihres Schicksals in ähnlicher Weise gefügt, wie depressive Patienten, denen es über Jahre nicht gelungen ist, sich aus der Diaspora zu befreien. Haben sie sich aber wirklich in ihren Schmerz gefügt und sich damit eingerichtet in ihrem ursprünglich selbst geschaffenen Gefängnis?

---

[2]Auch in der Friedensforschung werden scheinbar entschärfte, in Wirklichkeit aber weiter virulente Spannungssituationen als „eingefrorene Konflikte" bezeichnet.

Meiner Erfahrung nach gelingt das dauerhafte Einrichten in der Diaspora immer nur unvollständig. Trotz aller Rationalisierungen und Selbstrechtfertigungen bleibt immer eine Ahnung davon übrig, dass dies nicht der „richtige Platz" sein kann. Ein 44-jähriger Drehbuchautor mit einer Depression und Schreibhemmung drückte dieses Unbehagen in einer scheinbar gut lebbaren Lebenssituation folgendermaßen aus: *„Ich fühle mich wie ein Kaninchen, das von der Schlange verschluckt wurde und das sich jetzt in deren Bauch gemütlich einrichtet"*. Nach ein paar Wochen spreche ich ihn noch mal auf diese Metapher an und er meint dazu, dass sie jetzt nicht mehr exakt zutreffe, weil er schon wieder etwas Bewegungsfreiheit gewonnen hätte, etwa indem er wieder an einem Drehbuch zu schreiben begonnen hätte. Es fühle sich daher eher so an, *als ob er es sich in einer komfortablen Todeszelle gemütlich eingerichtet hätte*. Der drohende Tod stehe hier für ein drohendes Ende der Beziehung mit seiner Frau, die nicht mehr bereit sei, alleine für den Lebensunterhalt aufzukommen und deshalb angekündigt hatte, sich zu trennen, falls der Patient nicht einen Job annehme, mit dem er regelmäßig Geld verdiene. Es ist offensichtlich, dass er die drohenden Konsequenzen seines Nichts-Tuns nicht vollständig verdrängen kann, dass er also „weiter" muss und nicht verharren kann, obwohl es ihm gerade jetzt noch vergleichsweise gut geht.

In der Literatur finden sich zahlreiche Beispiele für Helden, die in einer Diaspora-Situation gefangen sind, die aber ihren Wunsch nach Rückkehr ins Paradies nicht aufgegeben haben. Auf der Reise des Odysseus etwa wird dieser auf seiner letzten Station bei der Nymphe Kalypso mit einer durchaus lebbaren Situation konfrontiert: Die Nymphe ist unterhaltsam, sexuell verführerisch, sie liebt ihn und verspricht ihm sogar Unsterblichkeit, wenn er nur bei ihr bleibe – und dennoch geht sein Blick sehnsüchtig zurück auf sein ursprüngliches Paradies Itaka, zu dem er sich schließlich nach vielen Jahren Zweisamkeit mit Kalypso auch aufmacht[3]. Man kann wohl davon ausgehen, dass sich Odysseus bei Kalypso zunächst wohlgefühlt hat, nach all den Strapazen seiner zurückliegenden Reise durch die Rätselzone. Ganz ähnlich wie Patienten, die den Tiefpunkt ihrer Krise bereits durchwandert haben, durchlief er aber wohl dort auf der rettenden Insel einen inneren Veränderungsprozess: Der Schutz und die anfängliche Geborgenheit in der Diaspora erscheinen ihm zunehmend als Beengung und Gefängnis, als Beschneidung seiner Freiheitsgrade und als Verlust seiner ursprünglichen Bestimmung.

Während der Protagonist im Zustand des Provisoriums noch alle Energie darauf verwenden muss, zu kämpfen, sich zu schützen oder auch nur zu improvisieren, um den Gefahren des Gegenraums zu begegnen, hat er in der Diaspora vor allem Zeit gewonnen. Weil aber zumindest meist eine Ahnung davon besteht, dass es sich bei seinem Aufenthalt nicht um einen dauerhaften handeln kann und er gleichzeitig zunächst noch nicht

---

[3]Eindrucksvoll ist diese Szene in dem Bild „Odysseus und Kalypso" von Arnold Böcklin eingefangen. Zum Insel-Motiv als Variante der Diaspora siehe auch Abschn. 5.2, Abb. 20.

dazu bereit oder fähig ist, sich aktiv auf den Weg zu machen, befindet er sich zunächst in der Grundposition des **Wartens**. Das chinesische Orakelbuch I Ging[4] unterscheidet verschiedene Formen des Wartens, die wir auch bei unseren Patienten in der Diaspora wiederfinden. In seinem „Handbuch zum klassischen I Ging" schreibt Carol K. Anthony (1998) zu den verschiedenen Formen des Wartens (5. Hexagramm):

> Das Warten im Schlamm: Hier warten wir in einer Haltung der Furcht und des Zweifelns. Wir glauben, nichts zu erreichen, wenn wir unserem Weg beharrlich folgen. Wir werden es nicht schaffen, sagt die innere Stimme der Verzweiflung, oder das wird ja ewig dauern, sagt die nörgelnde Stimme des frustrierten Begehrens. […]
>
> Warten im Blut: Wir erwägen, uns darauf zu versteifen, kompromißlos ein Ergebnis zu erzwingen. Es ist eine Haltung, die darauf beruht, daß wir Leute aufgeben, d. h. sie in Gedanken ‚hinrichten', daher das Bild von ‚Blut'. Warten im Blut kann sich auch darauf beziehen, daß wir in dem geheimen Mißtrauen warten, das Schicksal selbst habe es darauf abgesehen, uns fertigzumachen; es kann auch bedeuten, daß wir in einer Haltung der Arroganz oder der Rachsucht gegenüber einem dritten oder gegenüber dem Schicksal verharren. Es ist ratsam, sich aus solchen Haltungen zu lösen und das Schicksal ungehindert seinen Lauf nehmen zu lassen.

Auf die reife Form des Wartens komme ich in Abschn. 11.4. zu sprechen, wo es um Lösungsmöglichkeiten gehen wird. In der Praxis sehen wir zunächst vor allem diese beiden beschriebenen Wartenden. Die „Wartenden im Schlamm" sind natürlich die depressiven Patienten. Sie haben die Hoffnung nach Fortsetzung ihrer Reise weitgehend aufgegeben, meist weil sie sich hilflos und ohnmächtig fühlen, angesichts der anstehenden Aufgaben. Der Rückweg ins Paradies scheint zumindest für sehr lange Zeit versperrt. Ebenso problematisch erscheint aber auch das „Warten im Blut", weil sich hier der Wartende in seiner Ungeduld und Wut auf einen Kampf einstellt, sich diese Strategie aber angesichts einer Situation, in der es keinen greifbaren Gegner gibt und zur deren Lösung Geduld erforderlich ist, als wenig Erfolg versprechend erweist.

Und dennoch scheint diese ungeduldige und selbst die depressive Form des Wartens einer Haltung überlegen zu sein, in der sich der Protagonist mit der Situation in der Diaspora völlig arrangiert, sich gleichsam „zu gut" einrichtet. Es entsteht dann nämlich eine spezielle, therapeutisch schwer zu bearbeitende Situation. Im Speziellen ist sie dadurch gekennzeichnet, dass der Leidensdruck erträglich ist oder sogar verschwindet – und damit auch die Motivation für eine Veränderung. Man könnte natürlich sagen, dass damit ein „neues Paradies" geschaffen wäre und eine Veränderung auch nicht mehr notwendig ist. Ein Beispiel soll helfen, diese Frage zu klären:

Eine 49-jährige Patientin kam ursprünglich zu mir, weil sie 5 Jahre zuvor von ihrem Mann wegen einer anderen, deutlich jüngeren Frau verlassen worden war (Vertreibung aus dem Paradies durch ein Meta-Ereignis). Sie lebte noch mit dem jüngeren der beiden

---

[4]das eigentlich eine Sammlung von verschiedenen Lebenssituationen ist (gegliedert in Form verschiedener Hexagramme) mit entsprechenden Anweisungen, wie man damit umzugehen habe.

Söhne in ihrem ursprünglichen Haus und war finanziell weitgehend abgesichert, war aber zerfressen vor Neid auf den Ehemann, der, deutlich wohlhabender als sie, mit seiner neuen Frau ein luxuriöseres Haus baute und bald darauf ein weiteres Kind mit ihr zeugte. Durch diese Ereignisse war sie in die Diaspora geschleudert worden und sann täglich auf Rache – in der Terminologie des I Ging: Sie wartete „im Blut", war dabei aber aller Handlungsmöglichkeiten beraubt.

Nach 2 Jahren therapeutischer Behandlung und der endgültigen Abwicklung der Scheidung besserte sich der Zustand der Patientin merklich: Sie hatte sich zwar in den letzten Jahren weitgehend von ihrem Bekanntenkreis zurückgezogen (bzw. dieser von ihr, offensichtlich weil den Bekannten die hasserfüllte, jammernde Art der Patientin zu viel geworden war, wie sie selbst annahm), kam aber immer besser mit dieser Einsamkeit zurecht, v. a. weil ihr Sohn als Ersatzpartner weiter mit ihr wohnte und auch ihre Mutter in der Nachbarschaft mehrmals pro Woche zu Besuch kam, womit sich ein „Familiengefühl" einstellte. Weil sie nicht unmittelbar dazu gezwungen war, lehnte sie es ab, sich eine Arbeit zu suchen, und verbrachte den Tag weitgehend mit dem Führen des Haushaltes, Gartenarbeit und Lesen. Nachts saß sie glücklich vor dem Fernseher, neben sich eine Flasche Rotwein und verschiedene Käse-Spezialitäten, im Hintergrund knisterte ein Feuer im offenen Kamin. Sämtliche Versuche der Mutter (und auch von mir), sie dazu anzuregen, sich etwa einen Job zu suchen, wieder mehr Kontakte zu knüpfen, oder auch nur etwas gegen ihr wachsendes Übergewicht zu unternehmen, scheiterten. Sie hatte es sich in der Diaspora bequem gemacht und – eine Tatsache, die ich zunächst nicht wahrnehmen wollte – war glücklich damit. War ein neues Paradies entstanden? Dagegen spricht, dass ihr weiter sehr viel daran gelegen war, zu mir zu kommen, auch wenn das Intervall auf einen monatlichen Abstand ausgedehnt werden konnte. Dabei war ich nicht, wie ich anfangs dachte, nur zu einem weiteren „Bewohner" in der Diaspora geworden. Sie benötigte mich nicht als Bezugsperson, also als jemanden, der sie im Exil des Lebens die Einsamkeit leichter ertragen ließ. Nein, sie benötigte mich, weil sie instinktiv ahnte, dass diese Lebensweise nicht auf Dauer gut gehen konnte, weil irgendwann ihre Mutter sterben würde und der Sohn das Haus verlassen würde und sie dann auch, so der Scheidungsvertrag mit ihrem Ex-Ehemann, das Haus verkaufen müsste. Im Grunde war sie also wieder in einem Paradies gelandet, allerdings in einem mit vorhersehbarer Halbwertszeit.

Hier wird etwas Grundsätzliches für das Leben in der Diaspora deutlich: Selbst diejenigen, die sich erfindungsreich (oder einfach nur, weil sie genügsam sind) darin einrichten, sind häufig nicht in einem neuen Paradies gelandet, weil sie auf dem Weg dorthin die Rätselzone kennengelernt haben und jetzt wissen, dass sie von ihr umgeben sind. Sie wissen, dass sie jederzeit wieder in ihre Schutzbehausung einbrechen kann und letztlich auch einbrechen wird. Aber das Wissen, dass sie auf Dauer vielleicht auf einen Abgrund zusteuern, treibt sie nicht unbedingt dazu an, irgendwelche Vorkehrungen dagegen zu treffen. Dieses Diaspora-Verhalten ist symptomatisch für sog. Arbeitsstörungen (Prokrastination), also für Menschen, die wichtige Handlungen immer weiter aufschieben, wohl wissend, dass ihnen dies irgendwann zum Verhängnis werden wird.

Ein Bildbeispiel dazu stammt von einer 18-jährigen Patientin, die ich unter einem anderen Aspekt in einem früheren Buch (Mayer 2008) beschrieben habe (Abb. 6.2).

Die Patientin litt an einer schweren Arbeitsstörung, was angesichts des bevorstehenden Abiturs besonders fatal war. Anstatt zu lernen, ließ sie es sich innerhalb ihres „Kastens" gut gehen, saß viel vor dem Fernseher und las exzessiv Romane (siehe Medienkonsum in der Diaspora) und verbrachte die Abende mit Freundinnen. In ihrer Skizze nimmt sie zwar den Ausgang der Geschichte vorweg, im wirklichen Leben führte dies aber zu keiner Änderung ihres Aufschiebe-Verhaltens.

Im Grunde handelt es bei diesem und bei dem vorhergehenden Beispiel um Fälle, in denen es sich der Diaspora-Bewohner zwar wohnlich eingerichtet hat, in denen aber ein Wissen um den Raum außerhalb der Diaspora vorhanden ist. Es handelt sich damit nicht um eine Verleugnung des „anderen Raumes", wie man auf den ersten Blick annehmen könnte, sondern eher um eine Situation, in der jemand „im Walde pfeift", um sich von den bedrohlichen Geräuschen aus dem angrenzenden Raum abzulenken.

Davon unterscheiden sollte man Personen, in denen der Gegenraum tatsächlich weitgehend ausgeblendet, verleugnet oder einfach nicht wahrgenommen wird. Sie leben in ihrer eigenen Welt und streben weder danach, sie zu verlassen, noch streben sie es an, jemanden anderes in sie hineinzulassen. Weil demzufolge auch kein Leidensdruck besteht, sehen wir diese Patienten auch selten in der Therapie. Und wenn, dann erscheinen sie nur auf Drängen anderer, wie z. B. eine 24-jährige Physikstudentin, die nur auf Drängen ihrer Eltern zu mir kam, denen die völlige soziale Isolierung ihrer Tochter zunehmend unnatürlich vorgekommen war. Sie hatte keine Freunde, bedauerte dies aber auch nicht, weil sie lieber alleine sei und am liebsten Computerspiele spiele. Irgendwie ahnte ich schon, dass sie im Rahmen der Bild-Diagnostik, die ich regelmäßig zu Beginn der Therapie durchführe, einen Kasten zeichnen würde – allerdings war sie die Erste, die den Gegenraum darum in keinster Weise gestaltete (Abb. 6.3).

Abb. 6.2 Prokrastination oder auf dem Weg in den Abgrund durch Nichts-Tun

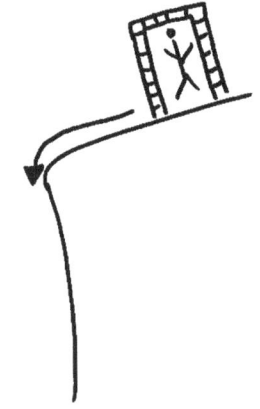

Abb. 6.3 Ein Innenraum ohne
Außen und ohne Leidensdruck

Der Außenraum spielte für sie schlicht keine Rolle. Sie strebte nicht nach einer Kontaktaufnahme, noch fühlte sie sich von außen bedroht. Ich vermutete eine Diagnose aus dem Autismus-Spektrum und strebte – angesichts des fehlenden Leidensdrucks der Patientin – keine weitere Therapie an.

Zusammenfassend ist festzuhalten, dass v. a. jene Patienten ein therapeutisches Problem darstellen, die sich „zu gut" in der Diaspora eingerichtet haben. Wenn man von den wenigen Augenblicken im Paradies absieht und wenn ein Patient ehrlich mit sich umgeht, bzw. mit seinen Bedürfnissen und der Umwelt in Kontakt ist, dann wird immer irgendetwas fehlen. Und das ist letztlich auch der Grund, warum wir überhaupt am Leben sind. Leben ist immer eine Bewegung von einem Mangelbedürfnis hin zu seiner Erfüllung. Ein dauerhafter Gleichgewichtszustand, frei von Mangel und Konflikten, wäre gleichbedeutend mit dem Tod. Auch das können wir aus Geschichten lernen, etwa wenn der Drehbuchautor McKee schreibt:

Nichts bewegt sich in einer Story voran außer durch Konflik (McKee 2010, S. 228).

Oder:

Storys sind Metaphern für das Leben, und lebendig zu sein heißt, sich in einem anscheinend nicht endenden Konflikt zu befinden. Mit den Worten von Jean Paul Sartre: Das Wesen von Realität ist Knappheit, ein universaler und ewiger Mangel. Es gibt von allem nicht genug auf dieser Welt. Nicht genug Nahrung, nicht genug Liebe, nicht genug Gerechtigkeit und niemals genug Zeit (McKee 2010, S. 229).

So gesehen, existiert das Paradies vielleicht nur in dem kurzen Moment der Erfüllung eines Mangels und ist ansonsten nur eine Illusion, die zustande kommt, indem wir unsere Wunschvorstellungen auf diesen imaginären Ort projizieren (siehe Abschn. 4.2). Aber diese ontologische Frage ist an dieser Stelle nicht von Bedeutung. Hier, in der Diaspora, geht es v. a. darum, dass sich der Protagonist, wenn er das Stadium der Veränderungsbereitschaft erreicht, auf die Suche macht nach einem besseren Ort, dass also mit therapeutischer Hilfe eine Such-Bewegung initiiert wird, und sei es nur deshalb, dass sich der Patient aufmacht, sein Diaspora-Gefängnis zu verlassen. Auch wenn es sich am Ende als illusorisch erweisen wird, braucht er ein lohnendes, ihn motivierendes Ziel, weil er instinktiv weiß, dass sich sein Ausbruch und die anschließende Suche als gefährlich und anstrengend erweisen werden. Gefährlich wird die Suche v. a. deshalb, weil man sich auf diesem Weg wieder dem Unbekannten stellen muss, das in der Rätselzone lauert, und weil man sich auf dieses Unbekannte nur in begrenztem Maße vorbereiten kann (siehe Abschn. 11.4).

Literatur

Anthony, C. K. (1998). *Handbuch zum klassischen I Ging*. Köln: Diederichs.

Hayes, S. C., Wilson, G. K., & Strosahl, K. G. (2014). *Akzeptanz- & Commitment-Therapie: Achtsamkeitsbasierte Veränderungen in Theorie und Praxis*. Paderborn: Junfermann.

King, S. (1987). *Misery*. New York: Signet Books.

Mayer, R. (2005). *Diaspora. Eine kritische Begriffsbestimmung*. Bielefeld: transcript.

Mayer, C. (2008). *Hieroglyphen der Psyche. Mit Patientenskizzen zum Kern der Psychodynamik*. Stuttgart: Schattauer.

McKee, R. (2010). *Story: Die Prinzipien des Drehbuchschreibens*. Berlin: Alexander.

Seligman, M. E. P. (1975). *Helplessness. On depression, development and death*. San Francisco: W.H. Freeman and Company.

Taubenböck, A. (2002). *Die binäre Raumstruktur in der Gothic Novel. Jahrhundert* (1. Aufl., S. 18–20.) München: Wilhelm Fink.

Lösungsmodelle

7

7.1 Das Konsistenzprinzip

Hat sich der Protagonist schließlich für den Aufbruch entschieden, so gibt es für ihn verschiedene Möglichkeiten. Wir erinnern uns, dass Lotman ein Ereignis als „Überschreiten einer Grenze" definiert hat, und zwar einer Grenze, die ihn in einen anders semantisierten Raum führt. Eine Geschichte besteht mindestens aus 2 Ereignissen, einem, das den Plot startet, und einem anderen, das ihn beendet, bzw. das die entscheidende Veränderung, die man auch als „Lösung" beschreiben könnte, einleitet.[1] Weil dieses zweite Ereignis, die Komplikationen, die durch das erste entstanden sind, wieder auflöst, bezeichnet man es in der Literaturtheorie auch als „Ereignistilgung" (Gräf et. al. 2014, S. 342). Im Folgenden werde ich deshalb die Begriffe „Ereignistilgung" und „Lösung" synonym verwenden.

Schauen wir kurz noch einmal auf das initiale Ereignis, also auf den Moment, an dem der Protagonist ursprünglich das Paradies verlassen hatte. Im Abschn. 4.4. nannte ich 3 Gründe für diese ursprüngliche Grenzüberschreitung:

1. Aufbruch aus Verlangen
2. Der Protagonist verstößt gegen die Ordnung
3. Die Ordnung ändert sich (Meta-Ereignis)

Wenn der Protagonist das Paradies aus Verlangen, also aus eigenem Antrieb, verlassen hat, aus „Jux und Tollerei", aus Neugier oder Abenteuerlust, dann kann er theoretisch sogar ins ursprüngliche Paradies zurückkehren. Weder das frühere Paradies noch

---

[1]Diese beiden Ereignisse werden in der Filmwissenschaft auch als Plot Points bezeichnet (siehe Kap. 12).

© Springer Fachmedien Wiesbaden 2017
C. Mayer, *Wie in der Psychotherapie Lösungen entstehen*,
DOI 10.1007/978-3-658-13865-3_7

er selbst haben sich bei diesem Aufbruch wirklich verändert. Weil nie eine Inkonsistenz zwischen ihm und dem Paradies aufgetreten ist, muss diese auch nicht rückgängig gemacht werden. Er kehrt also dorthin zurück wie nach einer Urlaubsreise.

In dem Sammelband „Filmsemiotik" heißt es dazu:

> Die erste solche Form ist die Rückkehr in den Ausgangsraum. Das Ereignis wird getilgt, indem der Ausgangszustand wiederhergestellt wird […] Diese Art der Ereignistilgung stellt strukturell die konservativste Art dar, da hier der frühere Zustand qualitativ wie quantitativ bestätigt wird (sowohl die semantischen Räume als auch die Anzahl ihrer Elemente bleiben erhalten) (Gräf et al. 2014, S. 342).

Bei dieser einfachsten Form der Ereignistilgung haben sich also weder der Protagonist noch der Ausgangsraum grundlegend verändert. Oder anders ausgedrückt: Weil der Protagonist keine Regeln verletzt hat (2) und sich das Paradies nicht durch ein Meta-Ereignis (3) verändert hat, sind Protagonist und Paradies weiterhin konsistent, also widerspruchsfrei zueinander geblieben (siehe Abb. 7.1).

In allen anderen Fällen einer „Paradiesvertreibung" ist aber eine Inkonsistenz aufgetreten, die im Laufe der Geschichte wieder aufgelöst werden muss. Nur dann empfinden wir nämlich eine Erzählung (oder eine Lebensepisode) als abgeschlossen, während eine fortbestehende Inkonsistenz wie eine nicht aufgelöste Spannung oder eine Dissonanz am Ende eines Musikstückes, nach einem Weiter verlangen würde. Genau diese Rückführung einer Inkonsistenz in Konsistenz wird in der Literaturtheorie als „Ereignistilgung" bezeichnet:

> Bisher ging es nur um das Entstehen eines Ereignisses. Die narrative Struktur von Texten, zumeist komplexeren und längeren, besteht zum einen zumeist aber nicht nur aus einem Ereignis, auch wenn es diese Erzählformen gibt, etwa im Werbespot, zum anderen bleibt es zumeist nicht bei der Ereignishaftigkeit. Erzählen inkludiert in den meisten Fällen auch, mit dieser inkonsistenten Situation umzugehen, sie wieder in eine konsistente, eine, die mit der als gültig gesetzten Ordnung übereinstimmt, zu überführen (Gräf et al. 2014, S. 341).

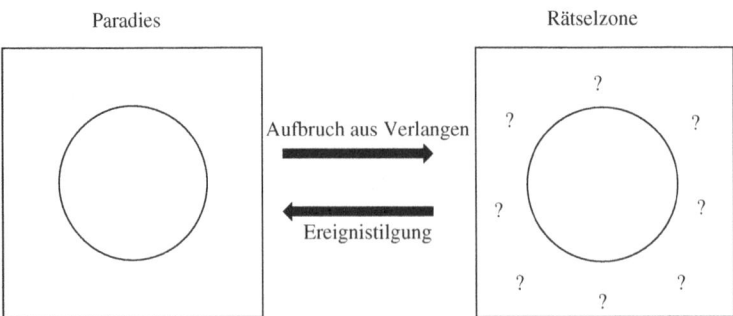

Abb. 7.1 Aufbruch in die Rätselzone aus Verlangen. Darstellung nach dem Konsistenzprinzip

„Das Konsistenzprinzip ist nun dasjenige Prinzip, welches Erzählabläufen zugrunde liegt und Handlungsverläufe auszeichnet." […] „Es besagt, dass Widersprüche/Ereignisse aufgelöst werden müssen, d. h. dass inkonsistente Situationen wieder in konsistente Situationen überführt werden müssen" (Gräf et al. 2014, S. 343).

In den Fällen, in denen eine Inkonsistenz zwischen dem Protagonisten und dem ursprünglichen Paradies aufgetreten ist, kann er nicht ohne Weiteres dorthin zurückkehren. Der Protagonist passt nicht mehr ins Paradies (ist nicht mehr konsistent mit ihm), entweder weil er sich verändert hat und damit eine Regel verletzt hat (2) (siehe Abb. 7.2) oder weil sich das Paradies verändert hat (3) (siehe Abb. 7.3).

Wenn er, wie in Abb. 7.2, gegen die Ordnung des Paradieses verstoßen hat, dann würde er dies zweifellos wieder tun, wenn er exakt in die gleiche Ordnung des früheren Paradieses zurückkehren würde. Die Inkonsistenz würde also weiter bestehen. Und wenn sich das Paradies als Ganzes verändert hat, wenn also ein Meta-Ereignis stattgefunden hat (wie in Abb. 7.3), so ist es offensichtlich, dass das frühere Paradies nicht mehr existiert. Und so müsste sich der Protagonist bei seiner Rückkehr neuen Bedingungen anpassen, wenn er die Inkonsistenz auflösen wollte. In beiden Fällen ist also eine Rückkehr nicht möglich – und die Geschichte muss weitergehen, um die Inkonsistenzen aufzulösen.

Schauen wir uns an, wie diese abstrakten Überlegungen auf ein konkretes, komplexes Beispiel angewandt werden könnten: Ein 48-jähriger Patient kommt zu mir in Therapie mit der konkreten Frage, ob er zu seiner Frau und zu seinen beiden 13 und 15 Jahre alten Söhnen zurückkehren, oder ob er sich für seine Geliebte entscheiden sollte, mit der er seit 4 Jahren heimlich eine Beziehung führen würde. Auf Druck der Geliebten sei er vor wenigen Monaten von zu Hause ausgezogen, fühle sich aber keineswegs befreit, sondern sehne sich stattdessen nach seinen Kindern und der früheren Geborgenheit und Sicherheit im Kreise seiner Familie. Diese Sicherheit sei für ihn gerade zu Beginn seiner Ehe so wichtig gewesen, weil er sie in seiner Kindheit nicht erfahren habe (siehe unten). Andererseits sei ihm seine Frau im Laufe der Ehejahre zunehmend „langweilig", „bieder" und sexuell immer weniger anziehend erschienen, sodass es immer wieder zu

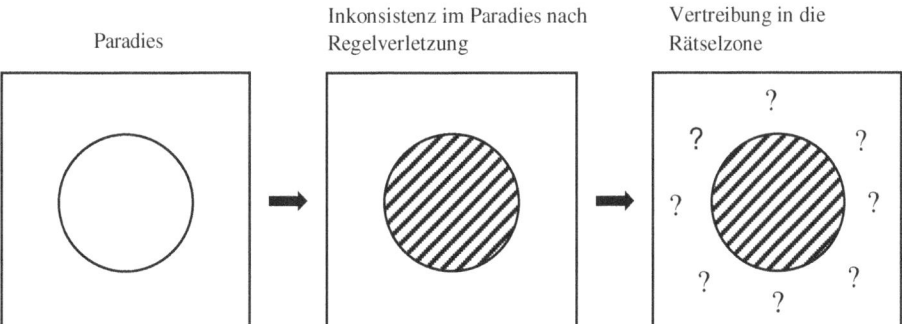

Abb. 7.2 Vertreibung in die Rätselzone wegen einer Regelverletzung. Darstellung nach dem Konsistenzprinzip

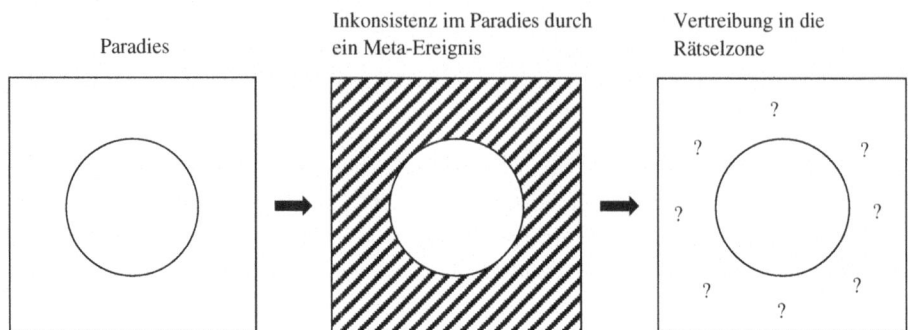

Abb. 7.3 Vertreibung aus dem Paradies aufgrund eines Meta-Ereignisses. Darstellung nach dem Konsistenzprinzip

kurzen Seitensprüngen gekommen und er zuletzt in einer mehrjährigen Nebenbeziehung mit der aktuellen Geliebten gelandet sei. Insbesondere nach der räumlichen Trennung von der Ehefrau erscheine ihm diese Nebenbeziehung aber bereits auch wieder weniger attraktiv. Die Geliebte sei zwar das genaue Gegenteil der Frau, sei lebendiger, verführerischer und abenteuerlustiger. Jetzt aber bemerke er erst, wie sehr ihn ihr Anspruch auf Nähe und Zweisamkeit überfordere und ihn seiner Rückzugsräume beraube, die für ihn zeitlebens so wichtig gewesen seien.

In der Beziehung zu seiner Frau ist der Patient insofern entwicklungsmäßig nachgereift, als dass er jetzt nicht mehr nur „bemuttert" werden will. Unter einer psychoanalytischen Perspektive ist er von einer prääödipalen Stufe in die ödipale Phase eingetreten und damit verführbar geworden für sexuelle Abenteuer. Unter der Perspektive des Konsistenzprinzips ist er damit inkonsistent geworden zu dem früheren Arrangement einer Ehe, die nur sein Sicherheits- und Geborgenheitsbedürfnis bedient. Mit seiner erwachenden sexuellen Begierde und seiner Abenteuerlust verstößt er gleichsam gegen die Regeln einer quasi zölibatären Ehe. Er ist inkonsistent geworden mit dem früheren Paradies und muss es verlassen (es handelt sich also um eine Grenzüberschreitung vom Typ 2 – siehe oben). Wenn mich der Patient jetzt aufsucht, um die Frage zu klären, was zu tun sei, dann fragt er gleichsam danach, wie er wieder Konsistenz herstellen könnte. Das Schwierige an dieser Frage ist die Tatsache, dass er auch zum „neuen Paradies" mit seiner Geliebten inkonsistent geworden ist, weil er spürt, dass diese Frau seine Bedürfnisse nach Geborgenheit in einer Familie mit Kindern, nach Vertrautheit und Sicherheit nicht abdeckt. Handelt es sich also um einen Konflikt zwischen den widersprüchlichen Polen „Sicherheit" und „Abenteuer", „mütterlicher Geborgenheit" und „sexuellem Verlangen", wie er glaubte, in einer früheren psychoanalytischen Behandlung herausgefunden zu haben?

Die nähere Erforschung der Beziehung zu seiner Mutter als Kind führte mich auf eine andere Fährte: So berichtete mir der Patient in den folgenden Sitzungen über eine zunächst sehr enge Bindung zwischen ihm und seiner Mutter. Weil der Vater aus beruflichen Gründen oft monatelang abwesend gewesen wäre, sei er eine Art Partnerersatz für sie gewesen und habe sogar das Ehebett mir ihr geteilt. Diese exklusive und symbiotische Beziehung habe aber jeweils abrupt geendet, wenn der Vater von seinen Reisen zurückkehrte und er dann auch von seiner Mutter einfach „abgeschrieben" worden wäre. Wohl aufgrund dieses permanenten Wechselspiels, so erkannte er jetzt, habe er es irgendwann als bedrohlich empfunden, sich überhaupt zu zeigen, bzw. zu öffnen, und habe sich schließlich ganz in sich (in eine Diaspora) zurückgezogen. Mit dieser Erkenntnis hatten wir den Schlüssel zur Auflösung der (wahren) Inkonsistenz. Ursprünglich waren wir nicht weiter gekommen, weil wir sie falsch formuliert hatten. Es ging nämlich nur oberflächlich gesehen um einen Gegensatz zwischen Sicherheit und Abenteuer, sondern in Wirklichkeit darum, dass der Patient einmal einen tiefen Wunsch danach hatte, gesehen zu werden, und andererseits aber seinen Wunsch nach Unabhängigkeit und Rückzug nicht aufgeben wollte, weil er in der Kindheit negative Erfahrungen mit Nähe gemacht hatte. Aufgrund der wechselhaften Beziehungserfahrung mit seiner Mutter hatte er sich bereits damals in eine Diaspora zurückgezogen, in einen inneren Schutzraum, der ihn vor Enttäuschungen schützte, der ihn aber auch einsam gemacht hatte. Seine Frau hatte seine Rückzugstendenzen offensichtlich toleriert, war ihm damit zwar einerseits entgegen gekommen, hatte aber andererseits übersehen, wie sehr er sich im Grunde seines Herzens nach Kontakt sehnte. Den fand er schließlich bei seiner Geliebten, die wiederum keinerlei Verständnis für seine Rückzugstendenzen aufbrachte und die er schließlich mehr und mehr als „zudringlich" und invasiv erlebte.

Wenige Wochen nach Beginn der Therapie wurde sein Bedürfnis nach Sicherheit und gleichzeitigem Rückzug so stark und übermächtig, dass er zu seiner Frau und den Kindern zurückkehrte. Erwartungsgemäß änderte sich nichts an der schlechten Verfassung des Patienten. Und zwar nicht, weil ihm die sexuellen Erfahrungen mit seiner Geliebten fehlten, sondern weil auch seine hochgradig verunsicherte Frau jetzt mit ihm „reden" wollte, Kontakt suchte, und damit seinen Anspruch auf Unabhängigkeit gefährdete (siehe Abb. 7.4).

Wenn man diese Art der Darstellung wählt, dann wird offensichtlich, dass der Patient sowohl mit seiner Ehefrau, als auch in der Beziehung mit seiner Geliebten, in einer Diaspora lebt. In beiden Fällen muss er sich abschotten und ist einsam, erträgt diese Einsamkeit aber nur durch die, für die Diaspora typischen „Ersatzbildungen": Er konsumiert

Abb. 7.4 Konflikt zwischen einem Wunsch nach Kontakt und einem Wunsch nach Unabhängigkeit. Darstellung nach dem Konsistenzprinzip

täglich Marihuana und spielt ganze Tage im Internet Poker. Zudem herrscht nach der Rückkehr zu seiner Familie jetzt wieder die bekannte Sprachlosigkeit in der Beziehung zu seiner Frau und er fühlt sich genauso einsam wie vor seinem Auszug, bzw. genauso einsam wie bei seiner Geliebten. Eigentlich habe es ihn nie wirklich zu seiner Frau zurückgezogen, genauso wenig, wie es ihn nach einem Auszug gedrängt habe. Wörtlich meint er: „Eigentlich bin ich nur ‚technisch' ausgezogen, und genauso bin ich nur ‚technisch' wieder eingezogen" – und bestätigt mit dieser Äußerung meine Vermutung, dass er sich eigentlich immer in der Diaspora befunden hat, dass er die Diaspora sozusagen in die Beziehung zur Geliebten mit – und dann wieder mit zurück nach Hause genommen hatte.

Was also war zu tun? Von Woche zu Woche fühlte sich der zu seiner Frau und den Kindern zurückgekehrte Patient depressiver, einsam und glaubte, sein Leben zöge an ihm vorbei, weil er die falsche Entscheidung getroffen habe. Mit den beschriebenen Eigentümlichkeiten der Mutterbeziehung hatte ich jetzt die Folie gefunden, die sich auf beide Beziehungen, die zur Frau und die zur Geliebten, legen ließ und damit den zentralen Konflikt des Patienten gefunden. Eine Ereignistilgung war also nur möglich, wenn er seinen Angst vor Kontakt überwinden und diesen Schutzraum verlassen würde. Ironischerweise wäre diese Form der Auflösung seiner Inkonsistenz sowohl mit der Ehefrau als auch mit der Geliebten möglich gewesen, womit sich die gesamte Entscheidungsproblematik als irrelevant herausstellte. Es handelte sich nämlich nicht um eine Inkonsistenz zwischen präödipalen Sicherheits- und ödipalen sexuellen Bedürfnissen, sondern um einen Konflikt zwischen den inkonsistenten Bedürfnissen nach Nähe einerseits und Kontakt andererseits, der sich im weiteren Verlauf auflösen ließ: Nach mehreren Fehlversuchen schafft er es, mit seiner Frau in einen Dialog zu treten (siehe Abschn. 11.2), was ihm v. a. deshalb enorm schwer fiel, weil er nach der jahrelangen Entfremdung keinerlei Anknüpfungspunkte sah. Ich schlug deshalb vor, gerade diese Entfremdung zum Thema zu machen, also darüber zu reden, was er wirklich fühlte, wie weit er von ihr entfernt sei und wie schwer es ihm falle, diese Distanz zu überwinden. Paradoxerweise führte gerade diese Thematisierung der Entfremdung zu einer neuen Nähe bzw. schaffte nach einem jahrelangen Schweigen überhaupt erst einmal wieder eine Gesprächsbasis zu seiner Frau. Diese Art Authentizität hatte er zeitlebens vermisst, war er doch auch im Kontakt zu seiner Mutter immer in einer von außen uneinsehbaren Diaspora gewesen.

Zusammenfassend bleibt festzuhalten, dass wir uns bei der Therapieplanung sehr genau überlegen müssen, worin wir das entscheidende Ereignis sehen und v. a. worin dann die entscheidende Ereignistilgung bestehen könnte. In diesem Fall wurde der Patient durch die Rückkehr des Vaters wiederholt aus dem (Nähe-)Paradies mit seiner Mutter vertrieben und flüchtete sich daraufhin in eine innere Diaspora, eine Art „Unabhängigkeitsfestung". Er selbst glaubte, es gehe um die Entscheidung zwischen seiner Frau und seiner Geliebten und fertigte demzufolge zu Beginn der Therapie die folgende Skizze an, um sein Problem zu beschreiben (Abb. 7.5).

Interessanterweise unterscheiden sich die beiden Alternativen auf der grafischen Ebene nicht voneinander, was mich angesichts der als völlig unterschiedlich geschilderten Charaktere der beiden Frauen schon zu diesem frühen Zeitpunkt verwunderte. Erst

Abb. 7.5 Am Anfang der Therapie stand eine Entscheidung, die nicht getroffen werden konnte

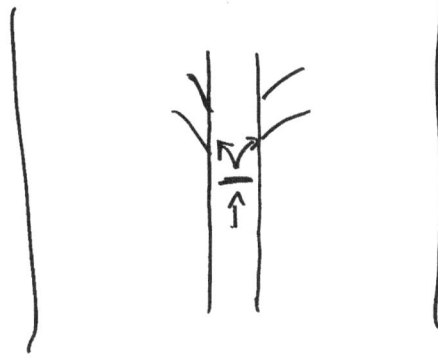

später verstand ich, dass sie sich deshalb nicht unterscheiden, weil sie beide für einen inkonsistenten Zustand stehen: Bei beiden Frauen fürchtete sich der Patient vor wirklicher Nähe und so bestand die entscheidende Ereignistilgung am Ende nicht darin, sich für eine neue Frau zu entscheiden, sondern darin, die Grenze seiner Diaspora zu verlassen und sich in einen gemeinsamen (Kontakt-)Raum mit einer Frau zu begeben. Sein vorübergehender Wechsel von der Familie zur Geliebten mag für ihn ein großer Schritt gewesen sein – vor dem Hintergrund der lotmanschen Theorie ist sie allerdings irrelevant. Sie ist nicht einmal ein Ereignis, weil der Patient seine Unabhängigkeits-Diaspora mit diesem Schritt überhaupt nicht verlassen und damit auch keine Grenzüberschreitung stattgefunden hat.

7.2 Das Aufgehen im Gegenraum

Wenn wir psychotherapeutisch arbeiten, dann konzentrieren wir uns auf innere Konflikte zwischen den widersprüchlichen Polen eines Patienten, wobei sich in den meisten Fällen einer der beiden Pole als dominant erweist und der andere als unterentwickelt und verkümmert, weil der Patient damit schon einmal negative Erfahrungen gemacht hat. Er schließt sich also von diesen Erfahrungen ab und zieht sich mit seinem dominanten Pol in die Diaspora zurück. Damit versucht er, seine Art, wie er bisher durchs Leben gegangen ist, seine gewohnten Sicht- und Handlungsweisen, beizubehalten und alles, was ihn dabei stören könnte, in die Rätselzone zu verbannen, die er tunlichst nicht betritt (oder sie sogar bekämpft).

Wie in Kap. 5 beschrieben, ist die Etablierung eines derartigen Schutzraums aber keine wirkliche Lösung, weil die Sehnsucht nach Rückkehr ins Paradies erhalten bleibt und nur unbefriedigend durch Ersatzbildungen wie Süchte gestillt werden kann. Nach den Regeln des Konsistenzprinzips kann es sich auch deshalb nicht um eine befriedigende Lösung handeln, weil der Patient nur einen Teil seiner Bedürfnisse lebt und den Rest in die Rätselzone verbannt hat, von der er sich mit einer Art Inkonsistenz-Schutz-Membran abgeschottet. Weil eine vollständige Abschottung vom außen aber nicht möglich ist, kommt er immer wieder mit diesem Außen in Berührung und empfindet dann seinen Schutzraum entweder als nicht mehr sicher – oder als Einengung, als ein Gefängnis, das seine Handlungs- und Empfindungsmöglichkeiten beschränkt. Wie in einer Geschichte kann dieser spannungsreiche Zustand nur durch eine Ereignistilgung aufgelöst werden.

Die einfachste Form der Ereignistilgung wäre natürlich die Rückkehr in den Ausgangsraum, also in das ursprüngliche Paradies. Diese Lösung wird als „restitutiv" bezeichnet und ist nur möglich, wenn sich weder der Protagonist noch der Ausgangsraum merklich verändert haben (Martinez und Scheffel 2012, S. 142). Der Protagonist kehrt also ins ursprüngliche Paradies zurück wie jemand, der nach einer Urlaubsreise wieder frohgemut in seine Heimat zurückkehrt und sich freut, seine ursprünglichen Tätigkeiten wieder aufzunehmen. Er ist vielleicht erholter, aber ansonsten unterscheidet er sich nicht von der Person, die auf die Reise gegangen ist. Wenn es das Paradies aber nicht mehr gibt (was für die meisten Kindheitsparadiese gilt), oder wenn sich, wie im vorherigen Kapitel beschrieben, der Protagonist verändert hat und deshalb nicht mehr zu dem ursprünglichen Paradies passt –, dann ist eine solche Rückkehr nicht mehr so ohne Weiteres möglich. Geschichten dieses Typs nennen die Literaturwissenschaftler Martinez und Scheffel „revolutionär", weil die Welt hier auf eine Weise verändert wurde, die grundsätzlich neu und die nicht mehr so einfach rückgängig zu machen ist:

> Revolutionäre Texte durchbrechen die klassifikatorische Ordnung der erzählten Welt, restitutive bestätigen sie (Martinez und Scheffel 2012, S. 142).

Was bedeutet dies nun für den Protagonisten? Sitzt er auf Dauer in seiner Diaspora fest, wenn er nicht mehr zum ursprünglichen Paradies passt? Wie könnte er seinen Weg hin zu einem neuen Paradies fortsetzen, wo er doch von einer Diaspora-Blase umschlossen ist und „draußen" die unwirtliche und fremdartige Rätselzone lauert? Filmsemiotiker schlagen hier eine Lösung vor, die sie das **„Aufgehen im Gegenraum"** nennen. Sie gelinge aber nur, wenn der Protagonist seine Merkmale aufgebe und sich so diesem Gegenraum anpasse (Gräf et al. 2014, S. 343).

Auf unser Modell übersetzt käme dieses „Aufgehen im Gegenraum" einer Auflösung der Diaspora-Hülle gleich, einem Platzen der Blase – einen Motiv, das ich auch sehr häufig in den Bildsequenzen meiner Patienten im Laufe ihrer Lösungsgeschichte beobachten kann.

Die Bildsequenz (Abb. 7.6, 7.7, 7.8 und 7.9) entstammt der Therapie einer 23-jährigen Sportstudentin. Aufgrund einer Tabuisierung von sexuellen Impulsen durch eine entsprechende sexualfeindliche Erziehung erlebt sie das Erwachen ihrer libidinösen Impulse am Übergang zum Erwachsenenalter als bedrohlich. Sie entwickelte Zähl-, Kontroll- und Waschzwänge, die ihren Handlungsspielraum massiv einschränkten, und symbolisierte diese Einengung in ihrem initialen Bild zu Beginn der Therapie als schwarzen Kasten (Abb. 7.6).

Unschwer erkennen wir in diesem Kasten den diasporischen Raum, der umgeben ist von der bedrohlichen Rätselzone mit ihren Fragezeichen. In der Ferne (rechts oben)

ist das ursprüngliche Paradies erkennbar, wobei die farbigen Punkte ihre Ursprungsfa-
milie symbolisieren, also ihre Eltern, sie selbst und ihre beiden Geschwister. In diesem
Kindheitsparadies spielte Sexualität noch keine Rolle und solange sie selbst noch Kind
war, war sie folglich auch konsistent damit. Sie war also vertrieben worden, weil sich
ihre „Merkmale" verändert hatten. Als werdende Frau konnte sie aber nicht mehr dorthin zurück – eine restitutive Lösung war nicht mehr möglich. Die Abb. 7.7, 7.8 und 7.9
beschreiben die zweite genannte Form der Ereignistilgung, das Aufgehen im Gegenraum. Die Bilder entstanden im Zuge einer einjährigen tiefenpsychologisch fundierten

Abb. 7.6 Die Diaspora als
Ausgangsort

Abb. 7.7 Das Aufgehen im
Gegenraum im Laufe des
Therapie-Prozesses

Psychotherapie, bei der die Patientin während der ersten Monate zusätzlich psychophar-
makologisch unterstützt wurde (mit Escitalopram 10 mg/Tag). Darunter kam es zu einem
vollständigen Verschwinden der genannten Zwänge, die auch nach Absetzen des Antidepressivums nicht mehr auftraten (siehe Kap. 9).

Auf der Bildebene verändern sich durch dieses Aufgehen sowohl die Farben und
Muster innerhalb der früheren Blase als auch die Strukturen des Außenraums, der früheren Rätselzone (schematische Darstellung in Abb. 7.10).

Aber auch wenn wir diese Vorgänge auf der Bildebene so anschaulich beobachten können, bleibt immer noch die Frage nach der passenden Analogie dazu im realen
Leben. Zunächst einmal: Um welche Gegensätze handelt es sich eigentlich, die da vorher
fein säuberlich mit einer Blase getrennt werden und die sich dann vermischen? Innen ist
das Eigene – und außen ist das Fremde, Unbekannte. Solange sie in der Blase verweilt,
ist sie nur mit sich beschäftigt, es gelten nur ihre eigenen Regeln und Gesetze. Sie spürt
zwar ihre andrängenden sexuellen Wünsche bzw. ihre Sehnsucht nach einem Partner,
verbannt diese Wünsche aber als bedrohlich in die Rätselzone. Erst mit der Öffnung der
Blase stellt sie sich diesem Rätsel und stellt erstaunt fest, dass ihre Ängste überflüssig
gewesen waren.

Abb. 7.8 Das Aufgehen im
Gegenraum im Laufe des
Therapie-Prozesses

Abb. 7.9 Das Aufgehen im
Gegenraum im Laufe des
Therapie-Prozesses

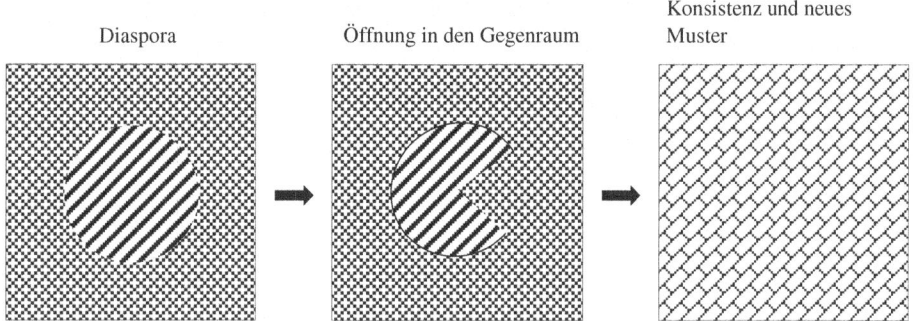

Abb. 7.10 Ereignistilgung durch Öffnung in den Gegenraum. Die Inkonsistenz wird in einem neuen Muster aufgehoben

In einem weiteren Sinne steht die Rätselzone aber nicht nur für das Verdrängte oder Verleugnete und ist damit auch nicht äquivalent zum Begriff des „Unbewussten". Letztlich steht sie für alles, was der gewohnten Sichtweise eines Patienten entgegensteht oder ihm fremd bzw. neu ist. So gesehen begegnen wir der Rätselzone beinahe täglich, wenn wir es mit unerwarteten Ereignissen oder einfach neuen Erfahrungen zu tun haben – sofern wir bereit sind, diese auch als etwas Neues zu sehen, und sie nicht vorschnell in unsere alten Kategorien und Schemata einordnen (dies entspräche einem Verweilen in der Diaspora). Letztlich geht es bei der Begegnung mit dem Neuen immer darum, ob ich dieses in meine alten Erfahrungskategorien einordne – oder ob ich diese Kategorien angesichts einer neuen Erfahrung verändere – also lerne. In diesem Zusammenhang finde ich es eine hoch spannende Frage, ob es eigentlich möglich ist, sich selbst treu zu bleiben **und** sich gleichzeitig an das Fremde anzupassen, also seine Identität zu wahren und sich gleichzeitig zu verändern, indem ich mich für das Neue öffne. Ein Modell hierfür ist der Organismus: Jedes lebende Wesen muss sich von seiner Umwelt auf irgendeine Weise abgrenzen, um am Leben zu bleiben. Das geschieht über die Haut, aber auch durch zahlreiche innere Membranen oder z. B. das Blutkreislaufsystem. Aber der Organismus muss mit seiner Umwelt in Verbindung bleiben, Nahrung, Sauerstoff und Informationen aufnehmen und Ausscheidungen abgeben. Leben ist also im Grunde ein hochkomplexer Prozess von Öffnungen und Schließungen, den wir hier bildhaft beobachten können und den wir auf der psychologischen Ebene gerade als Auseinandersetzung mit neuen Situationen beschrieben haben.

Dieser Prozess der Öffnung führt zwar letztlich zur Ereignistilgung, also zur Lösung, führt aber zuvor noch zu einer schwierigen Situation, die in der psychoanalytischen Terminologie als „Konflikt" bezeichnet wird. Ist nämlich die Blase noch völlig geschlossen und stehen Innen und Außen noch nicht miteinander in Kontakt, so besteht letztlich auch noch kein Konflikt. Es besteht eine Einengung von Handlungsmöglichkeiten, aber keine wirklich spannungsreiche Situation. Ein Konflikt entsteht erst dann, wenn sich Innen und Außen begegnen, weil diese Räume ja mit unterschiedlichen Bedeutungen aufgeladen, also unterschiedlich semantisiert sind.

Paul Scheffer schreibt in seinem Artikel „Die offene Gesellschaft und ihre
Einwanderer":

> Insgesamt ist der Konflikt der Übergang von der Vermeidung zur Anpassung. Der Konflikt
> ist ein Zeichen der beginnenden Integration. Denn ohne Kontakt gibt es auch keinen Kon-
> flikt. So gesehen ist der Konflikt als solcher, den wir derzeit erleben und der zu jeder Migra-
> tionsgeschichte gehört, ein Zeichen, dass Menschen versuchen, die Situation zu bewältigen
> (Scheffer 2014, S. 91).

Solange die Mauern der Diaspora völlig undurchlässig sind, gibt es keinen Konflikt und
damit auch keine Chance zur Integration. Solange der Protagonist in der Blase verweilt,
ist er nur mit sich selbst beschäftigt, es gelten nur seine eigenen Regeln und Gesetze. Auf
der Ebene der Gesellschaft könnte man auch sagen: die eigene Kultur oder die eigene
Religion – etwa der Islam bei Einwanderern aus dem islamischen Kulturkreis.[2]

Wären also völlig undurchlässige Grenzen die Lösung für Konflikte im Individuellen
und auf der Ebene der Nationen? Und wie müssten diese beschaffen sein? Ich denke,
es hat wenig Sinn, sich über diese Form der Konfliktlösung Gedanken zu machen, denn
philosophisch gesehen ist eine völlig abgeschlossene Grenze gar nicht vorstellbar. Sie ist
keine Grenze, denn Grenzen grenzen an einen anderen Raum. Wenn dieser aber niemals
erfahrbar wäre, dann wüssten wir auch nichts von ihm. Anna Rebecca Nowicki fasst diesen Gedanken in ihrer Doktorarbeit (Nowicki 2014, S. 7–8) folgendermaßen zusammen:

> Eine Grenze, die absolut nicht überquert werden könnte, wäre inexistent; umgekehrt wäre
> eine Überschreitung, die nur eine scheinbare und schattenhafte Grenze durchbrechen würde,
> nichtig. Denn eine Grenze ist nur dann als eine Grenze erfahrbar, wenn sie als Trennung
> zweier Räume wahrgenommen wird. Ist diese Grenze absolut, so kann immer nur jeweils
> ein Teilraum wahrgenommen werden, da die Erfahrung des anderen Raums durch die abso-
> lute Grenze unmöglich gemacht wird. Dadurch wäre es dann aber auch unmöglich die
> Grenze selbst als solche wahrzunehmen: Sie wäre nicht erfahrbar und damit auch nicht exis-
> tent. Das zeigt, dass die Grenze durch die Möglichkeit ihrer Überschreitung definiert wird.

Wir erinnern uns daran, dass der Protagonist bereits einmal mit dem Gegenraum Kontakt hatte: Zum ersten Mal tauchte er darin ein, als er das Paradies verlassen hatte, und
zwar weitgehend ungeschützt und unvorbereitet, verängstigt über diese fremde, unver-
ständliche und bedrohliche Welt. Er versuchte, sich über eine provisorische „Behausung zu schützen", stürzte sich in hektische, aber wenig zielführende Aktivitäten, um
die Bedrohung abzuwehren, bis er sich in einer Diaspora-Blase, scheinbar sicher und
dauerhaft, einrichten kann. Wenn er nicht gerade „aus Verlangen" aus dem nicht mehr
zeitgemäßen Paradies aufgebrochen war, wird er sozusagen passiv „hineingeworfen"

---

[2]Hier entspräche dann die Öffnung und Verschmelzung der Einwicklung eines „Euro-Islam", ein
Begriff, der 1991 von Bassam Tibi in die wissenschaftliche Diskussion eingeführt wurde und eine
bestimmte säkularisierte Form des Islams beschreibt, die sich dadurch herausbilden soll, dass in
Europa lebende Muslime Pflichten und Prinzipien des Islam mit Werten der modernen europäi-
schen Kultur kombinieren (Leggewie 1993, S. 286).

in diesen Gegenraum – und v. a. hierin unterscheidet sich jetzt der **zweite Kontakt mit dem Gegenraum.** Dieser geschieht nämlich fast immer freiwillig und proaktiv, dann nämlich, wenn es dem Protagonisten in seinem selbst gezimmertem Schutzgefängnis zu eng wird und er sich, meist getrieben von der Sehnsucht nach dem ursprünglichen Paradies, aufmacht, seine Handlungsräume wieder zu erweitern. Beim ersten Kontakt mit dem Gegenraum war der Protagonist gleichsam auf der Flucht – jetzt stellt er sich bewusst der Bedrohung, gestärkt durch seine Zeit im Diaspora-Raum, vielleicht auch transformiert durch eine neue Erkenntnis oder einen Zuwachs an Mut. Er ist nicht mehr auf der Flucht, sondern stellt sich aktiv der Herausforderung, dem Kampf oder begibt sich gespannt auf die **Suche.** Auch die beschriebene Sportstudentin will ja eigentlich ihre Sexualität entdecken, sie will sich nicht mehr verstecken, hat aber noch nicht den Mut dazu, sich entsprechenden „Sexualpartnern" (die die Rätselzone bevölkern) zu nähern. In Kap. 11 werden wir sehen, was es Patienten erleichtert, diesen Schritt aus der Schutzblase heraus zu machen. In diesem Fall wurde der Prozess der Anpassung maßgeblich durch die Verordnung eines Antidepressivums ermöglicht. Darunter verschwanden innerhalb weniger Wochen nicht nur die beschriebenen Zwänge, sondern die Patientin wurde auch mutiger im Umgang mit Jungs, sammelte erste sexuelle Erfahrungen und fand schließlich einen gleichaltrigen Partner. Erleichtert wurde dieser Prozess maßgeblich durch den Auszug aus dem Elternhaus, ein Schritt, zu dem die Patientin in der Therapie ermutigt worden war.

Unter Filmtheoretikern wird gelegentlich als Beispiel für den Unterschied zwischen einer passiv-reaktiven Copingstrategie und dem pro-aktiven Stellen des Gegners der Filmklassiker „Der weiße Hai" von Steven Spielberg (1975) genannt. Adaptiert für unsere Belange könnte man den Filmverlauf so beschreiben: Im ersten Akt wird die Idylle der Badestadt (das Paradies) jäh zerstört, nachdem der weiße Hai ein badendes Mädchen getötet hatte. Es geschieht aber zunächst nichts, um der Bedrohung zu begegnen: Der Polizist Brody wird vom Bürgermeister von einer Strandsperrung abgehalten, weil dies Urlauber angesichts der anstehenden Badesaison verschrecken könnte. Mit anderen Worten: Die Veränderungen im Paradies werden verleugnet, um es aufrechterhalten zu können (siehe Abschn. 4.2). Zu dieser Art Verleugnung gehört auch, dass er sich nach der zweiten Hai-Attacke zunächst maßlos betrinkt – bis er dann doch Warnschilder aufstellt, als die ersten Touristen kommen. Er begegnet der Gefahr also passiv-reaktiv, errichtet mit den Schildern einen notdürftigen Schutz (das Provisorium). Erst als eine weitere Hai-Attacke die Nutzlosigkeit dieser Schutzmaßnahme deutlich macht, entschließt sich Brody, den Hai proaktiv zu jagen. Er verlässt gleichsam seine Diaspora und tötet ihn schließlich außerhalb jeglicher Schutzzone im Meer – was nur möglich ist, weil er angesichts seiner Entschlossenheit seine Wasser-Phobie überwinden konnte (was gleichbedeutend mit einer Transformation des Protagonisten ist).

In unserer Welt begegnen uns selten Killer-Haie. Die Bedrohungen sind andere, etwa fremde Situationen, die wir noch nicht einschätzen können. Gefürchtet wird beispielsweise der Aufbruch in die sexuelle Lebensphase (wie im obigen Beispiel der Sportstudentin) oder in eine andere neue Lebenssituation, wie etwa eine anstehende berufliche

Veränderung, ein Umzug oder das Einlassen auf einen neuen Partner. Selbst ein langjähri-
ger Lebenspartner kann zur Rätselzone werden, etwa wenn man sich auseinandergelebt hat
und sich irgendwann nicht mehr versteht. Gerade in Paartherapien bin ich immer wieder
überrascht, wie schwer es den Beteiligten fällt, „sich zu öffnen" und von ihren eigentlichen
Bedürfnissen zu sprechen (siehe auch das Patientenbeispiel im Abschn. 7.1) – wobei es
gerade hier auch darum geht, die eigenen „Merkmale" zur Disposition zu stellen und sich
so dem „Gegenraum" anzupassen.

Letztlich durchlaufen wir alle solche Öffnungs- und Schließungsprozesse immer wieder in unserem täglichen Leben. Sie sind Bestandteile eines natürlichen Veränderungs-
Zyklus im Rahmen von Anpassungsprozessen und werden nur dann pathologisch, wenn
wir in einer der Zonen auf Dauer verharren. Ein 43-jähriger Seminarteilnehmer mit
einem Hang zu depressiven Verstimmungen stellte diesen Zyklus in einem Bild folgendermaßen dar (Abb. 7.11).

Aufgrund seiner einsamen Kindheit, in der seine berufstätigen Eltern nur selten als
Bezugspersonen zur Verfügung standen, neige er dazu, sich auch heute noch von aller
Welt zurückzuziehen (im Sinne eines Wiederholungszwanges, siehe Freud 2000,
S. 205–215). Diesen Zustand, den er in seinem Bild als schwarzen Kreis mit dicker Kon-
tur darstellt, würden wir nach unserem Modell als Diaspora identifizieren. Er schottet
sich darin vollständig von seiner Umgebung ab und zieht sich, wie als Kind, ganz auf
sich selbst zurück. Wenn dieser Zustand aber zu lange andauere, stelle sich regelmäßig
eine Sehnsucht nach Leben, nach Kontakt ein und er begebe sich, unter Überwindung
seiner Ängste, „hinaus in die Welt". Diese Phase (dargestellt in dem durchlässigeren
Kreis oben im Bild) erlebe er zunächst als lustvoll, dann aber bald als bedrohlich, weil
er sich von den zahlreichen Begegnungen im Sinne einer Reizüberflutung überfordert

Abb. 7.11 Öffnungen und Schließungen der Diaspora als Kreislauf dargestellt

fühle (dargestellt im Kreis rechts unten im Bild) und sich dann auch regelmäßig Schlaf-störungen einstellen würden. Die Folge sei ein erneuter Rückzug in seine Schutzzone, womit der Kreislauf aufs Neue beginne. In seinem Fall muss er immer und immer wieder durchlaufen werden und zwar deshalb, weil er sich nicht transformiert. Es findet nur eine vorübergehende Anpassung an den Gegenraum statt, der also nur kurzfristig als lustvoll empfunden wird und dann doch wieder als Überforderung. Immerhin hat er aber doch den Mut, sich immer wieder in die Rätselzone hinaus zu begeben, sammelt so Informati-onen über diese Zone und lernt von ihr – eine wichtige Voraussetzung, um sich vielleicht doch irgendwann dauerhaft an sie anpassen zu können (siehe Abschn. 11.1).

7.3   Die Meta-Tilgung

In den vorausgegangenen Kapiteln wurde beschrieben, wie sich der aus dem Para-dies vertriebene Protagonist zunächst in der Rätselzone wiederfindet, sich dort in einer Diaspora-Blase einschließt und im Folgenden danach strebt, diese Abschottung wieder aufzulösen. Es gelingt ihm, indem er die fremde Umgebung zunächst exploriert, sich dann ihr gegenüber öffnet und sich schließlich an die neuen Bedingungen anpasst. Auf gesellschaftlicher Ebene entspräche diese Lösung etwa einer Integration von Migranten an die Lebensbedingungen des neuen Landes, in das sie ausgewandert sind. Eine durch ein Ereignis (Vertreibung aus dem Paradies, Auswanderung in ein neues Land) ausge-löste Inkonsistenz muss wieder aufgelöst werden, damit ein spannungsreicher in einen entspannten Zustand überführt werden kann. Wie wir gesehen haben, wird dies von der Konsistenztheorie gefordert, die

> […] besagt, dass Widersprüche/Ereignisse aufgelöst werden müssen, d. h. dass inkonsis-tente Situationen wieder in konsistente Situationen überführt werden müssen (Gräf et al. 2014, S. 343).

Neben dem Aufgehen im Gegenraum gibt es einen weiteren Veränderungsprozess, der ebenfalls zu dieser Form einer Ereignis-Tilgung führt, nämlich die Metatilgung:

> Eine weitere Form ist die Metatilgung. Hierbei verändert sich, analog dem Metaereignis, das System der semantischen Räume an sich, so dass eine ursprünglich ein Ereignis darstellende Grenzüberschreitung oder Merkmalsveränderung nun nicht mehr als Ereignis interpretiert wird, da die betreffende Grenze ihren Status als Grenze verloren hat (Gräf et al. 2014, S. 342 f.).

Um diese abstrakten Vorstellungen anschaulicher zu machen, schauen wir uns ein wei-teres Beispiel an. Es handelt sich um die im Laufe einer 80-stündigen Psychotherapie entstandene Bildsequenz einer Patientin, die mit einem Burn-out-Syndrom zu mir kam. Die 35-jährige Patientin stammt ursprünglich aus Südkorea, arbeitet jetzt 60–70 h pro Woche als Managerin in einem deutschen Konzern und verzichtete der Karriere willen bisher auf Kinder. Aus Erschöpfung schlafe sie häufig das ganze Wochenende, fühle sich dadurch aber nicht erholt, habe auch nicht mehr die Kraft, Freunde zu treffen oder Sport zu treiben. Die höchsten Ideale der Patientin sind Leistung und Perfektionismus, wobei sehr schnell deutlich wird, dass sie diese einerseits von ihrem Vater übernommen hat (der an einer Zwangserkrankung leidet) und dass diese Ideale andererseits Teil des übernommenen koreanischen Erbes sind (mit den Werten „Pflichterfüllung", „sich keine Blöße geben" und „Unterordnung unter die Erwartungen der Eltern").

Die Patientin malt sich eingeschlossen in einer Diaspora, um sich vor weiteren Anforderungen zu schützen (Abb. 7.12). Auch der außenstehende Mann erscheint ihr als jemand, der Forderungen an sie stellt, weil sie ihn fälschlicherweise mit dem Vater verwechselt, der ihr sagt, was sie zu tun habe. In Wirklichkeit möchte er ihr zwar helfen, in seiner pragmatischen, lösungsorientierten Ausdrucksweise erscheinen ihr aber diese Ratschläge („Du musst mehr Sport machen, ein Entspannungsverfahren lernen, dir einen Coach suchen" etc.) aber als Forderungen, wie sie sie ähnlich aus ihrer Kindheit kennt. Als Therapeut versuche ich gerade, auf derartige Zielvorgaben zu verzichten, und gerate damit in die Kritik des Partners, der sich offensichtlich ein anderes therapeutisches Vorgehen für seine Frau gewünscht hatte. Bemerkenswert ist, dass sie schon von Beginn an ihren Hund mit in die Diaspora nimmt und damit ihre eigentlichen Bedürfnisse schon visualisieren kann (nämlich den Wunsch nach Nähe und Beziehung), ohne sie allerdings ernst genug zu nehmen, um ihren Lebensweg zu korrigieren.

Mit der schrittweisen Entdeckung ihrer eigentlichen Natur in der Therapie weicht die Strenge gegenüber sich selbst, sie erkennt ihr Bedürfnis nach Nähe und wendet sich ihren gelb dargestellten Ressourcen zu (Abb. 7.13).

Die Trennlinie zum Mann wird durchlässiger und es entsteht eine neue Blase, die ihn mit einschließt. Hinter dem Mann symbolisieren die schwarzen Balken weiterhin die Arbeitsbelastung, die ja objektiv nicht weniger geworden ist. Auch wenn sich die Blase

Abb. 7.12 Eine Patientin mit Burn-out-Symptomatik sucht Schutz in der Diaspora

Abb. 7.13 Die Diaspora öffnet sich

geöffnet hat, sind die Inkonsistenzen also noch nicht wirklich aufgelöst worden. Allerdings fällt es der Patientin im Zuge der Therapie immer leichter, ihre wahren Bedürfnisse zu erkennen, nämlich zu lieben und geliebt zu werden, und weil im Zuge dieses Prozesses der Partner nicht mehr als Gegner, sondern als Unterstützer gesehen wird, kommt es im nächsten Schritt zu einer weiteren, grundlegenden Veränderung (Abb. 7.14).

So entsteht im zweiten Drittel der Therapie plötzlich ein ganz neuer Rahmen, der an einen Saturn-Ring erinnert. Er symbolisiert für sie die Fülle der Möglichkeiten in der Gegenwart und Zukunft: Freunde, neue Hobbies und eine Beschäftigung mit ihren koreanischen Wurzeln. Es ist plötzlich kein Schutzraum mehr, auch keine Gefängnis, sondern ein Möglichkeitsraum. Die Arbeit ist als Problem verschwunden, aber andere wichtige Grundelemente sind noch vorhanden: der Hund und der Partner. Es gibt immer noch eine Grenze, aber sie ist anders beschaffen und v. a. ändert dieser Rahmen das Wesen des gesamten Bildes. Mit anderen Worten: Es hat ein Meta-Ereignis stattgefunden (schematische Darstellung in Abb. 7.15), das das ursprüngliche Ereignis (die Vertreibung aus dem Paradies der Kindheit – in der Bilderserie nicht dargestellt) getilgt hat. Es hat eine Umdeutung der gesamten Lebenssituation stattgefunden und diese Umdeutung ist möglich geworden durch eine Entdeckung der eigenen Natur, der eigenen Bedürfnisse – also durch einen Blick auf sich selbst.[3]

---

[3]Dieser Blick auf sich selbst wird im therapeutischen Kontext ermöglicht durch einen "Blick zurück" in die Vergangenheit, also auf die Zeit, in der die Bedürfnisse noch unverstellt wahrnehmbar waren, wo sie also noch nicht deformiert waren durch die Anforderungen der Eltern und der Kultur (siehe hierzu auch das Abschn. 11.3).

Abb. 7.14 Bild-Beispiel für eine Meta-Tilgung: Ein neuer Rahmen ist entstanden

Allerdings sind Geschichten im wirklichen Leben – im Gegensatz zu jenen in der Literatur und im Film – nie ganz zu Ende. Sie sind vielleicht vorübergehend zu Ende, legen eine Pause ein und setzen sich dann sogleich wieder fort mit einem neuen Kapitel, das nicht selten auf dem vorausgegangenen aufbaut. Und so entstand wenige Wochen vor dem Ende der Therapie ein weiteres Bild (Abb. 7.16).

Unter der Stabilisierung durch die Therapie und der dadurch entstandenen Veränderung des Rahmens macht sie jetzt einen erneuten Sprung (die Spuren davon sehen wir in den gestrichelten orangenen Linien): Sie entscheidet sich nämlich für eine

Abb. 7.15 Ereignistilgung durch ein Meta-Ereignis. Die Inkonsistenz wird in einem neuen Rahmen aufgehoben

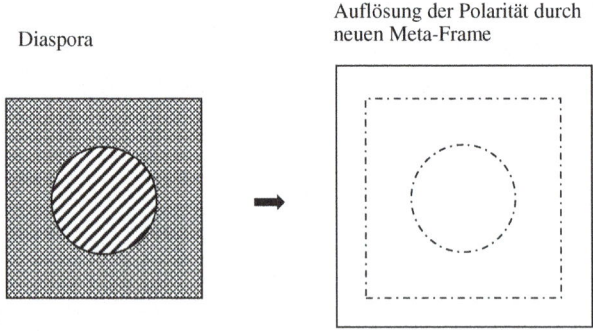

Diaspora

Auflösung der Polarität durch neuen Meta-Frame

Abb. 7.16 Die Patientin verlässt aus eigenem Antrieb erneut ihr vorübergehendes Paradies – eine neue Geschichte beginnt

Schwangerschaft und stellt ihre Karrierewünsche dazu vorübergehend in den Hintergrund. Mit einer Holzfigur platziert sie sich selbst ganz am Rand des Bildes, mit dem Blick in eine offene Zukunft … Eine neue Geschichte beginnt, in die sie nicht aus „Notwendigkeit", sondern aus „Verlangen" aufbricht (siehe Abschn. 4.4).

7.4 Der dritte Ort

Im Laufe meiner Beschäftigung mit metaphorischen Räumen bin ich neben den bisherigen, durch die Semiotik inspirierten Ereignistilgungs-Modellen auf eine weitere Möglichkeit gestoßen, wie eine Inkonsistenz aufgelöst werden kann. Das Besondere dabei ist, dass diese Möglichkeit ohne eine wesentliche Transformation des Protagonisten auskommt und dass auch die Umgebung nicht umgeformt werden muss. Vielmehr kommt diese Lösungsalternative als Folge einer Suche zustande, die den Protagonisten am Ende an einen Ort führt, mit dem er wieder konsistent ist, an den er also wie in einer ökologischen Nische wieder optimal angepasst ist. Weil dieser Ort weder mit der Diaspora noch mit dem ursprünglichen Paradies identisch ist, nenne ich ihn den „dritten Ort" (Abb. 7.17).

Ein wunderbares Beispiel dafür ist das „Märchen vom häßlichen Entlein" von Hans Christian Andersen, weil es gleich in mehrfacher Hinsicht unser Raum-Modell bestätigt. Bekanntermaßen wird hier die Geschichte eines Schwanen-Eies erzählt, das von Enten ausgebrütet wurde. Ein Paradies gab es für das Küken nur kurz, in der direkten

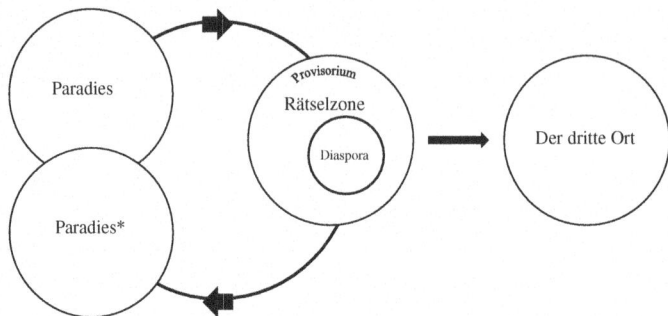

Abb. 7.17 Die Räume der Lösungsgeschichte. Erweiterung durch den dritten Ort

Interaktion mit seiner Mutter während der ersten Lebenstage. Von Anfang an wird zwar betont, wie hässlich es sei, aber die Mutter nimmt es dennoch an *(„Sieh, wie herrlich es die Beine gebraucht, wie gerade es sich hält; es ist mein eigenes Kind! Im Grunde ist es doch ganz hübsch, wenn man es nur recht betrachtet. Rapp! rapp! Kommt nur mit mir, ich werde euch in die große Welt führen, euch im Entenhofe präsentieren").* Aufgrund seiner Andersartigkeit wird es aber von den anderen Enten verspottet, gebissen und schließlich verstoßen („Vertreibung aus dem Paradies") und gerät schließlich auf seiner Flucht in eine ihm völlig unbekannte Moor-Welt („Rätselzone"), wo ihm seltsame Wesen begegnen (die Hunde des Jägers), wo sogar auf es geschossen wird und schließlich ein schwerer Sturm sein Leben bedroht. Doch schließlich findet es Unterschlupf in einer Bauernhütte, in der eine Frau mit ihrem Kater und einer Henne wohnt. Es ist in einer „Diaspora" gelandet und wird dort zwar geduldet, fühlt sich aber dennoch in seiner Andersartigkeit nicht verstanden, wie es im Dialog mit der Henne kundgibt:

> ,Ihr versteht mich nicht!', sagte das Entlein. ,Wir verstehen dich nicht? Wer soll dich denn verstehen können! Du wirst doch wohl nicht klüger sein wollen als der Kater oder die Frau – von mir will ich nicht reden! Bilde dir nichts ein, Kind! Und danke deinem Schöpfer für all das Gute, was man dir erwiesen! Bist du nicht in eine warme Stube gekommen und hast du nicht eine Gesellschaft, von der du etwas profitieren kannst? Aber du bist ein Schwätzer, und es ist nicht erfreulich, mit dir umzugehen! Mir kannst du glauben! Ich meine es gut mit dir. Ich sage dir Unannehmlichkeiten, und daran kann man seine wahren Freunde erkennen! Sieh nur zu, daß du Eier legst oder schnurren und Funken sprühen lernst!',Ich glaube, ich gehe hinaus in die weite Welt!' sagte das Entlein.

Es wird also nicht vertrieben, sondern verlässt jetzt pro-aktiv (siehe Abschn. 7.2) die Diaspora, um sich auf die Suche nach einem besseren Ort zu machen, aber der Weg führt abermals über die unwirtliche Rätselzone, in der es fast erfriert *(„Und der Winter wurde so kalt, so kalt!"),* schließlich aber doch überlebt und im Frühling zu den Schwänen stößt, die es freudig als ihresgleichen begrüßen. Dies ist der „dritte Raum", ein Ort, mit dessen Merkmalen es selbst konsistent ist, so dass sich die Ereignistilgung erfüllt.

Zahlreiche Beispiele für diesen dritten Ort finden sich auch in der Gegenwartsliteratur, etwa in dem Klassiker des dystopen Romans „Fahrenheit 451" von Ray Bradbury. Hier lebt der Protagonist Guy Montag in einer Gesellschaft, in der das Lesen von Büchern verboten ist. Selbstständiges Denken, das durch das Lesen von Büchern befördert würde, gilt als gefährlich, weil es angeblich zu anti-sozialem Verhalten führe und so die Gesellschaft gefährde. Dabei wurde das Verbot ursprünglich nicht von oben verordnet, sondern entwickelte sich durch einen gesellschaftlichen Prozess, also einem Konsens der Bewohner dieser Welt. Der Systemwechsel fand also im Rahmen einer Änderung des Ordnungsrahmens statt, nach unserer Terminologie: einem Meta-Ereignis.

Guy Montag verhält sich zunächst systemkonform (er ist mit der bestehenden Ordnung im Paradies konsistent) und ist sogar Mitglied der Feuerwehr, die es sich zur Aufgaben gemacht hat, sämtliche noch vorhandenen Bücher zu verbrennen. Über die junge Clarissa findet er zunehmend Gefallen an der Literatur und trifft zudem bei einem seiner Einsätze auf eine alte Frau, die im Rahmen eines Suizids sich selbst mit ihren Büchern verbrennt. Es kommt zum Gesinnungswechsel: Montag stellt sich gegen die herrschende Ordnung und liest in Gesellschaft seiner Freunde Gedichte. Mit anderen Worten: Es findet eine Merkmalsveränderung des Protagonisten statt, womit er mit der bestehenden Ordnung inkonsistent wird (das ist das entscheidende „Ereignis", das die Geschichte startet. *„Ein Ereignis ist somit immer die Verletzung irgendeines Verbotes, ein Faktum, das stattgefunden hat, obwohl es nicht hätte stattfinden sollen"* Lotman 1993, S. 336). Dann aber wird Montag von seiner Ehefrau als Bücherleser denunziert. Einer Verhaftung entgeht er, indem er seinen Vorgesetzten mit einem Flammenwerfer tötet und schließlich mithilfe eines ehemaligen Literaturprofessors in die Wälder flieht (Vertreibung aus dem Paradies aufgrund einer Regelverletzung). Dort schließt er sich einer Gruppe von Dissidenten an, die, von den Medien totgeschwiegen, in den Wäldern vor der Stadt leben und einmal gelesene Bücher im Gedächtnis bewahren, um sie vor dem Vergessen zu retten. Es sind hier also die Wälder, die den „dritten Ort" symbolisieren. Hier sind Bücher erlaubt und geschätzt, weshalb er sein neues Merkmal (lesen zu können) hier nicht revidieren muss. Er ist mit der Ordnung des dritten Ortes konsistent und zwar ohne, dass er sich noch einmal transformieren müsste.

Auch Patientenbeispiele finden sich reichlich, wenn man die Krankheitsgeschichten unter diesem Aspekt des „dritten Ortes" betrachtet. Sehr häufig begegne ich in meiner Praxis etwa Patienten, die von ihrem Partner verlassen werden, also durch ein Meta-Ereignis aus dem Paradies vertrieben worden sind, um sich dann in der Rätselzone therapeutische Hilfe zu suchen. Meist stehen sie vor der Frage, was zur Trennung geführt hat, und sind von schweren Selbstzweifeln geplagt. Es ist jetzt aber gar nicht so selten, dass sie dann unmittelbar einen neuen Partner finden, der wesentlich besser mit ihren eigenen Bedürfnissen kompatibel ist als der ursprüngliche. Eine Merkmalsänderung der Protagonisten war nicht erforderlich, weil sie einen Ort gefunden haben, der konsistent mit ihren eigentlichen Bedürfnissen ist. Wichtig scheint mir in diesem Zusammenhang allerdings, dass das Finden dieses Ortes erst durch die Verwirrung in der Rätselzone und die anschließende Therapie möglich wurde. In der Rätselphase wurde zunächst ihr altes (falsches) Selbstbild dekonstruiert und in der anschließenden Therapiephase fanden sie schließlich erst zu ihren eigentlichen Bedürfnissen und erkannten damit ihr wahres Wesen. Weil sich diese Patienten häufig zunächst über Jahre ganz den Erwartungen ihrer Partner angepasst hatten, wissen sie gar nicht mehr um ihre eigenen Neigungen und Bedürfnisse. Erst in der Trennung wird dann die eigentliche Identitätsfrage gestellt und – bei günstigem Verlauf – in der Therapie beantwortet. Das neue Selbstbild wird so zum Navigator auf der Suche nach einem neuen, passenderen Partner.

In einem Seminar zum Thema „Lebenspanorama" entstand folgendes Bild eines Teilnehmers, das mich aufgrund seiner Raum-Metaphorik spontan neugierig gemacht hat (Abb. 7.18).

Bei dem mittleren farbenfrohen Raum handelte es sich nicht etwa um das ursprüngliche Paradies, wie sich bei der Bildbesprechung herausstellte, sondern – wie wir gleich sehen werden – um den „dritten Ort". Das ursprüngliche Paradies war gar nicht erst ins Bild geraten, weil sich der Teilnehmer beim Malen des Bildes bereits ganz auf die Problemperspektive fokussiert hatte (ein häufig zu beobachtendes Phänomen in Therapiesitzungen und Selbsterfahrungsseminaren). Der linke Raum symbolisiert mit seinen Nullen und Einsen „ein Programm", nach dem der Teilnehmer über Jahre funktioniert hatte. Aufgrund einer entsprechenden Erziehung sei er „ganz auf Leistung programmiert" gewesen und sei dementsprechend in einem Wirtschaftsunternehmen erfolgreich gewesen. Weil er nur einer Programmierung und nicht seinen eigenen Bedürfnissen gefolgt sei, habe er aber keinen Stolz über seine Erfolge entwickeln können, sei stattdessen immer depressiver geworden. Von seiner Umwelt habe er sich (analog dem „hässlichen Entlein") nicht verstanden gefühlt. Zudem sei er aufgrund seiner Erfolge von Neidern angefeindet und bekämpft worden. Die rechte Bildhälfte symbolisiere für

Abb. 7.18 Darstellung des „dritten Ortes" im Bild (Mitte)

ihn diese Erfahrungen, wobei das Fragezeichen (ein Symbol für die Rätselzone) für die Erfahrung des Nicht-Erkanntwerdens und das Ausrufezeichen für die Erfahrung der offenen Ablehnung stehe. Nach einem Suizidversuch kam der Teilnehmer im Rahmen eines Aufenthaltes in der Psychiatrie erstmals in Kontakt mit der Kunsttherapie und entdeckte hier erstmals seine eigenen kreativen Fähigkeiten und es entstand der Wunsch, selbst in einem helfenden Beruf tätig zu werden. Er absolvierte eine Ausbildung zum Kunsttherapeuten und machte hier die Begegnung mit zahlreichen Menschen, die ihm deutlich ähnlicher waren als die früheren Business-Kontakte. Als ich ihn dazu auffordere, seinen aktuellen Platz mit einer Holzfigur zu markieren, stellt er diese in das mittlere Drittel des farbenfrohen Dreiecks, das für ihn eben diesen „dritten Ort", einen kreativen Raum, der ihn mit Gleichgesinnten verbindet, darstellt. Zu beachten ist wiederum, dass er sich nicht selbst grundlegend verändert hat. Vielmehr war er schon immer der, der er jetzt ist, nur hatte er dies aufgrund seiner „Programmierung" nicht erkannt. Erst die zunehmende Konfliktspannung bewirkte eine wachsende Inkonsistenz mit der Welt des „Programms". Zu einer neue Konsistenz und damit einer Ereignistilgung kam es erst, nachdem er innerhalb der Rätselzone (unmittelbar nach dem Suizidversuch in einer psychiatrischen Klinik) seine wahren Bedürfnisse erkannte und so einen neuen Raum fand, der mit diesen Bedürfnissen konsistent ist.

Unter einer ontologischen Perspektive könnte man sich abschließend fragen, **wo** sich dieser „dritte Ort" eigentlich befindet. In unserem bisherigen Raummodell haben wir für ihn noch keinen Platz, aber wir können dennoch annehmen, dass er sich nicht irgendwo im „luftleeren Raum" befindet, sondern ein Ort auf einer (metaphorischen) „Landkarte" ist. Und damit ist er umgeben von anderen „Ländern", oder Räumen, die den Bewohnern des dritten Ortes fremd sind oder sogar feindselig gegenüberstehen. Streng genommen treten also nach außen immer wieder Inkonsistenzen auf, gleichsam ad infinitum, sodass ein weiterer und dann wieder ein weiterer Integrationsschritt etc. vonnöten wäre, bis schließlich ein Zustand erreicht wäre, in dem alle Völker der Welt in Einklang miteinander leben würden und so „Das Ende der Geschichte" (ein 1989 von Francis Fukuyama anlässlich des Zerfalls des Ostblocks geprägter Begriff) erreicht wäre. Auch wenn man diese utopische Sichtweise nicht teilt, so macht sie doch deutlich, dass es häufig mit einer einmaligen Ereignistilgung nicht getan ist, sondern, dass in den neu geschaffenen oder gefundenen Räumen irgendwann wieder Inkonsistenzen nach innen oder nach außen auftreten werden, also eine erneute Vertreibung aus dem Paradies, und dass dann wiederum eine neue Geschichte beginnt.

7.5 Das Hin und Her

Ereignisse sind Grenzüberschreitungen zwischen realen oder metaphorischen Räumen, die mit unterschiedlichen, oft gegensätzlichen Bedeutungen aufgeladen sind. Das Überschreiten der Grenze erfolgt entweder freiwillig (etwa aus Abenteuer- oder Experimentierlust) oder aus Notwendigkeit. Notwendig wird die Grenzüberschreitung, wenn der

Protagonist gegen die Regeln im Ausgangsraum verstößt oder wenn sich der gesamte Ausgangsraum in einer Weise verändert, dass der Protagonist nicht mehr mit ihm konsistent ist. In jedem Fall muss der Protagonist den Ausgangsraum (das „Paradies") verlassen und einen neuen Raum betreten (die „Rätselzone"), den er allerdings noch nicht ganz versteht, der ihm unheimlich und fremd ist, mit dem er also wiederum noch nicht konsistent ist. Diese Inkonsistenz wird jetzt zur Triebkraft der ganzen Geschichte, weil der aus dem Paradies Vertriebene danach streben wird, wieder passend mit seiner neuen Umgebung zu werden (oder einen Ort zu finden – den dritten Ort –, der zu ihm passt).

Was passiert aber, wenn der Protagonist nicht mit seiner Umgebung inkonsistent ist, sondern mit sich selbst? Schließlich sind wir Menschen nicht so eindimensional, dass wir uns auf eine einzige Eigenschaft reduzieren ließen, die entweder zu unserer Umgebung passt oder nicht. Häufig handelt es sich bei Konflikten also nicht um eine Inkonsistenz zwischen Innen und Außen, sondern um eine zwischen inneren, widerstreitenden Eigenschaften. Literarisch dargestellt wird dieser innere Konflikt in der berühmten Erzählung von Dr. Jekyll und Mr. Hyde von Robert Louis Stevenson (Stevenson 1994 – im Original: 1886). Der angesehene Londoner Arzt Dr. Jekyll weiß um seine triebhaften, „bösen" inneren Anteile und leidet unter der Unvereinbarkeit dieser Seite mit seiner bürgerlichen Existenz. Geist und Moral stehen bei ihm in einem inneren Gegensatz zu archaischer Emotion und triebhaftem Erleben und er empfindet diese Inkonsistenz als quälend. Da verfällt er auf den verführerischen Gedanken, diese beiden widerstreitenden Anteile zu trennen:

> I had learned to dwell with pleasure [...] on the thought of the separation of these elements. If each, I told myself, could be housed in separate identities, life would be releaved of all what was unbearable; the unjust might go his way [...] and the just could walk steadfastly and securely on his upward path, doing the good things in which he found his pleasure (Stevenson 1994, S. 70 f.).

Vor dem Hintergrund seines Gedankenexperiments entwickelt Dr. Jekyll eine Droge, die vorübergehend seine triebhaften, „unmoralischen" Anteile ganz in den Vordergrund rücken lässt und mit deren Hilfe er sich in den skrupellosen Mr. Hyde verwandelt. Weil seine rationalen und moralischen Anteile durch die Droge vorübergehend suspendiert werden, verspürt dieser Mr. Hyde auch keinen Konflikt, keine Schuldgefühle mehr, etwa wenn er im Laufe des Romans einen Mord begeht. Unter der lotmanschen Perspektive übertritt Dr. Jekyll mit der Einnahme der Droge eine Grenze vom „Hellen" ins „Dunkle", wobei diese Räume im Roman durchaus auch mit gegensätzlich semantisierten äußeren Räumen dargestellt werden: So bewohnt Dr. Jekyll das repräsentative, großräumige, helle, edel ausgestattete Vorderhaus, das Gemütlichkeit ausstrahlt. Als Dr. Hyde dagegen wohnt er im Rückgebäude, das als „düster", „schmutzig" und „verwahrlost" semantisiert wird. Der „Trick" dieser speziellen Art der Grenzüberschreitung besteht im Grunde darin, dass er sich als Mr. Hyde nicht inkonsistent mit dem neuen Raum fühlt. Er muss sich im Grunde nicht einmal transformieren, weil er die zur dunklen Zone passenden dunklen Anteile bereits in sich trägt (schematische Darstellung in Abb. 7.19).

Abb. 7.19 Aufhebung der
Inkonsistenz von Gut und Böse
im Roman „Dr. Jekyll und Mr.
Hyde" durch eine Charakter
transformierende Substanz

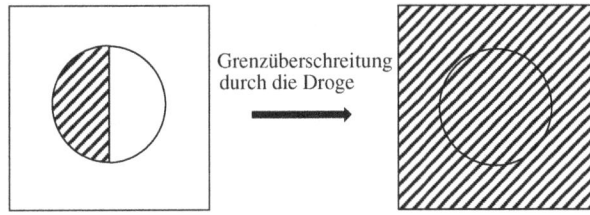

Grenzüberschreitung
durch die Droge

Vor der Drogeneinnahme ist der Protagonist Dr. Jekyll und Mr. Hyde in einer Person.
Es besteht deshalb eine innere Inkonsistenz zwischen den hellen und den dunklen Antei-
len. Die dunklen (triebhaften) Anteile müssen vor der Außenwelt versteckt werden, weil
sie nicht mit dem hellen Außenraum konsistent sind.

Nach der Drogeneinnahme gibt es nur noch Mr. Hyde. Er ist sowohl in sich konsistent
als auch mit dem dunklen Außenraum.

In großer Weitsicht (unter Vorwegnahme der erst kürzlich vorgelegten Erkenntnisse
der Ego-States-Theorie – siehe Watkins und Watkins 2003) spekuliert Dr. Jekyll über die
durch den Trank offengelegte Natur des Menschen:

> […] man is not truly one, but truly two. I say two, because the state of my own knowledge
> does not pass beyond that point. Others will follow, others will outstrip me on the same
> lines; and I hazard the guess that man will be ultimately known for a mere polity of multifa-
> rious, incongruous and independent denizens (Stevenson 1994, S. 70).

Wenn also Dr. Jeykll von einem „Gemeinwesen von vielfältigen, nicht zusammenpas-
senden und voneinander unabhängigen inneren Bewohnern" spricht, dann macht es für
ihn wenig Sinn, zu versuchen, diese Bewohner miteinander zur Deckung zu bringen. Mit
seinem Experiment will er sich ja gerade von dieser schwierigen Integrationsaufgabe
befreien, indem er seine triebhafte Seite gänzlich in eine andere Person auslagert. Als
Mr. Hyde übertritt er als Gesamtperson die Grenze zum Reich (zum Raum) des Bösen
und ist durch die Wirkung der Droge unmittelbar und ohne Anpassungsleistung mit dieser konsistent. Man kann davon ausgehen, dass sich dieser Mr. Hyde wohlfühlt als Mörder und keinerlei Schuldgefühle hat. Es gibt damit auch keinen Raum des Zweifelns und
der Orientierungslosigkeit und damit auch keine Rätselzone.

Der Roman endet tragisch mit dem Selbstmord von Dr. Jekyll/Mr. Hyde und vermit-
telt deshalb auf den ersten Blick keine sympathische therapeutische Perspektive. Wenn
wir es aber nicht gerade mit dem Extremfall einer gespaltenen Persönlichkeit mit dis-
soziierten Mordfantasien zu tun haben, dann kann es durchaus Sinn machen, schwer
vereinbare innere Anteile **nacheinander** zu leben, anstatt sie in einer mühsamen Inte-
grationsarbeit miteinander kompatibel zu machen. Beispielsweise sehe ich in meiner
Arbeit gelegentlich einen Patiententypus mit einem starken Bedürfnis nach innerem
Rückzug bei gleichzeitigem Kontaktbedürfnis. Häufig sind diese Patienten als Kind emotional alleine gelassen worden und haben sich dabei notgedrungen eine eigene innere
Welt aufgebaut. Diese innere Welt (aus der später nicht selten künstlerische Interessen

erwachsen) ist dabei durchaus positiv besetzt: Sie ermöglicht nicht nur ein ungestörtes, lustvolles Spiel mit den eigenen Gedanken und Fantasien, in dem man selbst der Schöpfer ist –, sondern sie schützt auch vor den Unwägbarkeiten und Unsicherheiten äußerer Bezugspersonen, die jederzeit wieder verschwinden könnten, wie schon in der Kindheit. Aber gerade wegen der Einsamkeit als Kind verbleibt ein tief verwurzeltes Bedürfnis nach Nähe und Kontakt, das wiederum in der inneren Welt nicht erfüllt werden kann. Eine Dr. Jekyll/Mr. Hyde-Lösung könnte in diesem Fall so aussehen, wie es einer dieser Patienten in seiner Skizzenserie dargestellt hat.

Zunächst bat ich ihn darum, seine Situation/seinen Zustand als Kind darzustellen (Abb. 7.20).

Nach der Scheidung seiner Eltern war er bei seinem Vater aufgewachsen. Als Künstler prägte dieser seinen Sohn auf eine Weise, die ihn einerseits sehr bereicherte, die ihn aber andererseits von anderen Kindern isolierte, weil diese kein Verständnis für seine Fantasie-Welt hatten. Er skizziert sich am Rande eines Fußballfeldes, wobei er sehnsüchtig die anderen Kinder bei ihrem Spiel beobachtet, durch einen Zaun aber ausgeschlossen bleibt.

Nach dem Abitur besuchte er die Filmhochschule und realisierte danach auch einige eigene Filme und einen Roman. Beim Arbeiten zog er sich regelmäßig vollständig von seiner Umwelt zurück, isolierte sich nicht nur von seinen wenigen Freunden, sondern auch von seiner Frau und seinem Sohn. Obwohl er diese Schaffensperioden durchaus genoss, fühlte er dennoch immer einen tiefen Stachel in sich, eine tiefe Sehnsucht nach Kontakt und Zugehörigkeit. Die Einsamkeit führte ihn schließlich auch zu mir in die Therapie, wo er seinen Zustand in einer der ersten Stunden so visualisierte (Abb. 7.21).

Der Kasten symbolisiert den Raum der Diaspora, vorwiegend in seinen negativen Aspekten „Enge", „Isolation" und „Bewegungslosigkeit". Er liegt darin wie lebendig begraben. Die depressive Verstimmung hatte zwischenzeitlich ein Ausmaß erreicht, das ihn im Sinne eines „writers block" auch am Schreiben hinderte. Dabei war er in den Therapiestunden durchaus unterhaltsam und originell, ja er faszinierte mich regelrecht mit seinen kreativen Ideen und differenzierten Beschreibungen seiner Welt. Für ihn war dieses Interesse an seiner Person neu und überraschend. Er erkannte seine Ressourcen im sozialen Kontakt und wurde durch mich ermutigt, diese auch im außertherapeutischen Raum umzusetzen. Seine „Erkundungen" dieses Raumes (siehe Abschn. 11.1) waren

Abb. 7.20 Erfahrung des
Ausgeschlossenseins in der
Kindheit

Abb. 7.21 Zu Beginn der Therapie ist der Patient in einer Diaspora eingeschlossen. Klinisch besteht eine depressive Symptomatik

Abb. 7.22 Der Patient hat die Diaspora verlassen und ist in die Rätselzone eingetreten

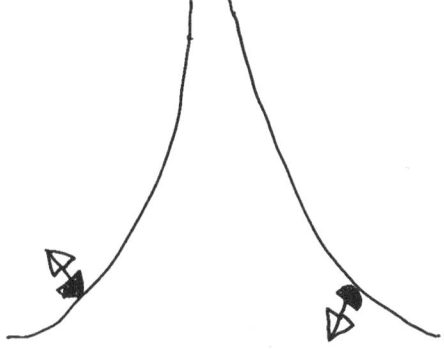

aufregend und verwirrend zugleich, konfrontierten sie ihn doch mit allerlei Menschen, die seine Art zu leben und zu arbeiten infrage stellten und damit auch sein Selbstverständnis – ganz ähnlich also wie der therapeutische Prozess. In dieser Phase der Therapie entstand eine weitere Skizze, in der er seiner Verwirrung Ausdruck verlieh (Abb. 7.22).

Einerseits erinnert das Motiv eines Bootes auf einer überdimensionalen Welle aufgrund der dargestellten Instabilität und Gefährdung an das Stadium des Provisoriums. Wesentlich an dem Bild ist für mich aber die Orientierungslosigkeit des Kapitäns, seine Verwirrung, wo oben und wo unten ist – also ein deutlicher Hinweis darauf, dass er in die Rätselzone eingetreten war. Somit war es für mich wenig verwunderlich, dass er sich auch wieder von diesen verwirrenden Eindrücken schützen wollte und sich wieder in den Schutzraum des Schreibens zurückzog, in dem er schreibend die Welt selbst gestalten konnte und nicht mit den Unwägbarkeiten des „wirklichen Lebens" zu tun hatte. Er flüchtete sich also zurück in den Schutzraum der Diaspora (Abb. 7.23).

Wiederum sitzt der Patient abseits der anderen, ja abseits des (turbulenten) Lebens in einer gemauerten Höhle, die so niedrig ist, dass er nicht aufrecht stehen kann. Allerdings ist dieser diasporische Raum jetzt nicht mehr hermetisch abgeriegelt: Als Zeichen einer möglichen Verbindung stellt er die zweite, schwarze Trennlinie nicht mehr durchgehend dar, sondern in einer Art Jalousie-Mechanismus, der zumindest teilweise geöffnet werden kann. Der Aufbruch in die Rätselzone war zwar gescheitert, aber der Patient kehrte daraufhin nicht mehr in die ursprüngliche Diaspora weit unter der Erde zurück, sondern in eine deutlich „luftigere", eine Diaspora, die leichter zu öffnen ist.

Ein derartiger erneuter Rückzug in die Diaspora, wenn sich ein Patient bereits von dort aus in die Rätselzone aufgemacht hat, ist durchaus nicht selten in therapeutischen Prozessen. Psychotherapie ist kein linearer Prozess, der geradewegs vom Problem zur Lösung führt. Stattdessen werden häufig „zwei Schritte vor und einer zurück" gemacht, wobei sich gerade die sichere Diaspora als ein solcher Rückzugsraum anbietet, wenn sich ein Patient mit seiner Vorwärtsbewegung überfordert hat. Nach weiteren 20 h des geduldigen Durcharbeitens der neuen, verwirrenden und ängstigenden Erfahrungen in der Rätselzone entstand dann aber schließlich ein Bild, in dem der Patient zu einer „Hin-und-her-Lösung" zwischen den Räumen fand (Abb. 7.24).

Rechts stellt er sich auf einer Insel dar, die weiterhin einen wichtigen Rückzugsraum für ihn darstellt. Es ist der Raum seiner Kreativität, die er unbedingt erhalten will, was nur in der Absonderung von anderen gelingen konnte. Durch die Therapie hatte er aber die Fähigkeit gewonnen, sich auch anderen anzuvertrauen oder einfach nur in Gesellschaft Spaß zu haben. Diesen „öffentlichen Raum" stellt er links im Bild dar, wobei der Doppelpfeil jetzt seine neu gewonnene Fähigkeit symbolisiert, die Räume angstfrei zu wechseln.

Es ging also nicht darum, die beiden Räume durch ein „Aufgehen im Gegenraum" (siehe Abschn. 7.2) zu verschmelzen, weil er dadurch seine reichhaltige private Welt, seinen kreativen Rückzugsraum, verloren hätte. Vielmehr ging es darum, sich beide Räume verfügbar zu machen und sich je nach seiner aktuellen Bedürfnislage in einem

Abb. 7.24 Die Lösung
besteht in einem „Hin und Her"
zwischen Isolation und Kontakt
mit anderen

von beiden aufzuhalten. Wie oben beschrieben, besteht die Lösung des inneren Konfliktes hier nicht in einer Integration verschiedener gegensätzlicher Strebungen (oder Persönlichkeitsanteile), sondern in einem sukzessiven Nacheinander dieser Konfliktpole: „Manchmal geht es mir um Rückzug und manchmal um Geselligkeit und ich habe die Freiheit, zu bestimmen, wann ich welches Bedürfnis auslebe." Insofern war auch Dr. Jekyll schon auf der richtigen Spur und hätte vielleicht nur einen Psychotherapeuten gebraucht, der ihm geholfen hätte, seine triebhafte Seite von Zeit zu Zeit in einer etwas ungefährlicheren Weise auszuleben.

Literatur

Freud, S. (2000). *Erinnern, Wiederholen und Durcharbeiten (Weitere Ratschläge zur Technik der Psychoanalyse II). Studienausgabe, Ergänzungsband.* Frankfurt a. M.: Fischer.
Gräf, D., Grossmann, S., Klimczak, P., Krah, H., & Wagner, M. (2014). *Filmsemiotik. Eine Einführung in die Analyse audiovisueller Formate* (2. Aufl.). Marburg: Schüren.
Leggewie, C. (1993). Der Islam im Westen: Zwischen Neo-Fundamentalismus und Euro-Islam. In J. Bergmann, A. Hahn, & T. Luckmann (Hrsg.), *Religion und Kultur* (S. 271–291). Opladen: Westdt. Verlag.
Lotman, J. M. (1993). *Die Struktur literarischer Texte* (6. Aufl.). Paderborn: Wilhelm Fink.
Martinez, M., & Scheffel, M. (2012). *Einführung in die Erzähltheorie* (9. Aufl.). München: Beck.
Nowicki, A. R. (2014). Die Raumsemantik in Ferdinand von Saars Schloß Kostenitz und Adalbert Stifters Brigitta – Ein Vergleich. Arts & Sciences Electronic Theses and Dissertations. Paper 3. http://openscholarship.wustl.edu/cgi/viewcontent.cgi?article=1002&context=art_sci_etds. Zugegriffen: 5. Jan. 2014.
Scheffer, P. (2014). Die offene Gesellschaft und ihre Einwanderer. In I. Charim & G. Auer (Hrsg.), *Lebensmodell Diaspora. Über moderne Nomaden* (S. 85–94). Bielefeld: Transcript.
Stevenson, R. L. (1994). *The strange case of Dr Jekyll and Mr Hyde.* London: Penguin.
Watkins, J. G., & Watkins, H. H. (2003). *Ego-States. Theorie und Handbuch.* Heidelberg: Carl-Auer.

Gibt es eine Lösung ohne Transformation?

8

8.1 Die Kampf-Lösung

Wie ich in Kap. 6 beschrieben habe, gelingt das dauerhafte Einrichten in der Diaspora meist nur unvollständig. Es bleibt immer eine mehr oder weniger große Sehnsucht nach einem besseren Zustand, also nach dem alten, einem neuen oder einem modifizierten Paradies.[1] Es gibt jetzt aber einen bestimmten Typus von Patienten, die weniger von Sehnsucht als vielmehr von einer maßlosen Wut angetrieben werden, und man fragt sich als Therapeut unwillkürlich, ob auf dem Fundament einer solchen zerstörerischen Wut ein besserer Ort errichtet werden kann. Nicht selten ist diese Wut zu Beginn einer Therapie noch gar nicht spürbar, insbesondere bei depressiven Patienten, die gelernt haben, sich anzupassen und keine eigenen Ansprüche zu stellen, weil sie in der Vergangenheit die Erfahrung gemacht haben, gerade dann verlassen oder zurückgewiesen zu werden.

Ein solcher depressiver Patient kam vor einigen Jahren zu mir in Therapie und erzählte mir von einer Kindheit mit einem äußerst autoritären und gewalttätigen Vater und einer wenig zuverlässigen Mutter, von der er sich zwar in manchen Momenten geliebt gefühlt hatte, die dann aber immer wieder unvermittelt die Seiten wechselte und sich hinter den Vater stellte. Der Patient hatte zeitlebens Schwierigkeiten, eine enge Beziehung zu Frauen einzugehen, hatte stattdessen zahlreiche Affären, die er meist nach wenigen Monaten wieder beendete. Unter der Therapie (die er ursprünglich aus einem ganz anderen Grund, nämlich wegen psychosomatisch mitbedingten Herzrhythmusstörungen begonnen hatte), kam er zunehmend in Kontakt mit seinem verdrängten Bedürfnis nach Bindung und Nähe und ließ sich erstmalig „mit Haut und Haaren" auf eine Frau ein – von der sich aber im Laufe der Zeit herausstellte, dass sie ihn mit mehreren

[1]Es mag Menschen geben, die diese Sehnsucht für immer verloren haben, aber diese werden nicht bei Therapeuten vorstellig.

© Springer Fachmedien Wiesbaden 2017
C. Mayer, *Wie in der Psychotherapie Lösungen entstehen*,
DOI 10.1007/978-3-658-13865-3_8

anderen Männern betrog. Es wiederholte sich damit der ödipale Konflikt der Kindheit, als er von seiner Mutter mit dem feindlichen Vater „betrogen" worden war. Diese Wiederholung erklärt die Vehemenz der aktuellen Konfliktkonstellation und es dauerte daher eine gefühlte Ewigkeit, bis er sich von dieser Frau wieder trennen konnte, und dieser Trennungsprozess brachte ihn schließlich an den Rand der völligen Dekompensation. Mehrere kurze Trennungsversuche waren zuvor gescheitert, weil er sich so sehr nach dieser Frau sehnte, dass er jeweils schon nach wenigen Tagen rückfällig geworden war und sie wieder angerufen hatte. In unserer Terminologie könnte man sagen: Er strebte nach Ereignistilgung, indem er die Trennung rückgängig machen wollte. Nachdem er die zahlreichen Seitensprünge seiner Freundin aufgedeckt hatte, hätte er aber eigentlich wissen müssen, dass er nie mehr in das Paradies der ursprünglich glücklichen Beziehung zurückkehren konnte, weil sich diese Partnerin als grundsätzlich unzuverlässig erwiesen hatte. Zuletzt hatte sie ihm sogar gestanden, dass sie nicht dauerhaft treu sein könne, ja dass sie Treue für ein veraltetes bürgerliches Ideal halte. Aber dennoch sehnte er sich so sehr nach dieser Frau, dass er dieses Faktum völlig auszublenden schien. Stattdessen verzehrte er sich in sehnsüchtiger Liebe, rekapitulierte alle glücklichen Szenen aus dem ursprünglichen Paradies vor der Aufdeckung des Betrugs. Ich fragte mich, wie es möglich sein konnte, dass ein derart reflektierter Mensch diesen Widerspruch nicht erkennen konnte, bis allmählich der eigentliche Grund für seinen Rückkehrwunsch ins untergegangene Paradies deutlich wurde. Der Patient wusste nämlich sehr wohl, dass dieser Ort nicht mehr existierte und er wollte nicht dorthin zurückkehren, um wieder zu lieben, sondern um sich zu **rächen**. So wurden in den therapeutischen Gesprächen immer mehr Wutgefühle offenbar, die sich bis zu Vorstellungen steigerten, die ehemalige Partnerin physisch zu verletzen, sie etwa „auf der Straße zusammenzuschlagen". Oder sie zumindest „eiskalt abzuservieren", wenn sie sich wieder auf ihn eingelassen hätte. Rasend vor Wut sann der Patient also auf derartige Rachepläne und geriet dadurch noch wesentlich mehr in Aufruhr als zuvor, als er sich noch vermeintlich nach der Geliebten sehnte. Nach der traditionellen analytischen Lehre wäre dieses Umschlagen von Resignation in Wut therapeutisch wünschenswert, weil es den Patienten aus seiner Hilflosigkeit befreit. Unter der Perspektive des Ereignistilgungs-Modells verweist dieser Umschlag von Sehnsucht in Hass aber auf einen wichtigen Widerspruch: Indem das Objekt der Begierde physisch oder psychisch zerstört wird, wird nämlich keineswegs die Vertreibung aus dem Paradies getilgt und damit ein neues, modifiziertes Paradies geschaffen –, sondern ein Zustand der Leere und des jetzt völligen Alleinseins, der allenfalls etwas versüßt wird durch ein befriedigtes Rachebedürfnis. Rache, könnte man sagen, tilgt nicht das Ereignis der Vertreibung, sondern allenfalls die (narzisstische) Kränkung, die mit dieser Vertreibung einhergeht. Und zudem bindet sie den Rächenden mindestens gleich stark (aber mit negativem Vorzeichen) an sein auserwähltes Opfer, ähnlich wie ihn zuvor die unerfüllte Sehnsucht gebunden hatte. Wut und Rache erscheinen damit kein probates Mittel der Ereignistilgung, sondern vermehren die Inkonsistenzen und das Leid, wie es uns schon der wohl berühmteste Racheplot der Literaturgeschichte, nämlich „Hamlet" von William Shakespeare, vor Augen geführt hat.

Prädisponiert für solche mörderischen Wut- und Rachegefühle sind Patienten, die wir gewöhnlich als Borderline-Persönlichkeitsstörungen bezeichnen. Ich möchte hier auf eine detaillierte Beschreibung dieser Störung verzichten und lediglich darauf fokussieren, dass sich bei der Behandlung dieser Patienten häufig gerade dadurch enorme Schwierigkeiten ergeben, dass sie (meist urplötzlich) den Therapeuten in einer derart massiven und treffsicheren Weise attackieren, dass dieser aus dem Gleichgewicht gerät und dadurch zu einer Gegenaggression verleitet wird. Solche Patienten haben oft in der frühen Kindheit eine gravierende Störung in ihrer gesunden Entwicklung erfahren. Der Psychoanalytiker Otto Kernberg erklärt das aggressive Verhalten dieser Patienten damit, dass sie durch ihre Attacken ihr Gegenüber in einen ähnlich ohnmächtigen Zustand versetzen, wie sie ihn selbst als Kind erfahren hatten (Konzept der „projektiven Identifizierung" – siehe dazu: Kernberg 1983, S. 68–88). Er bezieht sich dabei auf Melanie Klein, die dieses Phänomen als einen Abwehrmechanismus konzipierte, durch den schwer erträgliche Gefühlszustände sozusagen in den anderen „ausgelagert" und dort – gleichsam als Gefühle des anderen – entsorgt werden. Der Therapeut müsse diese schwer erträglichen Zustände jetzt stellvertretend für den Patienten „verdauen" und so neutralisieren. Hilfreich wäre dabei auch eine Deutung, also eine Erklärung für den Patienten, woher diese Aggression eigentlich stamme, und dass, wiederum stark vereinfacht und zugespitzt formuliert, der Therapeut damit nichts zu tun hätte.

Aus der Perspektive der Ereignistilgung ergibt sich wiederum eine andere Sichtweise, die ich am Beispiel der folgenden Fallgeschichte darstellen will.

Die 28-jährige Patientin war im 3. Lebensjahr von ihren Eltern für 2 Jahre vorübergehend in ein Kinderheim gegeben worden, womit ihr Kindheitsparadies jäh endete (es war durch ein Meta-Ereignis zerstört worden). Aufgrund der frühen Trennung entwickelte sie in der Pubertät eine emotional instabile Persönlichkeit, konsumierte zahlreiche Drogen, verletzte sich selbst, ließ sich wiederholt auf gewalttätige Männer ein und geriet immer wieder in schwer depressive Zustände mit latenter Suizidalität. In der Therapie stand zunächst die massive Aggression auf die Eltern, insbesondere ihren Vater, im Vordergrund, obwohl sich dieser erkennbar bemühte, seine frühere „Schuld" durch ein fürsorgliches und verständnisvolles Verhalten zu kompensieren. Trotz der anfangs guten Arbeitsbeziehung zum Therapeuten war absehbar, dass sich diese Wut früher oder später auch gegen mich richten würde, was dann auch prompt geschah und beinahe zu einem Therapieabbruch führte. Ganz ähnlich wie bei dem zuvor geschilderten Patienten tendierte auch diese Patientin dazu, ihre wichtigsten Bezugspersonen zu „zerstören", was einer Ereignistilgung insofern entgegenlief, als dass sie dadurch gerade nicht ins ursprüngliche Paradies zurückkehren konnte, sondern allenfalls in eine entvölkerte Wüste, in der keine hilfreichen Personen mehr zur Verfügung stehen oder irgendwann wirklich zu Gegner werden, und dann die Aggressionen der Patienten mit einer Gegenaggression beantworten. Als die Patientin dann tatsächlich dazu übergegangen war, mich als Therapeut massiv zu attackieren und meine Kompetenzen infrage zu stellen (siehe unten), hatte ich große Mühe, mich angesichts ihrer massiven Vorwürfe weiter empathisch zu verhalten, glaubte aber, dass es mir dennoch halbwegs gelang, ohne dadurch

allerdings den Angriffen der Patientin Einhalt gebieten zu können. In meiner Hilflosigkeit erinnerte ich mich an das in Abschn. 7.1 beschriebene Konsistenzprinzip, allerdings
in einer wichtigen Abwandlung. In seiner ursprünglichen Formulierung

> besagt [es], dass Widersprüche/Ereignisse aufgelöst werden müssen, d. h. dass inkonsistente
> Situationen wieder in konsistente Situationen überführt werden müssen (Gräf et al. 2014,
> S. 343).

Weil sich sowohl der Therapeut als auch die Eltern der Patientin fürsorglich, liebevoll
und unterstützend verhielten, bestand aber offensichtlich gar keine Inkonsistenz mehr
und die Patientin war scheinbar in einem modifizierten Paradies angekommen. Wie war
also die Wut zu erklären, mit der sie drauf und dran war, diesen neuen sicheren Ort wieder zu zerstören? Offensichtlich bestand die Inkonsistenz **gerade deshalb**, weil ihre
aktuellen Bezugspersonen sich so anders verhielten, als die Eltern in der Vergangenheit.
Aufgrund der Verletzung in der Kindheit hatte die Patientin aus ihrer Sicht gleichsam
ein Recht dazu, wütend zu sein – und wenn sich ihre Umgebung jetzt aber liebevoll verhielt, dann geriet sie in einen inneren Widerspruch, eine innere Inkonsistenz, indem die
Wut ihr jetzt gleichsam unsinnig, unberechtigt und krankhaft erscheinen musste. Ich
erinnerte mich daran, dass sie mir zu Beginn der Therapie davon berichtete hatte, dass
sie ihre beiden einzigen früheren Partner regelmäßig geschlagen und z. T. auch sexuell misshandelt hätten. In diesen Beziehungen war sie also konsistent mit sich selbst
gewesen: Ihre Wut war berechtigt und sinnvoll. Nur bedeutete dies keine Heilung und
rechtfertigt natürlich auch keine Gegenaggression des Therapeuten, obwohl die Patientin mit ihrem Verhalten genau diese hervorzurufen versuchte, um sich wieder mit sich
selbst konsistent zu fühlen. Was aber soll man dann als Therapeut tun, wenn sowohl Ein-
fühlsamkeit als auch Wehrhaftigkeit zu einer weiteren Verschlimmerung der Situation
führen? Vielleicht die Situation deuten, also der Patientin ihre Wut erklären, wie es die
psychodynamischen Therapieformen nahelegen? Gerade bei dieser Patientin musste ich
die Erfahrung machen, dass eine Deutung („Sie erleben mich jetzt genauso wie ihren
Vater und sind deshalb wütend auf mich") die Wut der Patientin noch steigerte. Ich verstand, dass ich damit den Finger zwar in die richtige Wunde gelegt hatte, mich durch
eine „kluge Deutung" aus der Perspektive der Patientin aber nur über sie erhob und ihr
damit in akademisch korrekter Weise nur noch mehr vor Augen führte, dass ihre Wut
nicht berechtigt war. Sie musste sich also noch inkonsistenter mit sich selbst erleben und
wehrte sich deshalb mit neuen Vorwürfen. Wenn man aber nicht deuten soll, nicht ein-
fühlsam empathisch und auch nicht wehrhaft reagieren soll, bleibt nur noch eines übrig,
nämlich die Selbsterforschung des Therapeuten. Schließlich war ich es gewesen, der mit
einer Unachtsamkeit mit dazu beigetragen hatte, dass die anfangs gute Arbeitsbeziehung
in eine Kampfbeziehung umgekippt war. Konkret hatte ich übersehen, wie sehr die Patientin zu dieser Zeit aufgrund einer Oberschenkelfraktur (als Folge einer Sturzverlet-
zung) auf mein Mitgefühl angewiesen war. Weil ich eine weitere Regression vermeiden
wollte, konzentrierte ich mich mit ihr auf die unmittelbare berufliche Zukunft und ihre
vermeintlichen Ressourcen, die ihr dabei helfen könnten, diese jetzt nicht aus den Augen

zu verlieren. Sie wiederum erlebte mich mit dieser Haltung als ähnlich uneinfühlsam wie die Betreuungspersonen im Heim und attackierte mich insofern, als dass sie meine komplette therapeutische Kompetenz infrage stellte.

Es ist immer wieder erstaunlich, wie zielsicher Borderline-Patienten verletzen können. Sie sind dabei treffsicherer als alle anderen Patienten und identifizieren mit ungeheurem Geschick die verletzlichste Stelle des Therapeuten. Und gerade hieraus ergibt sich die Lösung für den therapeutischen Prozess. In den meisten Fällen hat man sich nämlich tatsächlich ein klein wenig uneinfühlsam verhalten, einfach weil man ein Mensch mit Schwächen ist, jemand der nicht immer die Wirkung aller seiner Worte bis in Letzte bedenkt. Eine wirklich souveräne und für diesen Patiententypus hilfreiche Reaktion auf ihre Wut ist es nun, diesen „Fehler" zuzugeben – was zweifellos eine heroische Leistung ist, angesichts der eigenen Verletztheit. Aber dieses „Schuldeingeständnis" führt dann im weiteren Verlauf dazu, dass sich der Patient wieder mit sich selbst konsistent fühlt, die Berechtigung seiner Wut erlebt – was allerdings nicht heißt, dass dies auch die Vehemenz der vorgetragenen Vorwürfe legitimiert. Meiner Erfahrung nach sollte genau daran gearbeitet werden, mit dem Patienten also geeignetere Ausdrucksformen oder Selbstbeherrschungsmechanismen entwickelt werden, was aber nur gelingen kann, wenn man seine Vorwürfe zuvor inhaltlich anerkennt (siehe auch das Konzept des „psychischen Binnenraums" in Abschn. 5.3).

Um diesen Prozess zu verdeutlichen, will ich versuchen, ihn auf eine bildhafte, symbolische Weise darzustellen (siehe Abb. 8.1):

1. *Die Patientin befindet sich noch im „Kindheitsparadies"* (während der ersten drei Lebensjahre).
2. Nach der Vertreibung aus dem Paradies findet sie sich in der Rätselzone wieder. Die Patientin lebt in einer Pflegefamilie, erlebt diese Situation als bedrohlich und schützt sich in einer Diaspora, indem sie sich die Erinnerungen an die frühere gute Situation bewahrt und sich von der Umgebung abschottet.

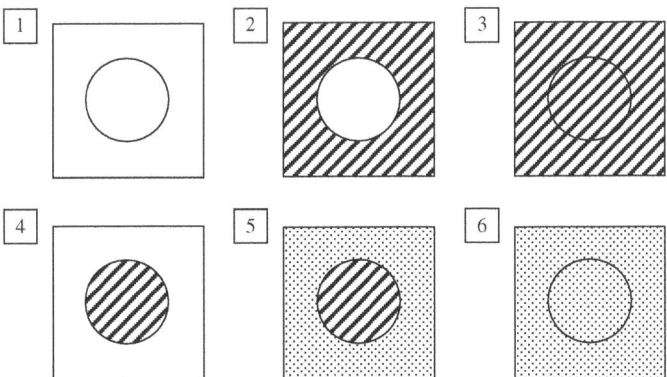

Abb. 8.1 Schematische Darstellung des Transformationsprozesses im Laufe der Therapie einer Patientin mit Borderline-Störung

3. Sie macht eine Lernerfahrung: Die Welt ist „böse". Und sie trifft eine Entscheidung[2]:
   „Ich muss wehrhaft sein und die anderen bekämpfen, um nicht selbst unterzugehen."
   Sie wird also selbst „böse" und ist damit wieder konsistent mit der Umwelt. Aber sie
   sucht sich in der Folgezeit auch eine „böse" Umwelt, mit der sie sich konsistent fühlen kann, etwa indem sie wiederholt Beziehungen mit gewalttätigen Männern eingeht.
4. Situation in der Therapie: Der Therapeut bemüht sich um empathisches Verstehen
   und wird daher von der Patientin als inkonsistent mit ihrem inneren Zustand erlebt.
   Sie bleibt ihrer ursprünglichen „Entscheidung" treu und bekämpft ihn an seinem
   schwächsten Punkt. Wenn der Therapeut wie von ihr erwartet reagiert, dann wird
   er „zurückschlagen", wird also auch „böse" – und die Patientin ist wieder mit ihrer
   Umwelt konsistent.
5. Bliebe der Therapeut jetzt weiter „weiß", würde er also weiterhin behaupten, es gäbe
   keinerlei Zusammenhang zwischen seinem Verhalten und der Wut der Patientin,
   dann würde sich die Patientin als inkonsistent mit ihrer Umgebung wahrnehmen und
   müsste sich daher selbst völlig infrage stellen. Hierzu ist sie aber aufgrund ihrer strukturellen Störung nicht in der Lage. Wenn der Therapeut aber „zugibt", sich wirklich in
   einem speziellen Moment der Therapie partiell uneinfühlsam verhalten zu haben (also
   ein Mensch mit Fehlern zu sein), dann fällt der Kontrast zwischen Innen und Außen
   weniger stark aus und der Patientin fällt es leichter, sich auch selbst entsprechend zu
   transformieren.
6. Auch sie ist jetzt nicht mehr durchgehend „böse". Sie spürt, dass sie partiell mit ihrer
   Kritik richtig lag, dass sie aber mit der Vehemenz ihrer Wut weit über das Ziel hin-
   ausgeschossen war – und kann sie so modifizieren. Es kommt also doch noch zu einer
   Transformation und damit zu einer Ereignistilgung.

Wut und Aggression sind in meinem Verständnis also selten probate Mittel der Ereignistilgung. Entweder sie schaffen neue Inkonsistenzen, indem sie das einstige Liebesobjekt
zerstören (wie im ersten Beispiel). Oder sie führen zwar zu einer Aufhebung der Inkonsistenz, indem sich das Gegenüber irgendwann genauso aggressiv verhält, wie vom Patienten unbewusst gewollt –, womit aber das Gefühl der Hilflosigkeit und Ohnmacht auch
nicht getilgt wird (zweites Beispiel). Es gibt aber noch einen weiteren Grund, warum mit
aggressiven Mitteln selten eine tragfähige Lösung geschaffen werden kann. Die aggressive Strategie beruht ja letztlich auf der Annahme, dass man sich selbst nicht infrage
stellen darf, sondern stattdessen autark und wehrhaft werden muss, um sich gegenüber
dem feindlichen Außenraum zu verteidigen. Die Überzeugung, dass es bei genügender
„Aufrüstung" irgendwann keinen Gegner und damit keine Inkonsistenz mehr gibt, ist
aber eine Illusion. Die Literaturwissenschaftlerin Taubenböck nennt diese Strategie die

---

[2]Der Begriff „Entscheidung" ist bei einem Kleinkind in einer derartigen Konfliktsituation eher
unpassend. Ich gebrauche ihn dennoch, um diesen Wendepunkt der Geschichte auf eine allgemeine
Weise zu beschreiben, der auch auf entsprechende Einstellungswechsel von Erwachsenen anwend-
bar ist.

„Auflösung der Basisopposition durch Sieg der einen Seite" (Taubenböck 2002, S. 90 und S. 185). Und der Friedensforscher Johan Galtung formuliert diese Sichtweise folgendermaßen: *„Konflikte sind nicht da, um für beide Parteien zur Zufriedenheit gelöst zu werden, sondern um gewonnen zu werden"* (Galtung 1998).

Ein Mensch, der so über Konflikte denkt, muss oder kann sich nicht selbst infrage stellen. Er triumphiert über andere, weil er stärker, besser oder einfach leistungsfähiger ist. Er löst seine Probleme also nicht durch List oder Selbsttransformation (siehe Kap. 2), sondern glaubt, dass dies mit purer Kraftanstrengung und Dominanz gelingen könnte. So gesehen könnte man auch den Typ des sozial erfolgreichen Narzissten hier verorten. Getrieben von einem defizitären Selbstwertgefühl bemüht er sich zeitlebens darum, besser und stärker zu sein als andere –, um nicht mit seinem eigentlichen Gefühl der Minderwertigkeit konfrontiert zu werden. Schafft er es schließlich in eine Führungsposition, dann führt er autoritär und muss sich daher noch weniger als zuvor seinen Kritikern stellen. Nur wenn er großes Glück hat, muss er sich zeitlebens nicht mehr verändern oder sein bisheriges Verhaltensschema infrage stellen. In den meisten Fällen kommt aber irgendwann der Augenblick (und sei es nur durch die gleichsam „physiologische Schwächung" im Rahmen des Älterwerdens), in dem er sich schwach und unterlegen fühlt, und so wieder mit seiner Umwelt inkonsistent wird.

Der Patient, der in seiner Wut über das Verlassenwerden seine ehemalige Geliebte „zerstören" will, die Borderline-Patientin, die ihre Wut aus der Kindheit auf den Therapeuten und alle anderen eigentlich hilfreichen Bezugspersonen überträgt, und auch der Typ Patient, der sich seine überlegene Position über Dominanz zu sichern glaubt – sie alle weigern sich, sich zu transformieren, und beschreiten damit einen vermeintlich einfacheren Weg zum Ziel. Letztlich streben sie alle danach, eine erneute Verunsicherung zu vermeiden, also ihre ursprünglich getroffene „Entscheidung" noch einmal revidieren zu müssen. Sie vermeiden eine Transformation und streben nach Konsistenz – ohne sich in der Rätselzone noch einmal die „Füße nass machen" zu müssen. Paradoxerweise verbleiben sie aber genau deshalb dauerhaft in der Rätselzone, weil sie permanent die anderen missverstehen und sich aber auch nicht wirksam von ihnen abgrenzen können. Weil sie ständig weiter kämpfen müssen, kommt ihre Geschichte nie zu einem Ende.

Eine interessante Parallele findet sich in dem modernen Serienformat von TV-Erzählungen. Auch hier kommt die Geschichte scheinbar nie zu einem Ende, weil die Helden aufgrund eines Festhaltens an einer einmal getroffenen „Entscheidung" sich immer weiter in der Rätselzone verlieren – sie sind „verloren im Zauberwald", wie es der ZEIT-Autor Phillipp Reinartz in einem gleichnamigen Artikel zu diesem Film-Format beschreibt:

> Die Formel ist einfach: Ein ganz normaler Typ versucht es erst im Guten. Doch dann widerfährt ihm ein Unheil. Von da an hat der Protagonist nur noch ein großes Ziel. Um dieses zu erreichen, trifft er jedoch eine falsche Entscheidung. Er kommt in Kontakt mit gefährlichen Menschen, in der Folge muss er Dinge tun, die er vorher nie getan hätte. Er gerät in eine Abwärtsspirale, aus der er nicht mehr herauskommt. Viele der großen Serien der vergangenen Jahre beruhen auf diesem Schema (Reinartz 2015).

Das „Gute zu tun" funktioniert nur im ursprünglichen Paradies, aus dem der Protagonist aber durch ein „Unheil" vertrieben worden ist. Aufgrund seiner Erfahrung mit dem „Unheil" trifft er eine Entscheidung, die ursprünglich wohl nicht einmal falsch war, weil er sich ja angesichts der Vertreibung aus dem Paradies neu positionieren muss. Sie wird nur dadurch falsch, dass er jetzt verbissen daran festhält und damit gar nicht mehr erkennt, dass er sie längst revidieren müsste. Stattdessen verstrickt er sich immer weiter in Komplikationen, indem er seinen einmal eingeschlagenen Weg immer weiter verfolgt (siehe Kap. 12).

Reinartz analysiert verschiedene Serien nach diesem Schema:

> **Homeland:** Nicholas Brody versucht es erst im Guten als Soldat im Irak. Doch dann stirbt bei einem amerikanischen Drohnenangriff ein Kind in seinen Armen. Von da an will er nur noch: Gerechtigkeit. Und begeht den Fehler, Terrorist zu werden. Er kommt in Kontakt mit islamistischen Terrorzellen, in der Folge muss er lügen und töten.
>
> **Fargo:** Lester Nygaard versucht es erst im Guten als treuer Ehemann. Doch dann wird er von seiner Frau gehänselt und verachtet. Von da an will er nur noch: Seine Ruhe. Und begeht den Fehler, seine Frau im Affekt zu töten. Er kommt in Kontakt mit einem Auftragskiller, in der Folge muss er lügen und töten.
>
> **Better Call Saul:** Jimmy McGill versucht es erst im Guten als Anwalt. Doch dann wird er von niemandem ernst genommen und sogar vom eigenen Bruder verlacht. Von da an will er nur noch: Erfolg. Und begeht den Fehler, krumme Dinger zu drehen. Er kommt in Kontakt mit Kriminellen, in der Folge muss er lügen und das Gesetz brechen (Reinartz 2015).

Die Protagonisten wurden alle durch ein „Unheil" aus ihrem Paradies vertrieben und streben jetzt danach, dieses Ereignis rückgängig zu machen, zu tilgen. Sie fassen einen Entschluss, der sie aber nicht zurück ins ursprüngliche Paradies bringt, sondern stattdessen immer weiter in Komplikationen verwickelt. Obwohl sie dieser Weg für alle erkennbar immer weiter in den Abgrund führt, halten sie geradezu verbohrt daran fest – sind also unfähig, sich selbst zu transformieren. Mit der ausbleibenden Transformation des Protagonisten fehlt aber **das** entscheidende Merkmal, um die Geschichte zu einem Ende zu bringen (siehe Kap. 2).

Ganz ähnlich geht es der von mir oben beschriebenen Borderline-Patientin: Als Kleinkind versuchte sie es wie alle Kinder zunächst „im Guten": Sie hatte Vertrauen in ihre Umwelt und erwartete eine Umgebung, die ihr Sicherheit und Geborgenheit garantierte. Dann wurde sie in ihrem 3. Lebensjahr von den Eltern getrennt und in ein Kinderheim geschickt. Von da an wollte sie nur noch: sich wehren. Und begeht den Fehler, alle Menschen für Feinde und potenzielle Angreifer zu halten und sie nun ihrerseits zu attackieren. Gerade dadurch schafft sie sich aber erst die feindliche Umgebung – in einer Art „sich selbst erfüllenden Prophezeiung". Gerade dieses Schema muss ich als Therapeut durchbrechen und weiche deshalb in meiner Haltung partiell von den Erwartungen der Patientin ab: Auf ihre Angriffe reagiere ich nicht so „böse", wie von ihr unbewusst intendiert, gebe stattdessen meinen Fehler zu und bestätige die Patientin damit in ihrer Annahme, dass die „Welt nicht nur gut ist", dass sie nicht nur „weiß" aber auch nicht gänzlich „schwarz" ist. Als Therapeut mit kleinen Fehlern bin ich weder „weiß" noch „schwarz", sondern gleichsam „grau". Sie muss sich damit selbst mit ihrer Wut nicht völlig infrage stellen, aber zumindest ein wenig, weil ich durch das Eingeständnis meines Fehlers zwar Verständnis zeige für ihre Reaktion, ich sie aber dennoch in ihrer Vehemenz infrage stelle. Interessanterweise ging die Patientin in ihrer Rage zunächst überhaupt nicht auf mein partielles „Schuldeingeständnis" ein, konfrontierte mich stattdessen immer weiter mit meiner „Uneinfühlsamkeit", meinem „unprofessionellen Verhalten" – bis ich sie schließlich mit einem lauten „Stopp" unterbrach: „Sie können aufhören, mich anzugreifen – es ist angekommen!". Schon in der nächsten Stunde erschien sie merklich verändert, stellte ihre Wut selbst infrage und gab zu, überreagiert zu haben. Sie erkannte, wie sehr sie sich mit diesem Verhalten selbst immer wieder in Konfrontation mit ihren Mitmenschen brachte und signalisierte den Wunsch, dies künftig ändern zu wollen.

8.2 Die Abkürzung

Ähnlich wie die Kampf-Lösung verspricht auch die Abkürzung einen direkten Weg zum Ziel, der die Rätselzone und damit ein In-Frage-Stellen der eigenen Position umgeht. Auch bei der Abkürzungslösung scheint es zunächst so, als ob eine Ereignistilgung ohne Selbsttransformation zu haben wäre.

Zur Veranschaulichung will ich von einem weiteren Patienten erzählen: Es handelt sich um einen 22-jährigen Studenten, der von seiner wichtigsten Bezugsperson, seiner Tante, in Therapie geschickt wurde, weil er sich dieser mit dem Eingeständnis offenbart hatte, dass er bis zu 3 sexuelle Kontakte zu verschiedenen Frauen am Tag (!) hätte. Von seiner Seite bestand ein Leidensdruck nur insofern, als dass er es als äußerst anstrengend empfand, diese „Dates" in seinen Tagesablauf zu integrieren und mit seinem Karrierestreben in Einklang zu bringen. Schon während der ersten Sitzungen stellte sich ein Nähe-Distanz Konflikt als eigentliches Problem heraus, der ursprünglich in der Zurückweisung durch seine Mutter in der Kindheit wurzelte. Diese war unmittelbar nach der Geburt des Patienten von ihrem Partner verlassen worden, war dann dem Alkohol verfallen und stand so dem Patienten nicht mehr als sichere Bezugsperson zur Verfügung. Erst ab seinem 3. Lebensjahr war er, wegen der zunehmenden Verwahrlosungstendenzen seiner Mutter, in die Obhut seiner Großmutter gegeben worden, zu der er dann in der Folge eine sehr intensive Bindung entwickelte. Offensichtlich war es aber dennoch zu spät, als dass seine frühkindlichen Erfahrungen von Schutzlosigkeit und Bedrohung durch das Alleingelassenwordensein noch „überschrieben" werden konnten. Während der Pubertät machte der Patient dann die Erfahrung, dass es ihm offensichtlich sehr leicht fiel, andere Frauen für sich einzunehmen, und er entwickelte zunehmend ein promiskuitives Beziehungsverhalten, das sich im Laufe der Jahre zu einer Sex-Sucht steigerte. Zum Zeitpunkt des Therapie-Beginns war er derart erschöpft von seinen nächtlichen Eskapaden, dass er nur mehr mit Hilfe von illegalen Stimulantien in der Lage war, tagsüber seinem Beruf nachzugehen. In den Momenten der Verführung erlebte er sich als „ganz" und „wertvoll", aber offensichtlich war dieses Gefühl nicht nachhaltig – v. a. weil er sich diesen

Frauen nie wirklich offenbarte. Seine eigentliche Identität und auch seinen wirklichen Namen durfte er nicht preisgeben, weil er nach seinen diversen Sex-Abenteuern nicht gefunden werden, sondern sich wieder in die Anonymität zurückziehen wollte. Offensichtlich vermied er jegliche Art von Authentizität und wirklicher Nähe auch deshalb, weil er nicht wieder in die Situation geraten wollte, wie er sie als Kind erlebt hatte, dass er also schutzlos jemanden ausgeliefert wäre, von dem kein Schutz zu erwarten ist. Noch wichtiger erschien mir aber die Tatsache, dass er sich mit seinen Sex-Dates eine unmittelbare Befriedigung verschaffen konnte, ohne sich selbst und sein Abwehrarrangement infrage stellen zu müssen: Er musste seine Nähe-Ängste nicht überwinden, weil er gar keine wirkliche Nähe herstellte, bzw. sie unmittelbar nach dem sexuellen Akt wieder auflöste. Allerdings zeigt sich gerade an diesem Beispiel ein grundsätzliches Dilemma der Abkürzungslösung: Zweifellos gelangte er fast täglich ins Paradies, wenn wieder eine Unbekannte in seinen Armen lag und er so scheinbar gefahrlos Intimität erleben konnte. Aber er musste einen **Preis** dafür zahlen und dieser Preis war schwerwiegender als alles, was er gewonnen hatte: In diesem Fall ist es der Preis der Unsichtbarkeit, des Nicht-Gesehenwerdens und damit auch des Nicht-Erlöstwerdens, wenn man es in einer religiösen Terminologie ausdrücken will. Und zweifellos verzichtete er mit seiner Art der Lösung auch auf die Dauerhaftigkeit seines Glücks, weil Dauerhaftigkeit für ihn immer mit der Gefahr einer möglichen Abhängigkeit verbunden war, die er so fürchtete. Wie so oft war es keine therapeutische Intervention, sondern das Leben selbst, das ihn mit seinen überraschenden Wendungen aus der Bahn warf und ihm so eine Transformation ermöglichte. Und zwar erlitt er während einer Südamerika-Reise einen Blinddarmdurchbruch, an dessen Komplikationen er aufgrund der mangelhaften medizinischen Versorgung fast starb und insgesamt beinahe ein halbes Jahr in mexikanischen Krankenhäusern verbrachte. Eine seiner zahlreichen Partnerinnen hatte ihn auf dieser Reise begleitet und saß während der gesamten Zeit an seiner Seite. Während dieser Zeit, unter dem Damoklesschwert des drohenden Todes, öffnet er sich ihr schrittweise und machte erstmals in seinem Erwachsenenleben die Erfahrung, dass er sich ohne Angst fallen lassen konnte. Dies hatte er zuvor nur bei seiner (zwischenzeitlich verstorbenen) Großmutter erlebt und glaubte im Nachhinein, dass diese den Zwischenfall aus dem Jenseits inszeniert hatte, um ihn „auf die richtige Bahn" zu bringen. Als er nach einer langen Therapiepause körperlich genesen wieder zu mir kam, zeigt er sich tatsächlich transformiert und war nun mit seiner Retterin fest liiert.

Ein anderer, häufiger Abkürzungsweg ist der Konsum von Drogen. Rauschmittel sind uns schon als Ersatzbildungen innerhalb der Diaspora begegnet, also als ein Mittel, mit dem man sich in einer eigentlich unbefriedigenden Situation dennoch gemütlich einrichten und die Sehnsucht nach dem eigentlichen Paradies vergessen kann. Im Falle einer Abkürzungslösung geht es aber um etwas anderes. Hier bleibt das Paradies im Fokus und es wird lediglich der Weg dorthin erleichtert. Er führt jetzt nicht mehr über einen steilen Berg, wie in der Skizze von einem Patienten mit einer Kokain-Abhängigkeit dargestellt (Abb. 8.2), sondern ist einfach und ohne Anstrengung zu beschreiten, wie der zweite hier dargestellte Weg.

Abb. 8.2 Die Entscheidung zwischen dem mühsamen Weg und der Abkürzung

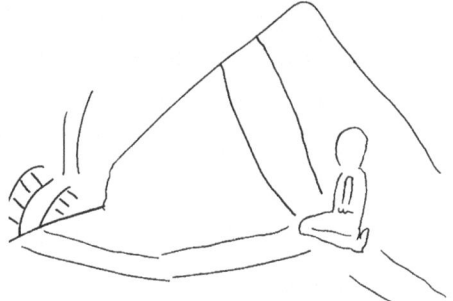

Gerade Psycho-Stimulantien wie Kokain werden häufig von Menschen eingenommen, die einen „direkten Weg von A nach B" suchen, wie es mir dieser Patient erläuterte. Scheinbar mühelos gelingt es damit etwa, berufliche Höchstleistungen zu vollbringen, andere für sich einzunehmen oder Gewicht zu verlieren. Aber wie bei jeder Abkürzungslösung ist hier ein Preis zu zahlen, der in diesem Fall aus entsprechenden Entzugserscheinungen, dem Kater am nächsten Morgen besteht.

Die Skizze meines Patienten erinnert mich an ein Bild aus dem Palazzo Farnese in Rom. Annibale Carracci malte „Herkules am Scheideweg" 1596 als Zentrum eines Bildprogramms im Camerino (Abb. 8.3).

Als der junge Herakles, der noch unschlüssig ist, welchen Lebensweg er wählen soll, sich an einen abgelegenen Ort zurückzieht, um nachzudenken, erscheinen ihm zwei Frauen. Eine ist schlicht gekleidet und senkt bescheiden den Blick, ohne Herakles anzusehen. Die zweite ist aufwendig herausgeputzt und trägt kostbare Kleidung. Sie spricht Herakles an (zitiert nach Schwab 1975, S. 62):

> ‚Herakles! ich sehe, daß du unschlüssig bist, welchen Weg durch das Leben du einschlagen sollst. Willst du nun mich zur Freundin wählen, so werde ich dich die angenehmste und gemächlichste Straße führen; keine Lust sollst du ungekostet lassen, jede Unannehmlichkeit sollst du vermeiden. Um Kriege und Geschäfte hast du dich nicht zu bekümmern, darfst nur darauf bedacht sein, mit den köstlichsten Speisen und Getränken dich zu laben, deine Augen, Ohren und übrigen Sinne durch die angenehmsten Empfindungen zu ergötzen, auf einem weichen Lager zu schlafen und den Genuß aller dieser Dinge dir ohne Mühe und Arbeit zu verschaffen. Solltest du jemals um die Mittel dazu verlegen sein, so fürchte nicht, daß ich dir körperliche oder geistige Anstrengungen aufbürden werde; im Gegenteil, du wirst nur die Früchte fremden Fleißes zu genießen und nichts auszuschlagen haben, was dir Gewinn bringen kann. Denn meinen Freunden gebe ich das Recht, alles zu benützen.' Als Herakles diese lockenden Anerbietungen hörte, sprach er verwundert: ‚O Weib, wie ist denn aber dein Name?' ‚Meine Freunde', antwortete sie, ‚nennen mich die Glückseligkeit; meine Feinde hingegen, die mich herabsetzen wollen, geben mir den Namen der Liederlichkeit.' Mittlerweile war auch die andere Frau herzugetreten. ‚Auch ich', sagte sie, ‚komme zu dir, lieber Herakles, denn ich kenne deine Eltern, deine Anlagen und deine Erziehung. Dies alles gibt mir die Hoffnung, du würdest, wenn du meine Bahn einschlagen wolltest, ein Meister in allem Guten und Großen werden. Doch will ich dir keine Genüsse vorspiegeln, will dir die Sache darstellen, wie die Götter sie gewollt haben. Wisse also, daß von allem, was gut

Abb. 8.3 Herakles am Scheideweg (Annibale Carracci 1596, Museo Nazionale di Capodimonte, Neapel)

und wünschenswert ist, die Götter den Menschen nichts ohne Arbeit und Mühe gewähren. Wünschest du, daß die Götter dir gnädig seien, so mußt du die Götter verehren; willst du, daß deine Freunde dich lieben, so mußt du deinen Freunden nützlich werden; strebst du, von einem Staate geehrt zu werden, so mußt du ihm Dienste leisten; willst du, daß ganz Griechenland dich um deiner Tugend willen bewundere, so mußt du Griechenlands Wohltäter werden; willst du ernten, so mußt du säen; willst du kriegen und siegen, so mußt du die Kriegskunst erlernen; willst du deinen Körper in der Gewalt haben, so mußt du ihn durch Arbeit und Schweiß abhärten.' Hier fiel ihr die Liederlichkeit in die Rede. ‚Siehst du wohl, lieber Herakles', sprach sie, ‚was für einen langen, mühseligen Weg dich dieses Weib zur Zufriedenheit führt? Ich hingegen werde dich auf dem kürzesten und bequemsten Pfade zur Seligkeit leiten'.

Letztlich entscheidet sich Herakles gegen die unmittelbar verfügbare Glückseligkeit, also gegen die Abkürzung und für den anstrengenden Weg. Aber, und das liegt vermutlich an der Entwicklungsstufe der Menschheit zur Zeit der Entstehung dieses Mythos, wird er auf diesem Weg nicht irritiert, stellt sich nie die Frage, wer er ist und welches seine wirklichen Bedürfnisse sind. Der Weg den Berg hinauf führt ihn also nicht in die Rätselzone, sondern er geht durchgehend kämpfend voran, ohne diese Strategie oder sich selbst jemals infrage zu stellen. Er geht also weder den Weg der Abkürzung, noch den der Transformation, sondern den Weg, der im vorherigen Kapitel beschriebenen modernen Serienhelden, die nach der Vertreibung aus dem Paradies einmal eine Entscheidung treffen und dieser dann unerbittlich folgen. Herkules besiegt eine Reihe von Ungeheuern, tötet aber auch zahlreiche Unschuldige. Er wird eine Art Kampfmaschine, die kaum mehr zu kontrollieren ist, auch nicht durch sich selbst, und durchläuft sogar paranoide Phasen, in denen er seine Kinder tötet und seinen Freund Iphitos. Er ist noch ein zutiefst unbewusster Held, unfähig zur Selbstreflexion, ganz anders als der spätere Odysseus oder Ödipus, der die Sphinx besiegt, indem er ihre **Rätsel** löst.[3] Herakles ist damit ein Beispiel für einen Helden, der zwar der Abkürzung ins Paradies widersteht, der es aber auch auf seinem anderen, mühsamen Weg nicht erreicht, weil er sich nicht durch eine Rätselzone bewegt und damit auch nicht transformiert wird.

Eine Abkürzung zu nehmen, ist in unserem Zusammenhang gleichbedeutend mit der Umgehung der Rätselzone und damit der Transformation. Es gibt aber auch Beispiele dafür, dass ein Protagonist tatsächlich durch eine Rätselzone wandert, sich ihr gegenüber aber als inert, also als unbeeinflussbar erweist, und sich deshalb auch nicht verändert. Auch hier bleibt eine Ereignistilgung aus, wie etwa im grimmschen Märchen von „Frau Holle" dargestellt. Im Gegensatz zu den psychoanalytischen Deutungen von Eugen Drewermann oder Ingrid Riedl kann ich deshalb das Märchen nicht als Beispiel für eine gelungene Konfliktlösung sehen. Eine Witwe hatte in der Erzählung

> […] zwei Töchter, davon war die eine schön und fleißig, die andere häßlich und faul. Sie hatte aber die häßliche und faule, weil sie ihre rechte Tochter war, viel lieber, und die andere mußte alle Arbeit tun und der Aschenputtel im Hause sein.

Die fleißige Tochter fällt nun, auf der Suche nach einer verlorenen Spindel, durch einen Brunnen in eine Gegenwelt. In dieser Welt stehen zwar „*vieltausend Blumen*", aber es handelt sich keineswegs um ein neues Paradies, sondern m. E. um die Rätselzone. Sie ist alleine schon deshalb seltsam und rätselhaft, weil hier die räumlichen Koordinaten vertauscht sind: Obwohl das Mädchen tief gefallen war, findet es sich keineswegs in einer Unterwelt wieder, sondern in einer Welt, in der die Sonne am Himmel scheint. Seltsamerweise können hier auch Brote sprechen und wollen von dem Mädchen aus einem Ofen herausgezogen werden. Ebenso wird sie von einem Apfelbaum angesprochen, den sie schütteln soll, um ihn von der Last seiner Äpfel zu befreien. Entscheidend ist in diesem Kontext aber, dass sich das Mädchen in dieser Rätselwelt nicht transformiert, sondern sich durchgehend genauso verhält, wie in der wirklichen Welt: Sie ist fleißig, reflektiert sich nicht selbst, sondern tut einfach das, was von ihr verlangt wird. Ohne nachzudenken, hilft sie auch Frau Holle beim Bettenausschütteln, obwohl es sie zunächst eigentlich ängstigt vor dieser Frau (wiederum verweist der Angstaffekt hier auf die Rätselzone), und wird dafür von ihr mit einem Goldregen belohnt, sodass sie schließlich ohne materielle Not und damit auch unabhängig von der „bösen" Witwe in die wirkliche Welt zurückkehren kann. Man könnte sagen, dass sie mit einer Beute in ein modifiziertes Paradies zurückgekehrt ist und damit eine Ereignistilgung stattgefunden hat. Die Ereignistilgung bestünde dann darin, dass das Mädchen jetzt nicht mehr von seiner Stiefmutter gequält würde. Aber was hätte sie damit eigentlich gewonnen, wenn sie ihr bisheriges Schema nicht geändert hat? Sie wäre weiterhin fleißig und gehorsam, würde nicht

---

[3]Interessanterweise gibt es eine frühere Erzählung von Ödipus, in der er die Sphinx noch mit einer Lanze tötet, also kämpfend wie Herakles.

auf ihre innere Befindlichkeit hören, sondern tun, was man ihr anschafft. Es ist leicht vorzustellen, dass sie damit bald wieder in die Fänge einer Ausbeuterin fallen würde, vielleicht auch in die eines Ehemannes, der sie für sich arbeiten lässt. Dieses unbefriedigende, aber absehbare Ende wird uns von dem Märchen verschwiegen, was vielleicht daran liegt, dass zu dieser früheren Zeit das weibliche Rollenverständnis ein anderes war. Wichtig war für eine Frau weniger die eigene Bedürfnisbefriedigung, sondern ihre Funktion für die Gemeinschaft. Und wenn sie diese Rolle anstrebt, dann wäre sie wieder konsistent mit ihrer Umgebung – nur: Dann wäre sie auch schon **zuvor** konsistent mit der strengen Familien-Atmosphäre im Haus der Witwe gewesen. Und nach unserem Raum-Modell hätte nicht nur keine Ereignistilgung stattgefunden, sondern noch nicht einmal ein Ereignis. Nach Lotman könnte man sagen, es hat zwar eine Grenzüberschreitung in die Gegenwelt der Frau Holle stattgefunden, aber dieser Grenzübertritt war nicht ereignishaft, weil sich die beiden Räume mit ihren Arbeitsanforderungen zu ähnlich sind, also nicht gegensätzlich semantisiert waren: Sowohl in der Welt der Stiefmutter als auch in der Welt der Frau Holle geht es darum, die von anderen auferlegten Pflichten zu erfüllen, und genau dies tut das Mädchen auch. So gesehen könnte man auch sagen, dass sie sich immer im gleichen Raum befunden hat und dadurch eine Transformation nicht nötig war.

Die Beispiele von Patienten und Mythen- bzw. Märchenhelden in diesem Kapitel legen den Schluss nahe, dass der Weg in ein neues Paradies, also eine Lösung oder Ereignistilgung, nur über eine Selbsttransformation führt. Die einzige Ausnahme scheint das Finden eines dritten Ortes zu sein, der genauso gut oder besser zu den Bedürfnissen des Protagonisten passt, wie das ursprüngliche Paradies (siehe Abschn. 7.4) Eine Kollegin, der ich vom Märchen vom „häßlichen Entlein" als Beispiel für diese Form der Ereignistilgung erzählt habe, machte mich aber darauf aufmerksam, dass selbst diese Strategie mit einer Transformation des Protagonisten einhergeht: So wird jemand, der es gewohnt ist, von allen anderen abgelehnt zu werden, erhebliche Schwierigkeiten haben, wenn er plötzlich auf eine wertschätzende und einfühlsame Umgebung trifft (wie wir es oben am Beispiel der Borderline-Patientin gesehen haben). So muss das hässliche Entlein erst einmal lernen, die neu erfahrene Wertschätzung durch die Schwäne auch **annehmen** zu können, d. h. es muss sein negatives Selbstkonzept verändern und sich insofern auch transformieren. Selbst als der Schwan seine eigentliche Schwan-Natur unter all den anderen Schwänen entdeckt hatte

> […] fühlte er sich so beschämt und steckte den Kopf unter seine Flügel; er wußte selbst nicht, was er beginnen sollte, er war allzu glücklich, aber durchaus nicht stolz […] Er dachte daran, wie er verfolgt und verhöhnt worden war, und hörte nun alle sagen, daß er der schönste aller schönen Vögel sei.

Eine solche Gegenerfahrung ist nicht leicht zu integrieren, v. a. weil die menschliche Psyche einem Trägheitsgesetz folgt und Anpassungen an eine neue Situation Zeit erfordern.

8.3   Wachstum statt Transformation

Als Psychiater hatte ich es in meiner Ausbildung zunächst meist mit schwer erkrankten und häufig psychotischen Patienten zu tun. Neben der psychopharmakologischen Behandlung mussten diese Patienten v. a. gestärkt und stabilisiert werden und sie wurden darauf vorbereitet, künftige Belastungen (etwa im hoch emotionalisierten Familienumfeld – siehe Konzept der „High Expressed Emotions": Butzlaff und Hooley 1998, S. 547–552) zu vermeiden. In anderen Worten: Sie sollten grundsätzlich so bleiben, wie sie sind, nur stärker, widerstandsfähiger und sich am besten abseits halten von konfliktträchtigen Brennpunkten. Es ging um Wachstum, statt um Transformation, wobei Wachstum hier nicht ausschließlich Stärkung bedeutete, sondern auch im Sinne eines Zusammenwachsens von ursprünglich fragmentierten Selbstanteilen zu verstehen ist. Auf der Bildebene können wir diesen Wachstumsprozess am besten beobachten, etwa indem der Protagonist im Laufe einer in der Therapie gefertigten Bilderserie von einem „kleinen Klecks" zu einer ausgewachsenen Figur heranwächst, wenn er ursprünglich in der Luft hängt und dann irgendwann einen Boden erhält, oder einfach, wenn eine Diaspora sich nicht wie bei einer Transformation auflöst, sondern weiter wird und der Patient so einen größeren Bewegungsspielraum innerhalb seiner Mauern bekommt (siehe das Patientenbeispiel in Abschn. 11.2, Abb. 80).

In der ersten Skizze (Abb. 8.4) zeichnet sich ein (Psychose-naher) Patient zunächst fragmentiert als einzelne schwarze Knäuel. Er wisse nicht, wer er wirklich sei, was er wolle, nehme nur einzelne, widersprüchliche Eigenschaften von sich wahr.

Zu einer späteren Phase der Therapie haben sich diese Knäuel dann zu einer festen Struktur zusammengefügt (siehe Abb. 8.5). Den mit einzelnen Linien dargestellten Außenraum beschreibt er als „quallige Zone", in der „alles unscharf" sei (also als Rätselzone). Aber immerhin verspüre er jetzt einen festen Kern in sich.

Offenbar sind die einzelnen Knäuel aus der vorherigen Skizze unter der Stabilisierung im Rahmen der Therapie zu dieser einheitlichen Struktur zusammengewachsen. Ich deute den sternförmigen Rand um den innersten schwarzen Kreis als Abgrenzung, als Schutz gegenüber der „qualligen" Umgebung, aber er widerspricht mir: Es handle sich nicht um eine Abgrenzung, sondern um das Ufer einer „wachsenden Insel", die immer weiter ins Meer hinauswachse und dabei weitere Strukturen von ihm in sich aufnehme. Im Laufe der Therapie hatte er bereits gelernt, eine Position zu den wichtigsten Entscheidungen in seinem Leben zu finden, hatte sich erfolgreich für eine Ausbildung als Verkäufer beworben und konnte sich auch gegenüber seinen Freunden besser behaupten.

Als Therapeuten müssen wir Bescheidenheit lernen. Es ist nicht so, wie es uns viele Lehrbücher weismachen wollen, dass es immer zu einer tief greifenden Transformation des Patienten im Laufe eines Therapieprozesses kommt. Das liest sich eindrucksvoll, entspricht aber nicht dem therapeutischen Alltag. Manchmal geht es einfach nur darum, den Patienten vorübergehend etwas zu stärken und ihm zu helfen, seine Abwehrmechanismen wieder aufzubauen, damit er seinen Weg fortsetzen kann. Im Kap. 2 habe ich die Transformation des Helden noch als wesentlichen Bestandteil einer Geschichte genannt

Abb. 8.4 Ein Psychose-naher
Patient fühlt sich zu Beginn der
Therapie fragmentiert

Abb. 8.5 Durch
Stabilisierungsarbeit in
der Therapie entsteht aus
den einzelnen Teilen eine
wachsende Insel

und in den beiden letzten Kapiteln dafür konkrete Beispiele aus dem Patientenalltag und der Mythologie genannt. Wenn wir jetzt aber davon ausgehen, dass es für manche Patienten gar nicht möglich ist, ihre Diaspora wieder zu verlassen, sondern dass es für sie schon ein großes Ziel sein kann, sich hier etwas sicherer und innerlich gestärkt einzurichten, vielleicht auch die Grenzen zur Rätselzone zu verschieben, dann schränken wir diese verallgemeinernde These etwas ein: Nicht nur Transformation (durch ein zweites Betreten der Rätselzone), sondern auch Wachstum innerhalb der Diaspora kann eine befriedigende Lösung darstellen.

Meine frühen Erfahrungen als Psychiater haben mich zunächst auch in meiner späteren psychotherapeutischen Arbeit geprägt. Ich stärkte, stabilisierte, arbeitete überwiegend mit Ressourcen – und machte dabei aber im Laufe der Jahre die Erfahrung, dass ich bei manchen Patienten gerade deshalb ein Fortschreiten auf dem Lösungsweg verhinderte, indem ich ihnen den wichtigsten Motor für eine Veränderung nahm, nämlich ihren Leidensdruck (siehe das Patientenbeispiel in Abschn. 11.4, Abb. 11.19 und 11.20). Zweifellos fühlten sich die Patienten wohl in der Therapie und es kam auch zu einem

allmählichen Rückgang der Symptome. Aber kamen sie deshalb auch auf Dauer mit
den Belastungen des Alltags besser zurecht? War die Verbesserung vielleicht nur der
Zuwendung durch den Therapeuten geschuldet und würde sich deshalb nach der Beendi-
gung der Therapie wieder verflüchtigen? Ja, ist es überhaupt möglich, ohne wesentliche
Selbstveränderung durchs Leben zu gehen, wie ein fest verwurzelter Stein, der von den
Strömungen einfach umspült wird?

Zwischenzeitlich bin ich zu den Ansicht gekommen, dass es mit die wichtigste Fähigkeit eines Therapeuten ist, entscheiden zu können, welche Patienten er grundsätzlich
stabilisieren und stärken sollte – und bei welchen er eine Konfrontation bzw. eine produktive Verunsicherung wagen kann, etwa indem er den Druck erhöht oder sie ermutigt,
seine Diaspora wieder zu verlassen, um sich auf ein erneutes Abenteuer in der Rätselzone einzulassen. Vor der Alternative „Wachstum" oder „Transformation" stehen im
Übrigen auch Drehbuchautoren, wenn sie sich entscheiden, ob sie ihren Protagonisten
auf eine Reise mit unerwarteten Wendungen schicken, oder ihn einfach kontinuierlich
innerlich wachsen lassen sollen. Jim Hull, den ich in anderem Zusammenhang bereits
erwähnt habe und der mich mit seinem Blog auf narrativefirst.com immer wieder aufs
Neue inspiriert, schreibt hierzu in seinem Lehrbuch für Drehbuch-Autoren:

> When asked to define character arc, most people think it has something to do with how the
> Main Character changes within a story. While in some respect this is correct, it is inaccurate
> to assume that this means every Main Character needs to undergo some major transforma-
> tion. […] Not all growth is transformative. Sometimes a person can grow by maintaining
> their position, shoring up their resolve against whatever is thrown at them. This is no less
> meaningful than the kind of growth where someone changes who they are or how they see
> the world (Hull 2010, S. 8).

Wenn Hull schreibt, dass „nicht jedes Wachstum transformativ ist", dann verweist er auf
die grundlegende Schwierigkeit, Wachstum und Transformation sicher zu unterscheiden.
Offensichtlich gibt es nämlich auch ein Wachstum, das die Charakterstruktur verändert.
Denken wir nur an den psychischen Wachstumsprozess in der Kindheit und Jugend. Hier
wird der Mensch nicht nur stärker, autonomer und widerstandsfähiger gegenüber äußeren Störungen, sondern er transformiert sich auch. Einzelne genetisch oder frühkindlich
angelegte Charakterzüge treten hervor und andere treten in den Hintergrund. Es findet
sozusagen eine „neue Durchmischung" von Eigenschaften statt, die durchaus auch die
Gesamtqualität der Persönlichkeit verändert und damit transformative Züge hat. Aber
Hull charakterisiert auch ein Wachstum ohne Transformation, etwa wenn ein Protagonist
seine „Position behauptet" oder in seiner „Entschlossenheit gestärkt wird". Ich sehe in
meiner Praxis nicht selten Patienten, die durch ein Schicksalsereignis wie eine Kündigung, eine körperliche Erkrankung oder eine Trennungssituation vorübergehend aus der
Bahn geworfen worden sind, von denen ich aber schon bald den Eindruck habe, dass
sie bisher in ihrem Leben gut zurecht gekommen sind. Es besteht zwar vorübergehend
ein hoher Leidensdruck, aber sie ergreifen bereits selbst geeignete Maßnahmen, um sich
wieder zu stabilisieren. Im Vordergrund steht für sie die Irritation und sie stellen sich

und mir die Frage, ob sie noch „normal seien", wenn sie mit derart heftigen Symptomen auf das entsprechende Ereignis reagieren. Meines Erachtens wäre es geradezu ein Kunstfehler, diese Patienten auf eine Transformations-Reise zu schicken – oder überhaupt nur eine langfristigen Therapie zu planen. Stattdessen ist eine vorübergehende Stabilisierung und Bestätigung (ihrer Coping-Mechanismen) vollständig ausreichend. Sie werden damit in die Lage versetzt, die aktuelle Situation nicht nur zu überstehen, sondern daran wie von selbst zu wachsen und damit auch künftige, ähnliche Herausforderungen besser zu überstehen.

Transformation, so können wir daraus schließen, ist immer dann angesagt, wenn wir als Therapeuten grundsätzlich den Eindruck haben, ein Patient sei mit seiner aktuellen Lösung „auf einem Holzweg", oder mache bereits seit Jahren immer wieder einen systematischen Fehler, wenn er vor diesem Problem steht. Wenn wir aber den Eindruck haben, er sei schon in die richtige Richtung unterwegs und nur durch die aktuellen Ereignisse fundamental verunsichert, dann sollten wir Wachstum und Standhaftigkeit in der Therapie stärken[4].

Ganz ähnlich sieht es wiederum aus der Sicht des Drehbuchautors aus. Jim Hull schreibt dazu in seinem Lehrbuch:

> Some stories are about characters who realize they have been doing things wrong the whole time. These characters change and adopt a new way of seeing the world. Other stories are about characters who realize that the way they have been doing things is in fact the right way to approach their problems. These characters remain steadfast (ebd., S. 9).

Um „Steadfastness", also Standhaftigkeit, geht es beispielsweise auch bei folgender Patientin, die erst kürzlich in meine Behandlung gekommen ist. Ihre jetzt 75-jährige Mutter hatte nie besonderes Interesse an ihrer Person gezeigt und sie lediglich als Vorzeigetochter für ihre eigenen narzisstischen Interessen „missbraucht". Immer wieder hörte die Patientin als Kind Sätze wie „Wenn du dies oder jenes nicht tust, bist du nicht mehr meine Tochter". In anderen Situationen strafte sie ihre Mutter mit Liebesentzug, wenn sich die Patientin nicht ihrem Willen unterwarf. Nach der Heirat ihrer Tochter hatte die Mutter über Jahre das Interesse an ihr verloren, meldete sich aber plötzlich wieder zu einem Besuch an, als die Patientin mit ihrer eigenen Tochter schwanger war – allerdings erst unmittelbar vor der Geburt. Die bis zu diesem Zeitpunkt äußerst fügsame und unterwürfige Patientin arrangierte unmittelbar alles, damit sich ihre Mutter bei dem Besuch wohlfühlen würde, musste dann aber wegen einer Schwangerschaftskomplikation vorzeitig ins Krankenhaus – und bat die Mutter deshalb um eine Verschiebung ihres Besuchs. Die Mutter, die bereits allen verkündet hatte, dass sie demnächst Großmutter werde (sich also wiederum über den Umweg der Tochter narzisstisch stabilisieren wollte), fasste diese Verschiebung als Verweigerung auf und fühlte sich offensichtlich derart massiv

---

[4]Wie erwähnt, müssen wir natürlich auch diejenigen Patienten mit schweren, strukturellen Störungen oder psychotischen Erkrankungen stärken. Paradoxerweise ähnelt sich also das therapeutische Vorgehen bei den schwersten und den leichtesten Störungen, etwa den „Anpassungsstörungen".

gekränkt, dass sie den Kontakt zu ihr vollständig abbrach und auch die engsten Familienangehörigen zu diesem Schritt drängte. Selbst ein Entschuldigungsbrief der Patientin an die Mutter und entsprechende Erklärungsversuche gegenüber den Verwandten wurden nicht akzeptiert. In ihrer Abhängigkeit von der Mutter entwickelte die Patientin eine postpartale Depression mit Panikattacken und war völlig ratlos, was nun zu tun sei. Als Therapeut verhielt ich mich in dieser Situation völlig untherapeutisch und äußerte bereits nach wenigen Sitzungen konkret meine Meinung. Diese bestand im Wesentlichen darin, dass ich ausschließlich ihre Mutter für die Krise verantwortlich machte und der Patientin riet, ihr keinesfalls „hinterherzurennen", auch wenn dies einen vollständigen Kontaktabbruch bedeuten würde. Schon in der nächsten Sitzung erschien sie maßlos erleichtert und überschwänglich dankbar für diesen invasiven, untherapeutischen Ratschlag. Ich hätte ihr gesagt, was ihr alle sagen würden, nur hätte sie es eben noch nie aus dem Munde eines Therapeuten gehört. Bald darauf kam es fast zu einer vollständigen Remission der depressiven und ängstlichen Symptomatik und es ist davon auszugehen, dass sich darunter auch die Mutter-Tochter-Beziehung nachhaltig verändern wird. Hier war also (Be-)Stärkung und Standhaftigkeit gefragt und nicht etwa Transformation. Ein Kunstfehler wäre es dagegen m. E. gewesen, diese Patientin auf eine langwierige therapeutische Reise zu schicken.

Diese Überlegungen führen noch zu einer anderen, weitreichenderen Fragestellung, die Sie als Leser am besten mit einem Blick auf Ihre eigene Lebenssituation nachvollziehen können. Jeder von uns hat sich zumindest kleine Rückzugsräume geschaffen, vielleicht ein Haus mit Garten, eine Zweierbeziehung, eine Familie oder nur einen stabilen Freundeskreis, der ihn begleitet. Jeder von uns geht gewissen Gewohnheiten nach, täglichen Routinen, Lebensroutinen und umgibt sich mit Gleichgesinnten, die diese Gewohnheiten teilen. In den Medien bevorzugen wir jene Informationen, die uns in unserer Meinung bestätigen, und filtern so Dinge aus, die uns in unserer Weltsicht irritieren könnten, ebenso wie wir Personen meiden, die vollständig anders über die Welt denken, wie wir selbst. Man könnte auch sagen: Wir alle leben in einer Form der Diaspora und grenzen uns damit von Dingen, Informationen und Menschen ab, die uns vollständig unbekannt und fremd sind. Und seltsamerweise haben wir normalerweise nicht den Eindruck, in einem Gefängnis zu leben, ja, manchmal mag es sich sogar wie ein kleines Paradies anfühlen. Gibt es also auch ein Paradies innerhalb der Diaspora? Müssen wir unsere Diaspora vielleicht gar nicht mehr verlassen, wenn sie gut gewählt ist – und können dann einfach so bleiben, wie wir sind? Ja, müssen wir uns vielleicht auch das Paradies selbst als Diaspora vorstellen? Wie im Abschn. 4.1 dargestellt, geht der Begriff des Paradieses auf das altpersische Wort *pairi-daéza* zurück und bedeutet „*nichts anderes als umwallter oder umzäunter Garten*" (Heuermann 1994, S. 88). Wir müssen uns also auch das Paradies selbst nicht als nach allen Seiten offen vorstellen, sondern als ebenso von Schutzzäunen begrenzt wie die Diaspora. Wie also können wir das Eine vom Anderen unterscheiden, v. a. wenn wir mit Patienten zu tun haben, die nicht selten dazu neigen, sich eine Situation mithilfe zahlreicher Rationalisierungen schön zu reden?

Ich denke, es kommt auf die Höhe der Zäune an, die das Paradies begrenzen – und auf die Freiheitsgrade innerhalb des umzäunten Bereichs. Gewohnheiten, Abschottungen und Rückzugstendenzen sind wichtig, aber nur bis zu einem gewissen Grad. Wenn es keinerlei Austausch mit dem Neuen, dem Unbekannten und Rätselhaftem mehr gibt, dann wird das Paradies zu einer festungsartigen Diaspora, zum „goldenen Käfig" oder zum Zwang, der jede Wachstumsmöglichkeit unterbindet. Aber es muss auch erlaubt sein, sich vorübergehend einmal nicht zu transformieren, also einfach nur „standhaft" zu bleiben und dieses vorübergehende Glück durch Zäune oder andere Abschottungen zu sichern.

Literatur

Butzlaff, R. L., & Hooley, J. M. (1998). Expressed emotion and psychiatric relapse: A meta-analysis. *Archives of General Psychiatry, 55*(6), 547–552.

Galtung, J. (1998). Konflikttransformation mit friedlichen Mitteln. Die Methode der Transzendenz. Wissenschaft und Frieden, 16(3), S. 46–51.

Gräf, D., Grossmann, S., Klimczak, P., Krah, H., & Wagner, M. (2014). *Filmsemiotik. Eine Einführung in die Analyse audiovisueller Formate* (2. Aufl.). Marburg: Schüren.

Heuermann, H. (1994). *Medien und Mythen. Die Bedeutung regressiver Tendenzen in der westlichen Medienkultur.* München: Wilhelm Fink.

Hull, J. (2010). Storyfanatic – A Journal of Meaningful Story Structure. Ebook: http://narrative-first.com/store.

Kernberg, O. F. (1983). *Borderline-Störungen und pathologischer Narzißmus.* Frankfurt a. M.: Suhrkamp.

Reinartz, P. (2015). Verloren im Zauberwald. ZEIT online. http://www.zeit.de/kultur/film/2015-06/serien-tragoedie-aristoteles. Zugegriffen: 11. Juni 2015.

Schwab, G. (1975). *Sagen des klassischen Altertums.* Frankfurt: Insel.

Taubenböck, A. (2002). *Die binäre Raumstruktur in der Gothic Novel. 18–20, Jahrhundert* (1. Aufl.). München: Wilhelm Fink.

Chemische Lösungen 9

Im Kap. 6. habe ich den Konsum legaler oder illegaler Drogen als eine Form der Ersatzbildung innerhalb der Diaspora erwähnt. Wenn beispielsweise ein Süchtiger täglich Alkohol konsumiert, so kann man daraus auf ein inneres Ungleichgewicht oder eine Spannung schließen, die sich nicht in einer Handlung entlädt, sondern die gleichsam durch die Droge besänftigt oder kurzgeschlossen wird. Weil der innere Ruf oder die Sehnsucht nach Veränderung zum Schweigen gebracht wird, kann es sich der Protagonist wieder in seiner Diaspora behaglich machen. So gesehen ist jede Sucht in ihrem Wesen ein Mittel zur Vermeidung von Veränderung. Oder sie führt, wie im Falle der Psycho-Stimulanzien, zu einer scheinbaren Veränderung – einer Abkürzungslösung – die aber von ihrem Wesen her nicht beständig ist (siehe Abschn. 8.2).

Führen also chemische Mittel jeder Art nur zu einer scheinbaren und instabilen Lösung? Wiegt sich der Patient mit einer Droge nur in der Illusion, wieder ins Paradies zurückgekehrt zu sein, und hat damit nur zum Schein die Vertreibung rückgängig gemacht? Führt der Konsum von psychoaktiven Substanzen nur zu jener Form der illusionären Ereignistilgung, die ich als unerlaubte Abkürzung ins Paradies beschrieben habe?

Steven Sonderbergh, der Regisseur des Films „Side Effects" (2013) verweist in einem Interview mit dem SPIEGEL (2013, S. 146) auf diesen Zusammenhang zwischen chemischen Substanzen und einer Abkürzungslösung:

> Amerika ist eine Kultur der Abkürzung. Wir wollen immer eine Abkürzung nehmen, auf dem Weg zum Erfolg, zum Reichtum oder zum Glück. Pille geschluckt, Problem gelöst. So wünschen wir uns das.

Wie in Abschn. 8.2. beschrieben, haben Abkürzungslösungen immer einen Preis und der Preis der Droge ist der Kater danach. Entzugserscheinungen zwingen den Konsumenten dazu, die Droge immer und immer wieder einzunehmen, bis sie schließlich ihre Wirkung verliert und er die Dosis weiter steigern muss, um noch einen Effekt zu erzielen, und sich damit am Ende körperlich ruiniert. Der Konsum von Drogen ist damit strukturell anderen

© Springer Fachmedien Wiesbaden 2017
C. Mayer, *Wie in der Psychotherapie Lösungen entstehen*,
DOI 10.1007/978-3-658-13865-3_9

Abkürzungslösungen verwandt, wie sie uns wiederum literarisch beschrieben wurden. So wählt beispielsweise auch Goethes Faust eine Abkürzung durch seinen Pakt mit Mephisto. Faust lebt in einer Diaspora, ist zwar gesellschaftlich anerkannt und finanziell abgesichert, empfindet aber die Begrenzung seines Wissens und sein Älterwerden als so unerträglich, dass er sogar über Selbstmord nachdenkt.[1] Mephisto verspricht Faust unbegrenztes Wissen und ewige Jugend, verabreicht ihm dazu einen Zaubertrank (also eine Art „Droge"), der seine Wünsche erfüllt. Über die Droge verjüngt sich Faust auf eine Weise, die ihn für Frauen unwiderstehlich macht – mit anderen Worten: Die Zauber-Droge tilgt das Ereignis des Älterwerdens und erfüllt ihn damit mit neuer Lebensfreude. Als Preis dafür verlangt Mephisto aber Fausts Seele, eine Metapher dafür, dass sich Faust mit dem Pakt in völlige Abhängigkeit von Mephisto begibt. Weil ihn Gott dann zwar im letzten Moment rettet, muss diesen Preis letztlich nicht Faust selbst zahlen, sondern Gretchen, die im Strudel der Ereignisse ihre Mutter, ihren Bruder und ihr Kind verliert und schließlich im Gefängnis dem Wahn verfällt.

In ähnlicher Weise wie Faust mag der Süchtige vielleicht ein vorübergehendes neues Lebensglück von der Drogen-Wirkung erfahren, er begibt sich mit dieser Abkürzungslösung aber in die Abhängigkeit der Droge und zahlt damit den Preis einer fortschreitenden gesundheitlichen Schädigung. Und er erwacht gleichsam jedes Mal nach Abklingen der Rauschwirkung wieder in seinem Diaspora-Gefängnis, das mit seinen Mauern seine wirklichen Handlungs- und Veränderungsmöglichkeiten beschränkt. Weil er sich nicht dauerhaft transformiert hat, hat im Grunde auch keine Ereignistilgung stattgefunden und er ist seinem früheren Paradies um keinen Schritt näher gekommen.

Man könnte sich jetzt fragen, welche Eigenschaften eine Substanz haben müsste, damit sie den Protagonisten doch aus der Diaspora befreit und damit zu einer Lösung führt? Um nicht den Preis der Abhängigkeit bezahlen zu müssen, dürfte sie einerseits keine Entzugserscheinungen zur Folge haben. Zum anderen müsste die mit ihr herbeiführte Transformation dauerhaft sein. Im Gegensatz zu den fälschlicherweise bei Depressionen und Angsterkrankungen immer noch viel zu häufig verordneten Benzodiazepinen erfüllen Antidepressiva zumindest die erste Forderung: Sie machen nicht abhängig, führen also nicht zu Entzugserscheinungen und auch nicht zu dem, für die meisten Drogen typischen Wirkungsverlust. Zu meiner Studienzeit wurde uns gelehrt, dass auch eine vorübergehende Verordnung von Antidepressiva dauerhafte Veränderungen zur Folge hätte, weil Antidepressiva den Patienten über eine „Schwelle" heben würden, sozusagen auf ein höheres Glückslevel, auf dem er sich dann auch nach Absetzen des Mittels dauerhaft halten würde. Allerdings haben spätere biochemische Untersuchungen auf zellulärem Niveau (also sozusagen „im Reagenzglas") keinen direkten dauerhaften Effekt dieser Substanzen auf die Gehirnstrukturen feststellen können. Und dennoch beobachte ich in meiner klinischen Praxis immer wieder genau solche Fälle, dass sich also das

---

[1]Mit unserem Modell könnte man auch sagen: Er ist im klinischen Sinne depressiv, weil er einer Paradiesillusion nachhängt – siehe Abschn. 4.2.

Lebensglück eines Patienten langfristig wieder einstellt, auch wenn ich ein Antidepressivum nur vorübergehend, also einige Monate verordne. Der Widerspruch wird erklärbar, wenn wir genau beobachten, was unter dem Einfluss des Medikaments eigentlich geschieht: Zuvor schwer depressive und antriebsarme Patienten nehmen beispielsweise plötzlich wieder ihr Leben in die Hand, fangen wieder an, Sport zu treiben, schreiben nach einer langen Zeit der Arbeitslosigkeit wieder Bewerbungen, machen sich nach einer langen Zeit des Aufschiebens wieder an berufliche Projekte, treffen Entscheidungen hinsichtlich ihrer Lebensplanung oder versöhnen sich mit Menschen, die sie zuvor ausschließlich bekämpft haben. Mit anderen Worten: Es werden Blockaden gelöst und damit eine Situation des Stillstandes, der so typisch für die Diaspora ist, beendet. Patienten haben wieder den Mut, sich in die Rätselzone hinauszubegeben und dort neue Erfahrungen zu machen, die sie zuvor (wegen eines depressiven Antriebsmangels oder aus Angst) vermieden haben. Wenn ich Patienten mit Antidepressiva behandle, dann werden diese Veränderung unmittelbar sichtbar, am häufigsten in Form eines „Aufgehens im Gegenraum". Ich habe die Erfahrung gemacht, dass die Darstellung einer sich schrittweise öffnenden Blase geradezu typisch ist für die Wirkung eines Antidepressivums (siehe auch die Bilderserie der Zwangspatientin in Abschn. 7.2), dass sich also Patienten unter dem Medikament fast immer so entwickeln, dass sie sich jetzt gestärkt hinauswagen in die Rätselzone. Dem scheinen die subjektiven Schilderungen des Medikamenten-Effekts auf den ersten Blick zu widersprechen: Sehr viele Patienten beschreiben die Wirkung nämlich so, dass sich unter der Behandlung mit einem Antidepressivum eine Art „Schutzhaut" entwickle, die sie von der bedrohlichen Welt abschirme. Hier wird also ein Widerspruch zwischen der verbalen und der bildhaften Beschreibung offenbar, die aber m. E. leicht auflösbar ist: Gerade weil sich ein Patient mit einem Antidepressivum wie von einer Schutzhaut geschützt fühlt, wagt er sich erst in die Rätselzone hinaus und ist offen gegenüber ihren Veränderungsimpulsen. Offenheit gegenüber Neuem ist nur möglich, wenn man sich gleichzeitig geschützt fühlt. Weil dieses Paradoxon bildhaft schwer darstellbar ist, wird der Doppelcharakter der Schutzhülle nach Verordnung eines Antidepressivums sehr häufig mit einer Perforierung, also mit kleinen Öffnungen, betont, wie es auch das Patientenbeispiel in Abb. 9.1 zeigt (aus Mayer 2008, S. 110 f.).

Es handelt sich um die Skizzenserie eines schwer depressiven Patienten, der mit tiefenpsychologisch fundierter Psychotherapie und Citalopram 20 mg/Tag behandelt wurde. Unter dieser Therapie kommt es zum Aufbrechen des Gefängnisses, das er in der ersten Skizze noch als äußerst beengend dargestellt hatte. In der zweiten Skizze ist der Patient bereits außen, als einer von zwei weiteren Kreisen, die seine Frau und seinen schwer geistig behinderten Sohn repräsentieren. In der dritten Skizze öffnet sich sein Kreis ein weiteres Mal, er wird perforiert. Der Patient findet einen neuen Zugang zu seinem Sohn und seiner Frau, bleibt aber durch den Kreis mit Öffnungen dennoch geschützt. In einem Paargespräch gegen Ende der Therapie schildert die Ehefrau ihren Mann als deutlich gestärkt und zugleich zugänglicher – und auch sich selbst damit als wesentlich zufriedener mit ihrer schwierigen Lebenssituation. Damit liefert dieses Beispiel auch eine Begründung dafür, warum der Effekt von Antidepressiva oft auch dann

Abb. 9.1 Darstellung des
Entwicklungsprozesses
eines depressiven Patienten
unter der Behandlung mit
Antidepressiva: Befreiung aus
der Diaspora

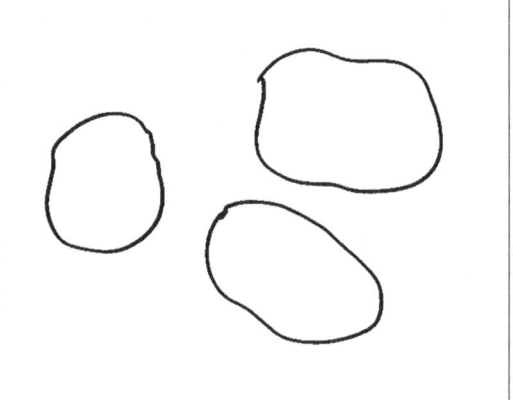

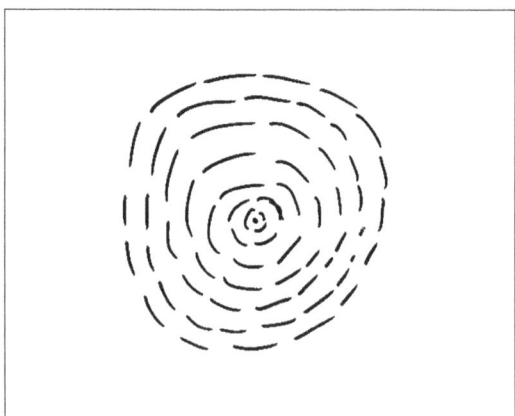

ein dauerhafter ist, wenn das Mittel nur vorübergehend verordnet wird: Durch all die Veränderungen und neuen Verhaltensweisen eines Patienten wird nämlich auch seine äußere Lebenswirklichkeit in einer Weise verändert, die wieder auf ihn selbst zurückwirkt und ihn dauerhaft in seinem transformierten Zustand stabilisiert.

Einer meiner allerersten Patienten war ein depressiver Putzmann, der sich für seinen Beruf schämte und der überdies, wegen seiner häufigen Nachtschichten, keine Zeit mehr für seine Familie fand. Unter der einjährigen Verordnung eines Antidepressivums konnte er dann aber sein unter der depressiven Grundproblematik verschüttetes Potenzial abrufen und gründete selbst eine Reinigungsfirma mit zuletzt 8 Angestellten, die seine frühere Arbeit verrichteten. Und diese neu geschaffene äußere Struktur stabilisierte ihn tatsächlich langfristig in seinem Selbstwertgefühl, also über den Zeitpunkt des Absetzens des Antidepressivums hinaus – ein Zeichen dafür, dass es tatsächlich zu einer Befreiung aus der Diaspora gekommen war und dass es sich nicht nur um eine scheinbare Ereignistilgung handelte.

Literatur

DER SPIEGEL (2013). Ich habe leichtes Gepäck. Nr. 15. Hamburg: Spiegel-Verlag.
Mayer, C. (2008). *Hieroglyphen der Psyche. Mit Patientenskizzen zum Kern der Psychodynamik.* Stuttgart: Schattauer.

War die Diaspora unmittelbar nach der Vertreibung aus dem Paradies zunächst ein notwendiger Schutzraum innerhalb der Rätselzone, so wird sie nach und nach häufig zu einem Gefängnis, weil sie eine Weiterentwicklung verhindert. Andererseits könnte man sich fragen, ob wir Therapeuten vielleicht vorschnell immer eine Entwicklung einfordern und diese fortwährende Veränderung dabei pauschalisierend immer als etwas Positives begreifen? „Ich will mich nicht entwickeln", sagte mir einmal ein Patient, „Ich möchte so bleiben, wie ich bin". Und wir alle streben doch irgendwie danach, im Leben einen Ruhepol zu finden, eine Schutz- und Erholungszone, sei es in einer stabilen Beziehung, in einem Job, bei dem wir uns auskennen, oder in einer Wohnung, einem Haus, das wir nicht immer wieder gleich verlassen müssen (siehe Abschn. 8.3). Ich kann dem Wunsch meines Patienten nach so etwas wie einem „behaglichen Stillstand" also nicht wirklich widersprechen. Allerdings spricht aus ihm jemand, der gerade erhebliche Turbulenzen in einer Rätselzone hinter sich hat und vermutlich wird er seine Meinung ändern, wenn er lange genug in einem Schutzraum verweilt hat, weil ihm dieser dann irgendwann als Gefängnis erscheinen wird, in dem er von allem Neuen abgeschlossen ist. Die Routine wird zum Zwang, das Vertraute langweilig und von irgendwoher werden sich Sehnsüchte nach einem neuen Paradies melden. Nach dem humanistischen Psychologen Carl Rogers ist jedem Menschen eine sog. „Selbstaktualisierungstendenz" eigen (Rogers 1951), also ein Streben danach, die in ihm ruhenden Anlagen zu verwirklichen. Er muss sich und die Umwelt fortlaufend verändern, um zu dem zu werden, der er eigentlich ist. Im Stadium der Diaspora ist dafür aber zu wenig Raum. Und zudem hat er sich in der Geschichte, die er gerade durchläuft, eben noch gar nicht verändert. Er ist aus dem Paradies vertrieben worden und schützt sich jetzt lediglich gegen die Bedrohungen der Rätselzone, ohne dass es zu einer wirklichen Anpassungsleistung gekommen wäre. Das erneute Betreten der Rätselzone (Ziffer 2 in Abb. 10.1) scheint der einzige Weg zu einer stabilen Lösung zu sein und sie steht v. a. auch im Einklang mit seinem natürlichen Bedürfnis nach Entwicklung.

© Springer Fachmedien Wiesbaden 2017
C. Mayer, *Wie in der Psychotherapie Lösungen entstehen,*
DOI 10.1007/978-3-658-13865-3_10

Abb. 10.1 Die Räume der Lösungsgeschichte unter dem speziellen Aspekt des Betretens der Rätselzone. **1** Erster Kontakt mit der Rätselzone nach der Vertreibung aus dem Paradies **2** Zweiter Kontakt mit der Rätselzone nach dem Verlassen der Diaspora

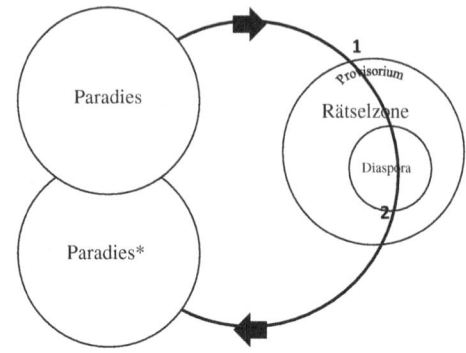

Nur warum sollte diese Begegnung mit der Rätselzone, die ja ursprünglich so bedrohlich war, jetzt auf einmal hilfreich und für eine Lösung geradezu konstitutiv sein? Offensichtlich scheint es darauf anzukommen, von welcher Seite aus man die Rätselzone betritt: Ist der Protagonist gerade aus dem Paradies vertrieben worden, dann ist der Leitaffekt die Angst, sind es gelegentlich auch Verzweiflung oder Aggression, vielleicht auch psychotische Symptome. Auf jeden Fall aber Symptome, die mit einer vermehrten psychischen aber auch vegetativen Erregung einhergehen. Hektische Aktivität ist ein typisches Symptom, weil der Patient hier ohne Plan versucht, irgendetwas zu erreichen, seine Situation zu stabilisieren, was aber zunächst nicht gelingt. Unter der Angst verengt sich zudem der Blickwinkel, das einzige Streben gilt dem „Überleben".

Wenn man die Rätselzone aber aus der Diaspora kommend betritt, wenn man sich also lange in einem selbst gezimmerten Gefängnis befunden, eine lange Zeit des Stillstandes hinter sich hat und es jetzt wagt, die fremde Zone wieder zu betreten, weil man irgendetwas verändern will oder muss – dann tut man dies freiwillig und proaktiv (siehe Abschn. 7.2). Man ist entschlossener, gestärkter und v. a. vorbereitet darauf, dass es gefährlich werden könnte. In Therapien hat der Protagonist jetzt auch einen Therapeuten an seiner Seite, der ihn zuvor schon dahin gehend vorbereitet hat, dass er sich selbst besser kennt und der ihn v. a. auch mit in die Rätselzone begleitet. Der Blickwinkel ist nicht mehr durch Angst verengt, sondern geweitet, nimmt also auch Informationen am Rande wahr und ordnet diese zu neuen Mustern. Gerade Letzteres ist nach dem Kreativitätsforscher de Bono ein zentrales Merkmal für kreatives Denken (Bono 2009, S. 191 ff.), wobei de Bono als weitere Faktoren die „Selbstsicherheit" und den „Spaß" an der Aufgabe nennt. Selbstsicherheit ist sicher ebenfalls sehr nützlich in der Rätselzone, wenn wir darunter eine Art Zuversicht verstehen, der Aufgabe, dem Rätsel auch gewachsen zu sein. „Spaß" dagegen wäre vielleicht eine übertriebene Anforderung, schließlich geht es bei unseren Patienten um existenzielle Dinge, bei denen einfach zu viel auf dem Spiel steht, als dass sie diesen Prozess, wie eine Knobelaufgabe oder ein selbst geschaffenes Kunstwerk, auch noch genießen können müssten. An dieser Stelle wird auch ein entscheidender Unterschied zum gängigen Kreativitätsbegriff deutlich. Dieser wird nämlich meist in einem künstlerischen Kontext gebraucht oder ist auf Problemlösungen zugeschnitten, bei denen es nicht um das persönliche (psychische) Überleben geht. Das heißt allerdings nicht, dass beide Aufgaben, das Lösen eines Problems im Rahmen eines künstlerischen Prozesses und das Lösen eines Lebensrätsels, nicht mit der gleichen Ernsthaftigkeit durchgeführt werden würden. Ich habe auch schon von vielen Künstlern in meinen Seminaren gehört, dass es bei ihnen bei dem Gestalten eines Werkes durchaus um ein Gefühl von „Leben und Tod" gehen würde. In beiden Fällen ist vielleicht „Spaß" also nicht unbedingt eine wesentliche Voraussetzung für die Lösungsfindung, handelt es sich doch nicht selten um schwere Arbeit. Beatrix Gurian, die Autorin des Jugendromans „Stigmata", drückte dies in der Wochenzeitschrift DIE ZEIT kürzlich so aus:

> Ich erlebe Inspiration nur nach Phasen unermüdlicher Arbeit. Wie aus dem Nichts scheint dann der zündende Einfall auf, der alles in einem anderen Licht funkeln lässt, der endlich die losen Enden verknüpft und die Geschichte zu ihrem wahren Ende bringt (DIE ZEIT 2015, S. 56).

Romangeschichten und Lebensgeschichten, beide scheinen nach einem wahren Ende zu verlangen, und es wäre naiv, zu denken, dass dieses gleichsam „on the fly", wie von selbst zu uns kommt. Aber mit der nötigen Entschlossenheit und Zuversicht, v. a. aber wenn es dem Protagonisten gelungen ist, sich von seiner lähmenden Angst und Verzweiflung aus seiner ersten Begegnung mit der Rätselzone zu befreien, kann ein zweiter Aufbruch dorthin gewagt werden.

Zu diesem zweiten Aufbruch in die Rätselzone kam es am Ende der Therapie auch bei einer 25-jährigen Patientin. Zunächst hatte sie sich bei mir wegen Angstzuständen und massiven Schlafstörungen vorgestellt, die sich nach dem kürzlichen Tod ihrer Großmutter entwickelt hatten. Nach der Scheidung der Eltern war sie bei dieser als Kind aufgewachsen und so war sie zeitlebens ihre wichtigste Bezugsperson gewesen. Die ursprünglichen Ängste, mit denen sie in Therapie gekommen war, legten sich zwar allmählich, aber dafür wurde sie spürbar depressiver. Sie konnte auch wieder schlafen, hatte sogar erhebliche Probleme, morgens überhaupt wach zu werden, und fühlte sich dann den ganzen Tag über müde, erschöpft und „leer". Ganz offensichtlich hatte sie Schutzmauern um sich entwickelt, war damit ruhiger aber auch depressiver geworden – typische Gefühle, die das Eingesperrtsein in einer Diaspora signalisieren. Die Therapie verlief wenig spektakulär. Ich konzentrierte mich v. a. darauf, mit der Patientin über ihre Erinnerungen an die Großmutter zu sprechen, und verhielt mich ansonsten weitgehend stützend und ermutigend. Der klinische Zustand der Patientin besserte sich kontinuierlich und plötzlich, von einer Stunde auf die andere, überraschte mich die Patientin mit einer kreativen Idee. So hatte sie für ihren Hund eine Leine aus ineinander verschlungenen Seilen hergestellt, war daraufhin von anderen Hundebesitzern angesprochen worden und wollte dieses Produkt jetzt kommerziell herstellen. Über entsprechende Werbung im Internet entwickelten sich die individuellen Leinen in kurzer Zeit zu einem Bestseller. Sie konnte sich damit nicht nur ihr Studium finanzieren, sondern hatte einen neuen, kreativen Lebensinhalt gefunden, der sie aus ihrer Depression befreite. War sie in einem neuen Paradies gelandet? Ein Bild der Patientin aus dieser Phase legt etwas anderes nahe (Abb. 10.2).

Abb. 10.2 Ein kreativer Einfall führt zum zweiten Aufbruch in die Rätselzone

Die drei im Bild erkennbaren Gesichter zeigen sie einmal zufrieden lachend (oben), beruhigt schlafend (links), aber auch mit schreckgeweiteten Augen (im Bildzentrum). Durch die sich rasant entwickelnde Nachfrage nach ihren Hundeleinen (die auch im Bild dargestellt sind) hatte sich ihr Leben radikal verändert, brachte sie in Kontakt mit anderen Geschäftsleuten, aber auch mit plötzlich auf den Plan getretenen Nachahmern und führte v. a. auch zu einem enormen Zeitdruck. Die Farben sind fröhlich und kräftig, verschwimmen aber auch ineinander und sparen einen weißen (nicht semantisierten) Bereich aus. Das Durcheinander, die immer noch vorhandene Sorge und Unsicherheit, verweisen klar darauf, dass sie es wieder gewagt hatte, die Rätselzone zu betreten. Nach ihrem Auftanken in der Diaspora nun aber gestärkt, mit „Mut", „Elan" und der „Unterstützung" durch den Therapeuten und Freunde (siehe die Bildbeschriftungen). Nur dadurch war es ihr möglich geworden, kreativ zu sein und die Rätselzone zum zweiten Mal zu betreten.

Wie in ähnlichen Fällen, ist es auch in diesem Fall schwer, zu bestimmen, was sich zuerst ereignete: die kreative Idee oder der Aufbruch ins Neue, ins Unbekannte. Auf den ersten Blick scheint es so, als ob die Patientin sich nur durch ihren kreativen Einfall aus der Diaspora befreit hatte, um so wieder in der Rätselzone zu landen. Kreativität ist für mich gleichbedeutend mit der Erweiterung eines Denkraums und damit dem Ausbruch aus der Enge der Diaspora. Unter dieser Perspektive stellt die Diaspora also nicht nur einen Schutzraum oder ein Gefängnis dar, sondern ist Symbol für das „Denken in Kästchen", bzw. einem „thinking inside the box" (Boyd und Goldenberg 2013). Solange das Denken darin eingesperrt ist, werden nur die alten Denkmuster repetiert. Der kreative Einfall ereignet sich somit genau in dem Moment, in dem der Kasten verlassen wird und damit die gesamte Faktenlage plötzlich in einem größeren Zusammenhang erscheint. So

gesehen ist auch das „Aufgehen im Gegenraum" (siehe Abschn. 7.2) nicht das endgültige Ziel auf dem Weg zur Lösung, sondern nur die Voraussetzung dafür, indem sich jetzt
eine neue Sichtweise aus der Vermischung von Bekanntem und Neuem ereignen kann.
Ich bin dem Leser in diesem Zusammenhang noch das Abschlussbild der Patientin aus
Abschn. 7.2 (Abb. 7.7, 7.8, 7.9 und 7.10) schuldig, das sie mir in einer der letzten Sitzungen von zu Hause mitbrachte. Offensichtlich hatte sie sich noch weiter mit der Integration der Gegensätze beschäftigt, die sie in ihren vorausgegangenen Bildern immer
wieder gemalt hatte. Jetzt erschienen ihr die Gegensätze ganz offensichtlich als Teil
eines größeren Ganzen (Abb. 10.3).

Das Bild wird bestimmt durch die Gegensätze von Hell und Dunkel, Tag und Nacht,
wobei diese Polaritäten für sie symbolisch für ihre oft unvorhersehbaren Stimmungsschwankungen stehen. Sie grenzen zwar hart aneinander, aber das Dunkle hat insofern
seine Bedrohung für sie verloren, als dass es jetzt ansprechend und in einer angeneh-
men Weise geheimnisvoll gestaltet wird. „Nur in der Nacht sieht man die Sterne", fällt
ihr dazu ein und sie beschreibt, wie viel Hilfreiches sie aus der Beschäftigung mit ihrer
„dunklen Seite" in der Therapie gelernt hatte. Wichtiger noch erscheint mir aber die
Erweiterung des Rahmens in ihrem Bild. Tag und Nacht bestimmen nicht mehr die ganze
Fläche, sind also nicht mehr „Alles". Es gibt einen weiteren Bezugsrahmen, in den zwar
einzelne Bildelemente aus der Mitte vordringen, der aber doch eine Meta-Perspektive
ermöglicht, die sowohl das Helle als auch das Dunkle einschließt. Aus dieser Meta-
Perspektive kann die Patientin jetzt in einem ganzheitlichen Sinne auf sich selbst blicken

Abb. 10.3 Die ursprünglichen Gegensätze erscheinen in einem größeren Zusammenhang als eins.
Schlussbild der Bilderserie der Patientin aus Abschn. 7.2, Abb. 7.7, 7.8, 7.9 und 7.10. Bildbeispiel
für eine Meta-Lösung

und ist damit nicht mehr vollständig mit ihren einzelnen, widersprüchlichen Stimmungen identifiziert.

Kreativität, so scheint es, hat viel mit solchen Meta-Lösungen bzw. Meta-Tilgungen (siehe Abschn. 7.3) zu tun. Eine wirklich kreative Idee transzendiert die Gegensätze. Sie findet einen neuen Rahmen für sie und löst damit die Widersprüchlichkeit zugunsten eines neuen Ganzen auf. Wenn wir die Diaspora im übertragen Sinne als einen eingeschränkten Denk- und Wahrnehmungs-Raum sehen, dann ist Kreativität gleichbedeutend mit seiner Erweiterung. So betrachtet wird verständlich, warum gerade Künstler diese Diaspora-Mauern als Beschränkung ihrer Ausdrucksmöglichkeiten begreifen und – anders als „gewöhnliche Menschen" – gar nicht danach streben, sich in eine Kasten-Struktur zu flüchten, wenn sie aus einem Paradies in die Rätselzone vertrieben werden. Über meine Beschäftigung mit der Kunsttherapie hatte ich die Gelegenheit, einige Künstler im therapeutischen Prozess zu erleben. Wie bei meinen anderen Patienten erwartete ich dabei die üblichen Stationen auf dem Weg zu einer Lösung, musste dann aber feststellen, dass in den über den Therapieverlauf entstandenen Bilder-Serien das Stadium der Diaspora häufig fehlte. Ich deutete dies zunächst irrtümlicherweise so, als ob sie dieses Stadium bereits hinter sich hätten, dass sie also bereits zum zweiten Mal der Rätselzone begegnet wären und deshalb bereits kurz vor der Lösung stünden.

Werfen wir in diesem Zusammenhang einen Blick auf die erste, in der Therapie entstandene Skizze einer 31-jährigen Künstlerin (Abb. 10.4). Sie war zu mir gekommen, nachdem eine langjährige Beziehung gescheitert war. Biografisch war eine hochambivalente Vaterbeziehung wichtig, nach deren „Vorbild" sie auch ihre bisherigen Männerbeziehungen gestaltete: Sie verliebte sich rasch, öffnete sich ihren jeweiligen Partnern vertrauensvoll, wurde dann aber von einer Angst vor Zurückweisung überfallen – weil sie genau dies mit ihrem Vater erlebt hatte. Die Folge war ein kindliches Anklammerungsverhalten, eine Unterwerfung unter den Willen der Partner, was diese aber keineswegs schätzten, sondern sich, im Gegenteil, von ihr zurückzogen.

Abb. 10.4 Vertreibung aus dem Paradies in die Rätselzone nach der Trennung vom Partner

Welches Stadium des Lösungswegs war mit dieser initialen Skizze eingefangen worden? Die Patientin hatte sich selbst dargestellt, in der linken Bildhälfte mit festen Konturen und einem Blumenkranz im Haar, rechts mit auflösenden Konturen. In meinen Augen hatte sie damit genau jenen Vorgang der Öffnung in Beziehungen skizziert, der im weiteren Verlauf zu der beschriebenen Angst vor Verletzung und Zurückweisung führt. Dieses Bild markiert aber auch ihren Zustand nach der unmittelbar zurückliegenden Trennung: Nach dem Wegfall des stabilisierenden Partners erlebt sie sich teilweise in Auflösung und ist damit den Einflüssen ihrer Umwelt in bedrohlichem Maße ausgeliefert. Ganz offensichtlich war sie aus dem Paradies (an das noch die Blumen in ihrem Haar erinnern) in die Rätselzone vertrieben worden. Folglich konzentrierte ich mich in der Therapie zunächst auf eine entsprechende Stabilisierungsarbeit (siehe Abschn. 13.3) und erwartete für das nächste Bild (nach etwa 20 Sitzungen) die Darstellung eines entsprechenden Schutzraums, stattdessen entstand dieses Bild (siehe Abb. 10.5).

Die Patientin hatte sich links unten in Form einer orangen Figur dargestellt und steht einer sie beinahe überwältigenden Fläche von ineinander zerfließenden Farben gegenüber. Sie betritt die Rätselzone, allerdings nicht ängstlich oder verzagt, sondern genau in jenem Zustand der Erwartung und Neugier, der eigentlich nicht für dieses Stadium des Lösungswegs, sondern für das wiederholte Betreten der Rätselzone (nach der Diaspora)

Abb. 10.5 Die Patientin hat die Diaspora „übersprungen" und betritt erwartungsvoll und neugierig die Rätselzone

charakteristisch ist. Zeitlich parallel entstanden ganze Serien von künstlerischen Bildern, von denen sie einige auch an einen Sammler verkaufen konnte, der erstaunt und angetan war über den neuen Stil in ihrer Art zu malen. Ganz offensichtlich konnte sie als Künstlerin die Begegnung mit der Rätselzone unmittelbar und ohne Schutzstruktur für ihre Kreativität nutzen und machte mich so um eine Erkenntnis reicher, die ich seither immer wieder in den Bildern von Künstlern bestätigt sehe: Die Rätselzone ist für sie zwar auch bedrohlich, beängstigend und oftmals auch eine Zone der Verzweiflung – aber sie sind gleichzeitig für ihre Inspiration auf sie angewiesen und wollen sich deshalb auch gar nicht vor ihr schützen. Obwohl sich diese Beobachtungen seither in vielen weiteren Mal-Prozessen mit Künstlern bestätigt haben, sollten wir an dieser Stelle nicht übergeneralisieren. Viele Künstler brauchen auch feste Sicherheitsstrukturen, eine Absicherung gegen das Chaos in Form einer Diaspora. Und dennoch verfügen sie im Allgemeinen über eine Art erhöhte „Rätselzonen-Toleranz" bzw. eine Art Neugier auf die Rätselzone, schöpfen sie doch gerade aus dieser Zone die Inspiration für ihre schöpferischen Projekte. Bei der Vorstellung meines Modells an der Hochschule für Kunsttherapie in Nürtingen meinte eine 31-jährige Bildhauerin, dass für sie das Paradies und auch das modifizierte Paradies „langweilig" seien, wenn es nicht auch Bestandteile der Rätselzone enthalten würde, und sie fragte danach, ob man nicht beide Räume als einander überlappend darstellen könnte. Eine kreative Idee, wie ich finde, und eine Anregung für eine künftige Modifikation des Modells, das dann auch derartige Spezialfälle umfassen könnte.

Literatur

Bono, E. de. (2009). De Bonos neue Denkschule. Kreativer denken, effektiver arbeiten, mehr erreichen. München: MVG.

Boyd, D., & Goldenberg, J. (2013). *Inside the box. A proven system of creativity for breakthrough results*. New York: Simon & Schuster.

DIE ZEIT (2015). Woher kommt die Kreativität? Nr. 20. Hamburg: Gerd Bucerius GmbH & Co. KG.

Rogers, C. R. (1951). *Client-centered therapy: Its current practice, implications and theory*. Boston: Houghton Mifflin.

Lösungsvoraussetzungen oder wie man aus der Diaspora entkommt

Die Vertreibung aus dem Paradies stellt die erste Grenzüberschreitung in einer Geschichte dar. Sie konfrontiert den Protagonisten mit der Rätselzone, von der er sich üblicherweise (zu den Ausnahmen siehe das vorangegangene Kapitel) in einer Diaspora abgeschottet, von der er sich dann aber im Rahmen des Lösungsprozesses wieder befreit. Weil ihn diese Befreiung wieder an einen neuen, positiv besetzten Ort führt, tilgt sie gleichsam die ursprüngliche Vertreibung aus dem Paradies, sodass wir diesen Abschnitt der Geschichte auch als Ereignistilgung beschreiben können.

In Kap. 7 habe ich mit dem „Aufgehen im Gegenraum", mit der „Meta-Tilgung" und dem Finden eines „dritten Ortes" verschiedene Formen der Ereignistilgung bzw. Lösung dargestellt. Ermöglicht werden diese entweder über eine Transformation oder über Wachstum des Protagonisten (siehe Abschn. 8.3). Weil aber eine Beschreibung dieser Prozesse noch keine Handlungsanweisung liefert, müssen wir unsere Betrachtungen noch um diese praktische Ebene erweitern und fragen deshalb in diesem Kapitel konkret nach den Faktoren, die eine Lösung in der Therapie ermöglichen.

11.1 Die Semantisierung und Erkundung des Außenraums

Schauen wir noch einmal auf die Skizze der Patientin mit einer Erkrankung aus dem Autismus-Spektrum, die wir schon in Kap. 6 beschrieben haben (Abb. 11.1).

Die Patientin hat sich hier in einen abgeschlossenen Kreis gezeichnet und damit das einfachste Modell einer „Semiosphäre" (siehe Kap. 2) auf grafische Weise dargestellt. Bemerkenswert ist dabei vor allem, dass der Raum außerhalb des Kreises vollständig leer bleibt, oder, um in der Sprache von Lotman zu bleiben, „nicht semantisiert" (also nicht mit Bedeutungen gefüllt) ist. Übersetzen wir „leer sein" auf eine psychische Ebene, dann könnte es etwa „nicht existent", „ohne Relevanz" bedeuten, was einer vollständigen

© Springer Fachmedien Wiesbaden 2017   143
C. Mayer, *Wie in der Psychotherapie Lösungen entstehen*,
DOI 10.1007/978-3-658-13865-3_11

Abb. 11.1 Ein Innenraum
ohne Außen und ohne
Leidensdruck

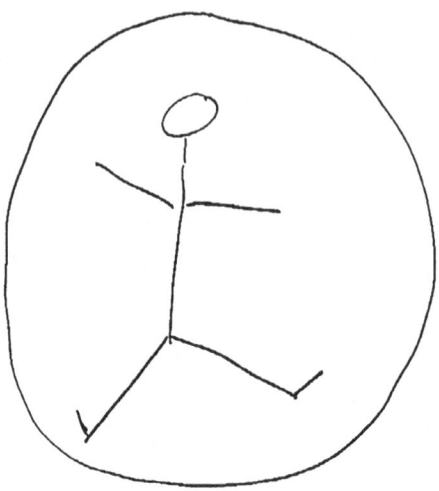

Fixierung der Patientin auf die eigene Person gleichkäme. Und in der Tat beschäftigt sie
sich nicht mit anderen Menschen, sondern ausschließlich mit ihrem Physikstudium und
Computerspielen. Sie hat diesbezüglich auch keinen Leidensdruck, weil sie den Austausch nicht vermisst. Aber wenn sie den äußeren Raum einfach leugnen würde, als nicht
existent oder nicht relevant erklären würde – warum hat sie dann überhaupt eine Grenze
gezogen und ihn damit erst geschaffen?

> Eine Grenze grenzt immer an etwas und gehört folglich immer zu […] aneinandergrenzen-
> den Semiosphären,

schreibt Lotman (Lotman 2010, S. 183) – und das gilt m. E. auch, wenn die angrenzende
Semiosphäre noch völlig unstrukturiert bleibt. Es ist dann gerade die Unstrukturiertheit,
die Angst macht, wie alles, was unbekannt oder unverstanden ist. Auf kultureller Ebene
beschreibt Lotman diese Angst vor dem noch „leeren Außen" wiederum in seinem Diskurs zur Grenze in seinem Buch „Die Innenwelt des Denkens":

> Wenn die innere Welt den Kosmos reproduziert, dann liegt jenseits der Grenze das Chaos,
> die Antiwelt, ein von Ungeheuern, infernalischen Kräften und mit ihnen verbündeten Men-
> schen bevölkerter **unstrukturierter** (Hervorhebung durch den Autor) Raum. Außerhalb des
> Dorfes musste der Zauberer leben […], in der mittelalterlichen Stadt war es der Henker, der
> jenseits der Stadtmauern wohnte (Lotman 2010, S. 188).

Solange der äußere Raum also unstrukturiert bleibt, bleibt er auch eine Quelle von
Ängsten und Verunsicherung. Dies ist genau die Situation in der Diaspora. Man hat
sich eingerichtet in der Fremde, sich aber auch mit Mauern umgeben, um sich vor
dem Unbekannten zu schützen. Der erste Schritt, die Grundvoraussetzung für die Öffnung der Blase, muss also das Verstehen des Außenraums sein. „Verstehen" heißt dabei

noch keineswegs „akzeptieren" (was ein möglicher zweiter Schritt sein kann), sondern zunächst einmal nur „mit Bedeutung versehen", also semiotisieren.

Was man darunter genau versteht, findet sich wiederum bei Lotman:

> Damit die Außenwelt, die den Menschen umgibt, zu einem kulturellen Faktor wird, muss sie zunächst semiotisiert werden, also eingeteilt in Objekte, die etwas bedeuten, symbolisieren, indizieren, kurz: die einen Sinn haben (Lotman 2010, S. 177).

Auf der Bildebene könnte sich ein entsprechender Schritt etwa darin zeigen, dass bestimmte Objekte außerhalb der Grenze erscheinen, z. B. andere Personen, die dann konkret in der Therapiesituation nach ihren Eigenschaften „befragt" werden könnten, oder dahin gehend, in welcher Beziehung sie zum Patienten stehen. Ohne eine solche differenzierende Herangehensweise aber erscheint der unstrukturierte Außenraum grob vereinfacht als nur „bedrohlich", „chaotisch" oder „böse" und die einzig mögliche Haltung zu ihm wäre die komplette Abschottung oder die kriegerische Konfrontation.

Das erkundende (semantisierende) Verhalten aber ist anders als der Kampf. Es forscht, es lotet aus, es untersucht. Dieses Verhalten lässt sich im Übrigen auch auf den rhetorischen Diskurs, also die Auseinandersetzung mit fremden, noch nicht vollständig verstandenen Argumenten anwenden. Der Kreativitätsforscher de Bono prägte hierfür den Begriff der „Exlektik" und will damit eine Alternative zur abendländischen Denktradition der Dialektik aufzeigen:

> Wenn Konfrontation und Dialektik verschwenderisch und gefährlich sind, was bleibt uns dann noch? Die „Exlektik". Sie hat etwas mit dem Lesen einer Landkarte und mit kreativem Design zu tun. Sie ist nicht destruktiv, sondern konstruktiv. Die Exlektik versucht, aus einer Situation das Wertvolle „herauszuholen", einerlei auf welcher Seite es sich befindet. [...] Die Exlektik gleicht daher der „osmotischen Methode" der Japaner, bei der es überhaupt keine gegensätzlichen Ideen gibt (De Bono 2009, S. 124).

Interessanterweise weicht de Bono hier, ähnlich wie unser Ansatz das tut, auf räumliche Metaphern aus. Es geht ihm um das „Lesen einer Landkarte" und um verschiedene, oppositionelle „Seiten" auf dieser Landkarte. Übertragen auf unser Denkmodell geht es um den diasporischen Raum und die Rätselzone, die sich mit dem Öffnen der Blase (siehe Abschn. 7.2) „osmotisch" ausgleichen. Osmose, ein Begriff aus der Biochemie, meint die teilweise Durchdringung von Flüssigkeiten durch eine semipermeable Membran, also eine Membran, die nur von bestimmten Teilchen durchdrungen werden kann, von anderen aber nicht. Ähnlich entsteht bei der osmotischen Durchdringung von Diaspora und Rätselzone eine neue „Flüssigkeit", die Eigenschaften beider Räume hat.

Als Werkzeug für exlektisches Denken präsentiert de Bono das sog. „EBS-Tool":

> EBS steht für **E**rforsche **B**eide **S**eiten. Wie sieht der andere Standpunkt wirklich aus? Vielleicht ist er mehr als das, was als Argument vorgetragen wird. Wir erkunden also das „Terrain" dahinter. Diese Erkundung ist neutral. Wir können z. B. einen Schüler auffordern, einen Standpunkt zu vertreten, und im letzten Augenblick den anderen Standpunkt verteidigen lassen – nicht um seine Diskussionsfähigkeit zu schulen, sondern um eine echte Prüfung beider Standpunkte zu erreichen (De Bono 2009, S. 125).

Ergänzend könnte man hier erklärend hinzufügen, dass es nicht nur um die Prüfung beider Standpunkte geht, sondern auch darum, das „Wertvolle" (siehe erstes Zitat) aus beiden Standpunkten zusammenzufügen zu einem neuen, erweiterten Standpunkt.

> EBS gleicht in gewissem Umfang der Erkundung des feindlichen Geländes im Krieg. Der entscheidende Unterschied ist, dass wir im Krieg nach günstigen Plätzen für Bombenangriffe suchen, während wir das Territorium beim EBS aus konstruktiven Motiven erforschen. Die Schwäche dieses Werkzeugs besteht darin, dass es nicht leicht ist, diese Einstellung durchzuhalten. Die Neutralität und Objektivität der Erkundung sind äußerst wichtig. Wir müssen ebenso objektiv sein wie ein hingebungsvoller Kartograph (De Bono 2009, S. 126).

Auch hier bedient sich de Bono wieder räumlicher Metaphern, spricht etwa von „Territorium" und einem „hingebungsvollem Kartograph", wobei mir dieser Begriff auch als Metapher für einen hingebungsvollen Therapeuten geeignet erscheint. Er ebnet dem Patienten nicht unbedingt seine Wege, zeigt ihm auch nicht die Richtung, aber er hilft ihm, eine Karte seiner inneren Umgebung zu erstellen, und schafft damit Orientierung. An dieser Stelle kommt die Kunsttherapie als wichtige Erkundungshilfe für das „feindliche Gelände" ins Spiel. Über das spontan gemalte Bild werden zumindest die Konturen des vertrauten und des unbekannten Territoriums sichtbar, manchmal auch die darin enthaltenen Objekte, also Personen die die Welt des Protagonisten bevölkern oder Symbole, die sie charakterisieren. Allerdings werden die Inhalte des unbekannten Bereichs, also die Rätselzone, meist nur bruchstückhaft dargestellt oder nur mit einem Fragezeichen angedeutet. Das Wesen des Unbekannten ist es ja gerade, dass es noch kein Gesicht, keine konkrete Gestalt hat. Um uns ein genaueres Bild von der Rätselzone zu machen, müssen wir sie also zunächst erkunden, um sie dann evtl. in unsere vertraute Welt zu integrieren.

11.2   Mit dem Außen reden

Die Erkundung der Rätselzone als Voraussetzung für eine spätere „Besiedlung" (um in der räumlichen Metaphorik zu bleiben) ist bereits von innerhalb der Diaspora aus möglich, und zwar durch **Kommunikation** mit dem Außen. Der Eingeschlossene schafft es auf irgendeine Weise, mit jemandem aus dem Gegenraum zu sprechen, oder besser: sich zu verständigen, in einen Diskurs über eventuell gemeinsame Werte oder Bedürfnisse zu treten. Stellvertretend für die Außenwelt ist es zunächst der Therapeut, der die Aufgabe übernimmt, mit dem Eingeschlossenen hinter seinen Mauern zu sprechen. Indem er sich zeigt, wird der Patient dann Schritt für Schritt fähig werden, sich auch gegenüber anderen Menschen aus der Außenwelt zu zeigen und mit ihnen in Kontakt zu treten.

Auf der Bildebene wird dieser Mechanismus der Ereignistilgung durch Kommunikation oft unmittelbar evident, etwa in den beiden Skizzen (Abb. 11.2 und 11.3) einer Patientin mit einer Borderline-Struktur.

Abb. 11.2 zeigt die Situation zu Beginn der Therapie. Die Patientin ist eingeschlossen in einem Gefängnis, schützt sich darin vor den mit Pfeilen dargestellten Attacken ihres

Abb. 11.2 Eingeschlossen in
der Diaspora, Bedrohung durch
die Personen außerhalb der
Schutzhülle

Abb. 11.3 Aus den
Bedrohungspfeilen sind
Kommunikationswege
geworden

Mannes und ihrer Mutter.[1] Von ihr selbst dringen nur gewundene Pfeile nach außen, sie
fühlt sich auf eigentümliche Weise in ihren Impulsen gebremst, bzw. missverstanden –
was nicht verwundert, weil sie ausschließlich mit heftigen Wutanfällen auf die vermeintlichen Verletzungen der anderen reagiert.

Gegen Ende der Therapie entsteht eine Skizze (Abb. 11.3), in der die Angriffspfeile
zu Kommunikationspfeilen geworden sind.

---

[1]In Wirklichkeit handelt es sich nicht um reale Angriffe, sondern um eine Fehlinterpretation der
eigentlich liebevollen oder zumindest neutralen Verhaltensweisen ihrer wichtigsten Bezugspersonen. Diesen häufigen "Irrtum" strukturell gestörter Patienten werden wir weiter unten unter dem
Aspekt der "Fehl-Übersetzung" noch genauer betrachten.

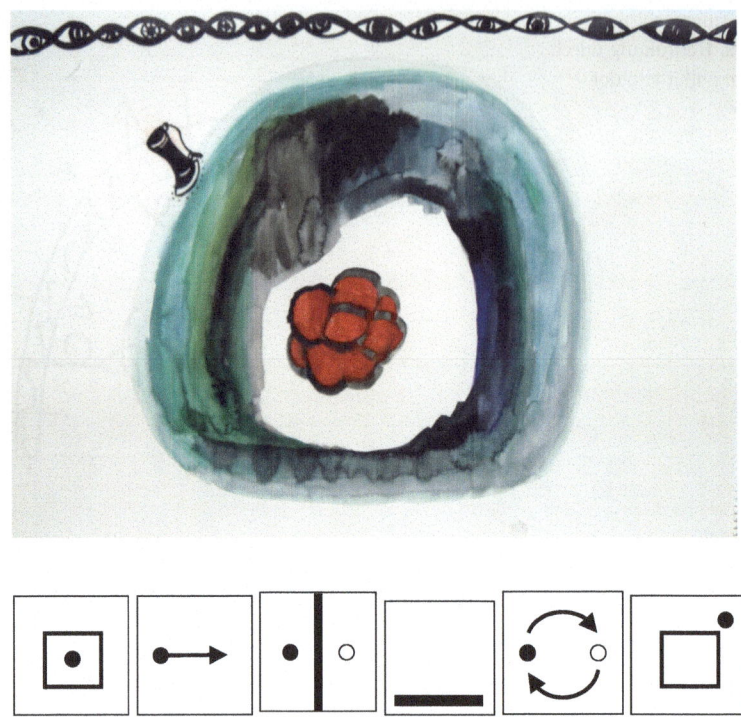

Abb. 11.4 Kommunikation als Ausweg aus der Diaspora. Darstellung des Lösungswegs mit „Fokuskarten"

Als dritte Person, mit der die Patientin in einen Dialog tritt, taucht die Schwiegermutter auf und ergänzt damit die Reihe von zentralen Bezugspersonen, mit denen die Patientin zuvor in einem aggressiven Konflikt verstrickt war.

In anderen Fällen ist das Feld der „Gegner" weniger klar umrissen, beispielsweise in dem Bild einer Patientin mit sozialer Phobie (Abb. 11.4). Sie fühlt sich zunehmend eingeengt in ihrem selbst gezimmerten Schutzgefängnis, das insgesamt unter hohem Druck steht und deshalb nur mit einem Druckventil links oben überhaupt bewohnbar ist. Um diesen Zustand zu beenden, muss sie sich also auch vom reaktiven Schutzmodus befreien und proaktiv den Weg nach außen suchen. In ihrem Bild erscheinen sämtliche Augen außerhalb der Diaspora-Blase bedrohlich, sodass eine Lösung wie in der eben gezeigten Skizze (Abb. 11.3), also eine selektive Auseinandersetzung mit den zentralen Bezugspersonen, nicht möglich erscheint. Auf der Suche nach einer bildhaften Lösung gebe ich der Patientin die von mir entwickelten Fokus-Karten (Mayer 2010). Es handelt sich dabei um ein Set von 37 Karten, die über Jahre aus der Beschäftigung mit zahlreichen

Patienten-Bildern entwickelt wurden und prototypische Erlebnisweisen in abstrakter Form darstellen. Ich bitte die Patientin, 6 Karten auszuwählen, die sie in Zusammenhang mit ihrem ursprünglichen Bild bringen kann –, und sie dann in einem zweiten Schritt in eine Lösungssequenz zu legen.

Die erste Karte stellt lediglich eine vereinfachte Wiedergabe des Ausgangsbildes dar. Mit der zweiten Karte begibt sich die Patientin entschlossen auf den Weg nach draußen, stößt dann mit der dritten Karte an eine scheinbar nicht zu überwindende „Angst-Barriere" und erlebt sich danach als niedergeschlagen und von sich selbst enttäuscht (4. Karte). Die entscheidende Wende ereignet sich mit der 5. Karte, bei der die Patientin in einen Dialog mit **einer** Person, also **einem** Augenpaar, tritt. Es fällt ihr dazu ein, dass sie ihre Angst vor Gruppen vielleicht darüber überwinden könnte, dass sie die Gruppe nicht mehr als anonyme und amorphe Ansammlung von Bedrohungen wahrnimmt, sondern als einzelne Personen, mit denen sie auch einzeln in Kontakt treten könnte. Vielleicht reiche es aus, so meint sie weiter, ihre Angst zu überwinden, wenn sie beim nächsten Mal mit einer einzelnen Person aus der Gruppe in Dialog tritt. Den anderen Seminarteilnehmern gefällt diese Idee und sie ermutigen sie zu dieser Strategie.

Einen Dialog zu führen, erscheint auf den ersten Blick leicht und es verwundert fast, dass Patienten nicht selbst auf diese Idee kommen, wenn sie sich in ihrer Diaspora eingeschlossen fühlen. In der Realität ist dieser oft entscheidende Schritt aber äußerst schwierig, und zwar aus zwei Gründen:

Zum einen muss zunächst eine Bereitschaft hergestellt werden, sich überhaupt mit dem Außen, also mit „dem Anderen" zu verständigen. Wie hartnäckig der Widerstand dagegen ist, sehen wir an dem oft zähen Anfangsstadium von Paartherapien. Beide Partner finden sich hier zwar explizit in der Therapie ein, um „sich auszutauschen". In Wirklichkeit aber geht es ihnen zunächst nicht um Austausch, sondern darum, sich gegenseitig mit ihren Argumenten zu bekämpfen und dabei den Therapeuten als ihren jeweiligen Verbündeten in diesem Kampf zu gewinnen. Sie sind dem paradoxen Glauben verfallen, die Liebe, oder zumindest eine Verständigungsbasis, lasse sich wiederherstellen, wenn sie sich mit ihrer Sichtweise durchsetzen und den anderen davon überzeugen. In Wirklichkeit ist es gerade umgekehrt: Eine Annäherung ist nicht mit semantischen Mitteln und Kampf-Strategien möglich, sondern eine wie auch immer geartete Annäherung und Liebesbereitschaft ist die Basis dafür, einen konstruktiven Dialog führen zu können.

Lotman beschreibt diesen wesentlichen Mechanismus eines gelungenen Dialogs in der „Innenwelt des Denkens" folgendermaßen:

> Ob ein Dialog möglich ist, hängt noch von einer weiteren Voraussetzung ab: Dem Interesse der Beteiligten an den Mitteilungen und ihrer Fähigkeit, die unvermeidlichen semiotischen Barrieren zu überwinden. So nennt John Newson, der die Dialogsituation zwischen stillender Mutter und Säugling untersucht hat, als notwendige Voraussetzung des Dialogs die Liebe [...] und wechselseitige Anziehung zwischen den Beteiligten (Lotman 2010, S. 191).

> Der Dialog muss als notwendig und wünschenswert empfunden werden. Wie bei jedem Dialog muss auch hier das beiderseitige Streben nach Kontakt **vor** dem Kontakt selbst da sein (Lotman 2010, S. 198).

In der Situation eines zerstrittenen Paares ist aber genau dies nicht gegeben, weil die Beteiligten unter dem Deckmantel des Dialogs eigentlich einen Kampf führen wollen. Der Paarforscher Prof. Michael Lucas Möller schlägt deshalb in seinem Buch „Die Wahrheit beginnt zu zweit: Das Paar im Gespräch" (Möller 1988) noch vor dem Dialog das „Zwiegespräch" als Partnerübung vor. Dabei vereinbaren beide Partner einmal pro Woche einen Gesprächstermin. Zunächst spricht einer der Beteiligten 15 min davon, was ihn bewegt, während der andere nur zuhört und nicht interveniert. Die Gesprächspartner werden dazu angehalten, in „Ich-Botschaften" zu sprechen („Ich erlebe deinen Blick als … ich fühle Wut, wenn du von deiner früheren Frau sprichst …" etc.). Aussagen über den Partner oder gar Schuldzuschreibungen („Du bist …") sollten vermieden werden. Nach 15 min spricht der andere Partner, wiederholt aber zunächst, was er vom jeweils anderen verstanden hat – und was nicht. Dieser 30-minütige Prozess wird insgesamt dreimal wiederholt, sodass die gesamte Übung insgesamt 90 min dauert. Es handelt sich dabei um eine Selbsthilfe-Übung, die ohne Therapeut stattfindet, wobei die Erfahrung zeigt, dass dieses Vorgehen sehr häufig einer Paartherapie gleichwertig, wenn nicht sogar überlegen ist.

Die Methode ist m. E. so erfolgreich, weil sie das fremde Territorium zunächst **erkundet** und nicht etwa den Feind darin bekämpft. Sie ist in dieser Hinsicht der Exlektik und dem EBS-Tool von de Bono verwandt (siehe Abschn. 11.1). Wenn der Prozess gelingt, was häufig der Fall ist, dann führt er zu einem Verständnis des Anderen, der zuvor nur als personifizierte Rätselzone erschienen war und durch diese Methode sozusagen erst „semiotisiert" worden ist. Erst wenn wir den anderen ganz erkundet haben, entwickelt sich vielleicht wieder eine Anziehung der Beteiligten, die Lotman als eine notwendige Voraussetzung für einen dialogischen Kontakt benannt hat.

Wenn man genauer hinschaut, gibt es allerdings noch eine zweite Voraussetzung für den Kontakt der beiden Semiosphären der Partner, und das ist die „Übersetzung". Lotman sieht in dieser Übersetzung eine wichtige Funktion der Grenze:

> Der Begriff der Grenze ist ambivalent: Einerseits trennt sie, andererseits verbindet sie. Eine Grenze grenzt immer an etwas und gehört folglich gleichzeitig zu beiden benachbarten Kulturen, zu beiden aneinandergrenzenden Semiosphären. Die Grenze ist immer zwei- oder mehrsprachig. Sie ist ein Übersetzungsmechanismus, der Texte aus einer fremden Semiotik in die Sprache `unserer eigenen´ Semiotik überträgt; sie ist der Ort, wo das `Äußere´ zum `Inneren´ wird, eine filternde Membran, die die fremden Texte so stark transformiert, dass sie sich in die interne Semiotik der eigenen Semiosphäre einfügen, ohne doch ihre Fremdartigkeit zu verlieren (Lotman 2010, S. 182).

Betrachten wir in diesem Zusammenhang noch einmal die Skizze der Patientin zu Beginn dieses Kapitels (Abb. 11.3). Entsprechend ihrer Borderline-Struktur teilt sie ihre Welt in „Schwarz" und „Weiß" ein, also in „Gut" und „Böse". Das eine Problem ist dabei die Einfachheit dieses Schemas, weil sie dazu verführt, auch neutrale Äußerungen oder Verhaltensweisen der Anderen holzschnittartig diesen beiden Kategorien zuzuordnen und dabei die Vielfalt menschlicher Beziehungsaufnahmen zu ignorieren. Und das zweite Problem ist die Tatsache, dass andere überzufällig häufig dem „bösen" Bereich zugeordnet werden, weil aufgrund frühkindlicher Traumata kein Vertrauen in die Umwelt gewachsen ist. Es findet also eine permanente Fehlübersetzung statt, es kommt etwas anderes an, als das, was gemeint war. Und zwar in beide Richtungen, denn auch der Patient selbst fühlt sich in seinem „heiligen Zorn" auf die anderen missverstanden, als Choleriker oder gar als „Verrückter" gebrandmarkt, wo er sich doch nur in der Verteidigerposition sieht. Als Therapeut sehe ich mich in diesen Fällen genau als die von Lotman beschriebene „filternde Membran", die dem Patienten das Verhalten anderer „übersetzt", bzw. ihm selbst hilft, seine eigenen Äußerungen so zu übersetzen, dass sie von den anderen verstanden werden können.[2]

Schauen wir uns zum Abschluss dieses Kapitels noch eine vollständige Sequenz einer Bilderserie an, angefangen vom Paradies bis zur Ereignistilgung (Abb. 11.5, 11.6, 11.7, 11.8 und 11.9). Es handelt sich dabei um die im Laufe einer zweijährigen Therapie entstandenen Bilder einer 23-jährigen Studentin, die ursprünglich wegen ausgeprägter Prüfungsangst und psychosomatischen Darmsymptomen in Therapie gekommen war. (In Kap. 6 wurde diese Patientin bereits als Beispiel für eine Ersatzbildung durch exzessiven Medienkonsum kurz beschrieben). Zu Beginn der Therapie erlebt sie sich als völlig isoliert von der Außenwelt, eingeschlossen in einem Kasten, den wir nach unseren bisherigen Erkenntnissen unschwer als Diaspora identifizieren können (Abb. 11.5).

Wie im Kap. 1 beschrieben, entstanden sämtliche Bilder in diesem Buch als Reaktion auf die Aufforderung: „Versuchen Sie doch einmal, ihre aktuelle Situation oder ihren aktuellen Zustand in einem Bild darzustellen." Gelegentlich interessiere ich mich aber auch für den Zustand davor, also für das untergegangene oder verlassene Paradies, und bitte den Patienten, hierzu ein Bild zu malen. Diese Patientin setzte diese Aufforderung folgendermaßen um (Abb. 11.6):

Sie malt sich als blaue Kugel im Zentrum des Bildes und fühlt sich dabei beschützt von zwei roten Bäumen, die für ihre Eltern stehen. Aus diesem Paradies ist sie nun unmittelbar vor Beginn der Therapie durch zwei Meta-Ereignisse (siehe Abschn. 4.4) vertrieben worden: Einerseits musste sie schweren Herzens wegen ihres Studiums ihr Heimatdorf verlassen und andererseits löste sich die familiäre Idylle auch dort auf, weil ihr Vater an Krebs erkrankte und sie nicht mehr wie gewohnt beschützen konnte. An ihrem Studienort München fiel es ihr äußerst schwer, Kontakte zu knüpfen, ja, sie versuchte es nicht einmal, weil sie glaubte, eigentlich nur von ihren Eltern verstanden zu werden. Das Lernen wurde zur Ersatzbeschäftigung für das wirkliche Leben, ebenso ein suchtartiger Medienkonsum in Form von exzessivem Fernsehen (siehe Kap. 6, Abb. 6.1). Auch mit mir kommunizierte die Patientin nur spärlich, wohl weil ich ihr zunächst die

---

[2]Die extremste Form dieser Art der Fehlübersetzung ist sicherlich der Wahn. Hier wird gleichsam alles von außen Kommende als bedrohlich oder feindselig fehlübersetzt und ohne entsprechende Medikation gelingt auch keine Übersetzungshilfe mehr durch den Therapeuten.

Abb. 11.5 Zu Beginn der
Therapie: eingeschlossen in der
Diaspora

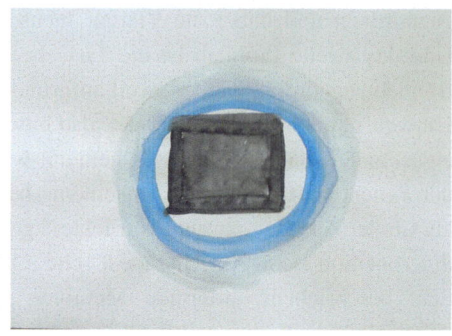

Abb. 11.6 Das ursprüngliche
Kindheitsparadies

Abb. 11.7 Kommunikation
erscheint als Ausweg, wird
aber noch als bedrohlich
wahrgenommen

Abb. 11.8 Verschiedene
Kommunikationswege,
Aufgehobensein in einem
größeren Ganzen

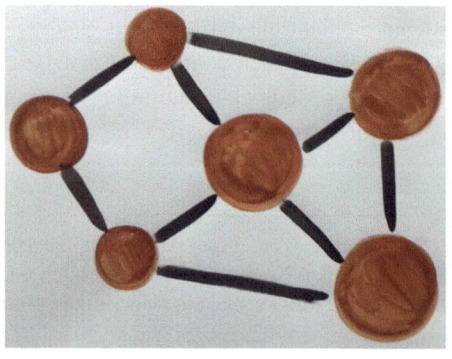

Abb. 11.9 Das Ende der
Therapie: mehr Spielraum
innerhalb der Diaspora

elterliche Geborgenheit und Sicherheit nicht ersetzen konnte. Beinahe die gesamte erste
Therapiephase konzentrierte ich mich darauf, mit ihr in Kontakt zu treten, was schritt-
weise besser gelang, von ihrer Seite aber immer mit Ängsten verbunden war. In dieser
Phase entstand ein weiteres Bild (Abb. 11.7).

Ein Stuhl steht für die Position der Patientin, der andere für ein Gegenüber, den Therapeuten. Ein roter Strich am Boden verbindet sie, er ist somit gleichsam die Basis für
eine gelungene Kommunikation. Erschwert wird sie aber durch eine trennende schwarze
Angst-Wolke, die eine wirklich vertrauensvolle Begegnung noch verhindert. Erst mit
weiterem Fortschreiten der Therapie löst sie sich schließlich zwischen uns auf und die
Patientin kann diese Erfahrung des Verstandenwerdens jetzt auch auf den Raum außerhalb der Therapie übertragen, indem sie sich schrittweise auch MitstudentInnen anver-
traut, Freundschaften schließt und schließlich auch einen ersten Partner findet. In ihrem
nächsten Bild stellt sie diese Erfahrung dar (Abb. 11.8).

Mit Freude sehe ich darin die Kommunikation mit anderen dargestellt und die Patientin in einem „größeren Ganzen" aufgehoben. Allerdings weist sie mich darauf hin,
dass sie mit der Farbe Schwarz auch ihre immer noch vorhandene Angst vor diesem
Austausch darstellen wollte, und relativiert damit den Therapieerfolg. Vielleicht ist dies
aber auch nur eine realistische Perspektive und es wäre umgekehrt vermessen, wenn wir
als Therapeuten glauben würden, wir könnten aus einer Patientin mit massiven sozialen
Ängsten einen Menschen machen, der sich grundsätzlich in Gruppen wohl und sicher
fühlt. Jedenfalls war ihr Bewegungsspielraum deutlich weiter geworden, wie sie es in
einem letzten Bild darstellte (Abb. 11.9).

Ähnlich wie in ihrem ersten Bild, zu Beginn der Therapie, malt sie sich innerhalb
einer Diaspora. Aber diese ist jetzt deutlich weiter geworden, v. a. aber von außen ein-
sehbar und nicht mehr nur eine „Black Box". So gesehen ist durch die Therapie eine
Verbindung nach außen geschaffen worden, indem sie jetzt – wenn auch unter weiter
bestehenden Ängsten – mit anderen kommunizieren kann.

11.3   Der Blick zurück

Wie wir in Abschn. 4.1 gesehen haben, sind Ziele oft problematisch, weil sie häufig falsch gewählt oder sogar utopisch sind. Aber selbst wenn das Ziel richtig gewählt ist, bedient sich der Patient oft der falschen Strategie, um es zu erreichen. Er tut das, was er gewohnheitsmäßig tut, was aber angesichts der aktuellen Herausforderung nicht funktioniert (sonst hätte er nicht die Hilfe eines Therapeuten gesucht). Der Patient wird daher auf der Suche nach seinem zunächst gewählten Ziel scheitern, sich als Folge dieses Scheiterns aber transformieren, weil er im Moment der tiefsten Niederlage etwas anderes finden wird und dadurch sich selbst und das Ziel transformiert. In dem Film „Wall Street" (1987) beschreibt der Regisseur Oliver Stone diesen Moment der Niederlage und Neudefinition in Form eines Dialogs. Als der Börsenspekulant Bud Fox aufgrund seiner riskanten Aktiengeschäfte alles verloren hat und vor dem Nichts steht, wird er von seinem Vorgesetzten mit den Worten „getröstet":

> Bud, ich mag Dich. Und Eins musst Du Dir merken: Wenn der Mensch in den Abgrund blickt, dann sieht er da eine gähnende Leere. In diesem Augenblick entdeckt der Mensch seinen eigentlichen Charakter. Und der ist dann auch seine Rettung vor dem Abgrund.

Statt der „Entdeckung des eigentlichen Charakters" könnte man auch davon sprechen, dass der Held im Moment des Scheiterns seine eigentlichen Bedürfnisse entdeckt und diese dann zum Movens einer korrigierten Suchbewegung werden. Diesen Prozess können wir jetzt kunsttherapeutisch simulieren, indem wir, ausgehend von einem Problembild, die folgenden Stadien bildnerisch antizipieren lassen. Dazu fordere ich Patienten zunächst wie immer dazu auf, in DIN-A3-Format ein Bild zu malen, mit dem sie ihre „aktuelle Situation" oder ihren „aktuellen Zustand" darstellen (siehe Kap. 1). Dann entstehen weitere Bilder in kleinerem Format (18 × 21,5 cm), mit denen der oben genannte Problemlösungsprozess dargestellt werden soll. Die entsprechenden Mal-Anweisungen sind folgende:

1. Was passiert, wenn die Situation noch schlimmer wird? (Zuspitzung)
2. Wie reagieren Sie gewohnheitsmäßig, wenn Sie so einer Bedrohung gegenüber stehen? (alte, jetzt nicht mehr wirksame Strategie)
3. Denken Sie jetzt an eine schöne Erinnerung aus der Kindheit? (eigentliches Bedürfnis und dessen Befriedigung)
4. Wenn Sie auf ihr letztes Bild schauen, fällt Ihnen dann vielleicht eine bessere Lösung als 2. ein?

Sehen wir uns eine so entstandene Sequenz am Beispiel einer Patientin an, die wir schon in Abschn. 5.3 beschrieben haben. In ihrem Initialbild stellt sie ihre behelfsmäßige Behausung für sich selbst und ihr Kind dar, nachdem sie von ihrem gewalttätigen Mann geflüchtet war (Abb. 11.10).

Abb. 11.10 Das Provisorium
als Ausgangsort

Abb. 11.11 Teil 1 der
Bildergeschichte: die
Zuspitzung

„Was passiert, wenn die Situation noch schlimmer wird?" (Abb. 11.11).

Die Schutzhülle ist in diesem Bild ganz weggefallen, die den Ex-Partner symboli-
sierende schwarze Wolke berührt die Patientin (gelb) bereits, während sich die Tochter
(grün) noch hinter ihr verstecken kann.

„Wie reagieren Sie gewohnheitsmäßig, wenn Sie so einer Bedrohung gegenüber stehen?" (Abb. 11.12).

Hier handelt es sich bereits um eine Kindheitserinnerung. In Form der rechten blauen
Figur sieht sich die Patientin ihrem cholerischen und ebenfalls gewalttätigen Vater
gegenüber. Aus Angst vor einer nicht zu gewinnenden Konfrontation flüchtet sie sich in
eine schützende Höhle (Diaspora). Auf der Realebene entsprach dieses Verhalten einem
Rückzug „in sich selbst". In der Folge entwickelte sie ein sog. „falsches Selbst", war also
in ihrer weiteren Entwicklung stets nach außen überangepasst und verleugnete ihre wahren Bedürfnisse nach Schutz durch und Nähe zu den Eltern. Als Preis dafür entwickelte
sie schon als Kind ein Symptom in Form einer Trichotillomanie (d. h. sie riss sich will-
kürliche Haare aus, um innere Spannungen abzubauen).[3]

---

[3]Wie wir im Kap. 6 gesehen haben, entwickeln Patienten häufig psychische oder körperliche Symptome, wenn sie sich in der Diaspora eingeschlossen haben. Sie repräsentieren den "eingefrorenen
Konflikt" und lenken von ihm ab.

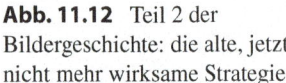

Abb. 11.12 Teil 2 der
Bildergeschichte: die alte, jetzt
nicht mehr wirksame Strategie

„Denken Sie jetzt an eine schöne Erinnerung aus der Kindheit?" (eigentliches Bedürfnis und dessen Befriedigung) (Abb. 11.13).

Die Patientin erinnert sich an innige Momente mit ihrer Mutter auf der Couch im Wohnzimmer ihres Elternhauses. Die Mutter schützt sie mit ihrem Arm, die Patientin fühlt sich geborgen und verstanden.

„Wenn Sie auf ihr letztes Bild schauen, fällt Ihnen dann vielleicht eine bessere Lösung ein?" (Abb. 11.14).

Hier ist die Patientin wieder im „Hier und Jetzt". Die drei Personen auf der linken Bildhälfte repräsentieren ihre verschiedenen, bisher versteckten Selbstanteile: einen lachenden, einen weinenden und einen wütenden. Vor den Personen auf der rechten Bildhälfte (die ihr soziales Umfeld repräsentieren) zeigt sie sich also so, wie sie wirklich ist. Sie will sich nicht mehr verstecken. Erst der Blick auf ihr Kindheitsbild und das darin dargestellte wahre Bedürfnis inspiriert sie dazu, dieses im neuen Lösungsbild darzustellen und damit die Bedrohungswolke zum Verschwinden zu bringen. In den folgenden Wochen zeigt sie sich in der Therapie offener, weniger fassadenhaft und damit deutlich emotionaler. Sie spricht über ihre Problematik mit Freuden, holt sich Unterstützung und aktiviert damit einen zentralen Resilienz-Faktor. Sie ist jetzt auch in der Lage, sich konstruktiv-aggressiv mit ihrem Ex-Partner auseinanderzusetzen, fordert etwa Schulden zurück und bewirkt eine einstweilige gerichtliche Verfügung, nach der er sich ihr nicht mehr nähern darf. Die bis heute fortbestehende Trichotillomanie, die bereits zu einem sichtbaren Haarausfall geführt hatte, bessert sich deutlich.

Halten wir zusammenfassend noch einmal fest, dass die Patientin ihr ursprüngliches Ziel („Ich muss mich verstecken, nur dann bin ich geschützt") im Laufe dieses Mal-Prozesses geradezu ins Gegenteil verkehrt hat. Nur wenn sie sich so zeigt, wie sie ist, erhält sie die Unterstützung von anderen und kann so den Bedrohungen besser widerstehen. Hilfreich an dieser Intervention war insbesondere „der Blick zurück": Erst im Rückblick konnte sie ihr wahres Bedürfnis erkennen und so ihre Strategie und damit auch ihr Wunschziel korrigieren: Es geht nicht darum, sich zu verstecken, sondern im Gegenteil darum, sich zu zeigen.

Abb. 11.13 Teil 3 der
Bildergeschichte: die Kindheits-
Ressource

Abb. 11.14 Teil 4 der
Bildergeschichte: die
verbesserte Lösung

Als tiefenpsychologisch arbeitender Therapeut erscheint mir dieser Blick zurück in die Vergangenheit geradezu obligatorisch, allerdings aus einem anderen Grund, wie es die ursprünglich von Sigmund Freud begründeten psychodynamischen Verfahren nahelegen. Bis heute stellen sich psychoanalytisch und tiefenpsychologisch arbeitende Kollegen (und auch viele Patienten) den Heilungsprozess so vor, dass über eine Erinnerung an die schmerzhaften Erfahrungen aus der Kindheit, diese sozusagen „aufgelöst" oder „gelöscht" werden könnten. Es ist aber nicht einfach so, dass eine schmerzhafte Erfahrung ihre Wirkung verliert, wenn sie durch die Therapie vom Unbewussten ins Bewusstsein gehoben wird. In vielen Fällen ist geradezu das Gegenteil der Fall: Wenn ich die Aufmerksamkeit eines Patienten zu lange auf der problematischen Vergangenheit verweilen lasse, dann kann ich beinahe sicher sein, dass er die Therapiestunde in einem Zustand der Niedergeschlagenheit oder Angst verlassen wird. Oder, noch schlimmer, dass er sich in seiner bisherigen Sichtweise von sich selbst oder der („schlechten") Welt bestätigt fühlt und deshalb an seinen bisherigen Lösungsstrategien (von denen wir ja bereits wissen, dass sie nicht funktionieren) festhalten wird. Wenn wir also den Blick zurückrichten, dann nicht etwa, um die konflikthaften oder traumatischen Erfahrungen aus der Kindheit in der Art einer Katharsis aufzulösen, sondern um in der Art eines forschenden Archäologen herauszufinden, welche wahren Bedürfnisse ursprünglich vorhanden waren, wie diese durch eine nicht adäquate Umwelt frustriert wurden und welche falschen Strategien und Selbstkonzepte der Patient aus diesen Erfahrungen abgleitet hat.

Abb. 11.15 Bild einer
Patientin mit Burn-out-
Symptomatik: Die Wurzeln
ihrer aktuellen Überlastung
(unten Mitte) liegen in der
Kindheit (rechts oben)

Es geht also nicht primär ums „Wiedererleben", sondern darum, dysfunktionale Muster
und Sichtweisen zu erkennen und – in einem zweiten Schritt – zu dekonstruieren. Nur so
können ein neues Wahrnehmungsmuster, ein neues Identitätsgefühl und damit auch ein
neue Vorstellung von einem realistischen Ziel entstehen.

So z. B. auch bei einer 40-jährigen Managerin, die mit einem Burn-out-Syndrom in Therapie kam. Als Folge der Erziehung durch einen extrem leistungsorientierten Vater, einem
mittelständischen Unternehmer, war sie in ihrem gesamten Leben extrem arbeitsam –
bis sie im Laufe ihres 39. Lebensjahrs zunehmend an Erschöpfungszuständen mit nächtlichen Angstzuständen und einer ausgeprägten vegetativen Begleitsymptomatik erkrankte.
Während der mittleren Phase der Therapie gestaltete sie ein Bild (siehe Abb. 11.15).

Im rechten oberen Quadranten gestaltete sie ihre Kindheit, in der sie – unter dem
Druck des Vaters – lernen musste, sich mit Lasten auseinanderzusetzen und den Durch-
haltewillen zu entwickeln, diese auch zu tragen. Auch wenn es vielleicht auf dem Bild
relativ leichthändig aussieht und sie im weiteren Verlauf auch den Anschein erweckte,
scheinbar spielerisch mit all den Bällen in der Luft zu hantieren (und dabei sogar noch
auf einem instabilen Einrad zu sitzen), führte dies im wirklichen Leben zur kompletten
Erschöpfung und dem Verlust sämtlicher Freunde (schwarze Silhouetten am rechten
unteren Bildrand). In Form der roten Figur mit dem inneren „Loch" symbolisiert sie ihre
innere Leere zu diesem Zeitpunkt. Ohne Weiteres könnte man den schwarzen Balken
auch zu einem Kasten ergänzen, der sie in dieser Lebensphase als eine Art Gefängnis
umgibt, eine „gedachte" Diaspora sozusagen. Das entscheidende Moment für die sich
entwickelnde Veränderungsbereitschaft war jetzt aber die im Laufe der Therapie gereifte
Erkenntnis, dass ihre scheinbar von ihr selbst ausgehende Leistungsbereitschaft nur ein
Relikt aus der Kindheit und Folge der Erziehung war.[4] In der weiteren Therapie konnte
sie sich mit ihrem Vater diesbezüglich kritisch, aber auch versöhnlich auseinandersetzen
und sich damit so weit von ihrer früheren Prägung distanzieren, dass sie ihren gut
bezahlten Job kündigte, eine Ausbildung zur Hundetrainerin absolvierte und sich

---

[4]In der psychiatrischen Terminologie könnte man auch sagen, dass es gelungen war, ein ich-syn-
thones Leistungsverhalten in ein ich-dysthones zu verwandeln.

schließlich ihren Herzenswunsch (eine eigene Hundepension) erfüllte. Ihre Erfahrungen in der Rätselzone, die sich diesem Aufbruch anschloss, werden hier der Übersichtlichkeit wegen nicht dargestellt. Es erscheint mir aber wichtig, zu betonen, dass auch Bilder, die einen Weg darstellen, unter dem Aspekt der Diaspora gedeutet werden können. Wer sich kontinuierlich auf einem vorgezeichneten Weg vorwärts bewegt, handelt im Sinne eines alten Schemas. Er verlässt den Weg nicht, etwa um den Raum links und rechts davon zu erkunden. Es handelt sich also um eine Art Stillstand in der Bewegung, was häufig, wie auch in diesem Fall, zusätzlich durch eine Blockade symbolisiert wird. Diese kann allerdings nicht durchbrochen, sondern muss umgangen werden. Der Weg muss also verlassen werden, was nicht ungefährlich ist, weil links und rechts davon die Rätselzone lauert.

Natürlich schwächt es Patienten zunächst, wenn sie sich den „dunklen Flecken" in ihrer Vergangenheit zuwenden. Diese Schwächung ist sozusagen ein notwendiges Übel und Durchgangsstadium (und führt keineswegs automatisch zu einer Heilung, wie es die katharischen Verfahren nahelegen). Das Eintauchen in die oft traumatischen Kindheitserfahrungen ist aber manchmal notwendig, weil darin auch die ursprünglichen, unverstellten Bedürfnisse der Patienten schlummern, gleichsam konserviert in einer Zeitblase, eingeschlossen zu einem Zeitpunkt, bevor sie von der Umwelt frustriert worden waren. Die Therapie hat dann das Ziel, sich liebevoll diesen ursprünglichen Bedürfnissen wieder zuzuwenden, nicht um sie in der Therapie zu erfüllen, sondern um sie erst einmal zu akzeptieren, in die Persönlichkeit zu integrieren und sie dann, in einem zweiten Schritt, als Wegweiser für ein passenderes Lebensziel verfügbar zu machen.

Hierzu ein weiteres Beispiel. Eine 45-jährige Lehrerin kam ursprünglich zu mir wegen „dissoziativer Zustände". Sie fühlte sich immer wieder für Stunden „wie in einem Traum", in dem ihr die Umgebung irreal, „wie weit entfernt" erscheinen würde. Sie könnte dann nicht mit anderen sprechen und erscheine diesen „wie weggetreten". Aus der Vergangenheit war zu erfahren, dass ihre Mutter während der ersten Lebensjahre der Patientin an einem Gehirntumor erkrankt war. Sie hätte ihn zwar überlebt, sei der Patienten aber nach der Operation wesensverändert und wegen ihrer unkontrollierten Gefühlsdurchbrüche auch bedrohlich erschienen. Weil der Vater weiterhin seinem Beruf nachgehen musste, sei die Mutter ihre einzige Bezugsperson gewesen. Man kann sich gut vorstellen, dass in dieser Zeit der Grundstein für die späteren dissoziativen Zustände gelegt worden war, indem sich die Patientin als Kind während vieler Stunden am Tag in sich selbst zurückzog, um sich vor dem befremdlichen Verhalten der Mutter zu schützen. Ihre Nähebedürfnisse musste sie wohl oder übel verdrängen, bzw. abspalten, und gerade dann, wenn diese sich im Laufe ihres späteren Lebens wieder meldeten, führte dies zu den seltsamen tranceartigen Zuständen. Für die Therapieplanung lag es nahe, den „Blick zurück" auf diese ursprünglichen Bedürfnisse zu richten, diese wahrzunehmen, als gesunden Teil ihres Selbst zu akzeptieren und daraus einen Wegweiser für ein neues Ziel zu erarbeiten (siehe oben). Als Therapeut machte es mir die grafisch begabte Patientin allerdings leicht, indem sie diese Therapieplanung in zwei kleinen Skizzen vorwegnahm. In der ersten visualisierte sie ihren aktuellen Zustand (Abb. 11.16).

Abb. 11.16 Kontakt ist nicht möglich, weil die Patientin ihre „dunklen" Anteile noch nicht integriert hat

Sie stellt sich selbst und ihren Mann dar, und trennte die beiden Personen durch eine (unterbrochene) Linie, welche nach ihrer Aussage die Sprachlosigkeit und den fehlenden emotionalen Kontakt symbolisiert. Als Ausdruck ihres Kontaktwunsches zieht sie eine aufwärts strebende Linie von sich zu dieser Trennwand, eine Verbindung kann nicht hergestellt werden. Auf der Realebene bedeutet dies, dass es der Patientin nicht gelingt, über sich mit ihrem Mann zu sprechen. Sie kann sich ihm nicht zeigen, weil sie glaubt, etwas vor ihm verstecken zu müssen: das schwarze Knäuel hinter ihr. Darin eingeschlossen sieht man eine getüpfelte Blase. Sie sieht darin ihr frühes Kontaktbedürfnis als Kind, das von der Mutter nicht beantwortet worden war und deshalb bei ihr zu der Vorstellung geführt hatte, es gäbe etwas an ihr, das „schlecht" bzw. nicht liebenswert sei.

In der nächsten Skizze visualisiert sie ihren Lösungsvorschlag, der dann auch zur Grundlage der Therapieplanung wurde (Abb. 11.17).

Sie nimmt das Knäuel liebevoll in den Arm und trägt es am Herzen wie ein „inneres Kind". Sie will lernen, sich damit auseinanderzusetzen, um es als Teil ihrer Persönlichkeit zu akzeptieren. Als Folge davon fällt die trennende Wand zwischen ihr und ihrem Mann und beide bekommen ein Gesicht, können sich also anblicken und miteinander sprechen. Sie haben sich also beide aus ihrer schützenden Diaspora befreit, indem sie in einen Dialog treten (siehe auch Abschn. 11.2).

11.4   Gestärkt aufbrechen

Häufig repräsentiert die Rätselzone nicht nur einen unbekannten Bereich innerhalb der „Hier-und-jetzt-Welt" des Protagonisten, sondern die Zukunft. Mit der Zukunft kann aber nicht kommuniziert werden, in den meisten Fällen ist es sogar unmöglich, sie

Abb. 11.17 Nach der
Integration gelingt der Kontakt
zum Ehemann

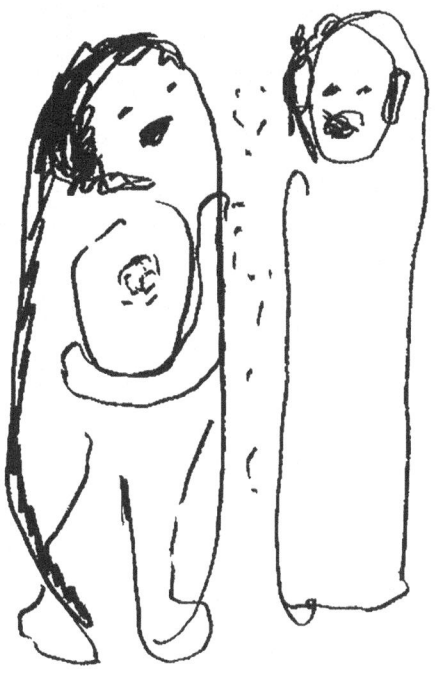

planend zu antizipieren.[5] Wenn wir uns dennoch aus der Diaspora befreien wollen, dann bleibt uns nichts anderes übrig, als einen Schritt ins Unbekannte zu machen, um dann in einer Art Ad-hoc-Prozess zu erfahren, wie es beschaffen ist und was es mit uns macht. Um dieser Aufgabe gewachsen zu sein, ist es wichtig, dass die Rätselzone in einem gestärkten Zustand betreten wird, wie das Bildbeispiel (Abb. 11.18) zeigt.

Die Seminar-Teilnehmerin verlässt die Blase mit ihrer Mutter, mit der sie lange ein symbiotisches Verhältnis verband. Sie fühlte sich unfähig, ein eigenes Leben zu führen, glaubte sich bis zu ihrem 50. Lebensjahr abhängig von der Mutter und erkrankte prompt an einer schizo-affektiven Psychose, als sie schließlich doch den Aufbruch in ihr eigenes Leben (das ihr im Bild noch als Rätselzone mit einem Fragezeichen erscheint) wagt. In dem Seminar wird deutlich, dass sie Unterstützung braucht, wenn sie die Diaspora-Blase verlässt: Sie stellt sich deshalb einen Therapeuten (violette Holzfigur) und einen Finanz-berater (weiße Figur) zur Seite. Im Dialog mit der Gruppe einigt man sich weiter dar-auf, dass auch ein Medikament hilfreich wäre, und die Teilnehmerin wählt hierfür einen dunklen runden Spielstein, den sie oberhalb ihres Kopfes platziert. So gestärkt, kann sie den Aufbruch in die Rätselzone wagen.

---

[5]Das gilt im Übrigen auch bei der Produktion von Filmen. Ein Regisseur erzählte mir diesbezüg-lich ein unter Filmemachern geläufiges Bonmot, um die Situation am Set zu beschreiben: „Wenn du Gott zum Lachen bringen willst, dann mache einen Plan!"

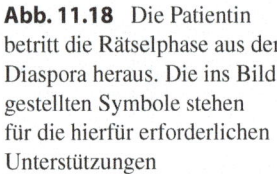

Abb. 11.18 Die Patientin betritt die Rätselphase aus der Diaspora heraus. Die ins Bild gestellten Symbole stehen für die hierfür erforderlichen Unterstützungen

In Kap. 6 habe ich (in Anlehnung an das I Ging) beschrieben, in welcher Weise der Protagonist innerhalb der Diaspora wartet. Es waren dies das „Warten im Schlamm" und das „Warten im Blut". Das I Ging erwähnt jetzt aber noch eine weitere, reifere Form des Wartens, die unmittelbar mit der hier dargestellten Stärkung vor dem Aufbruch zusammenhängt. Es handelt sich um das **„Warten bei Wein und Speise"**. Carol Anthony schreibt hierzu in seinem „Handbuch zum I Ging" im Unterkapitel zum 5. Hexagramm:

„Inmitten von Schwierigkeiten gibt es Augenblicke der Erleichterung;" [In unserer Perspektive beschreibt er hier den Aufenthalt in der Diaspora, also den Zustand nach den Turbulenzen bei der ersten Begegnung mit der Rätselzone] *„Wir sollten nicht annehmen, das Problem sei gelöst – wir haben eher das Zentrum des Orkans erreicht. Wir sollten diese Zeit nutzen, um uns für die kommenden Schwierigkeiten zu stärken und vorzubereiten. Bereitsein heißt, unseren Entschluss zu stärken, neuen Gefahren in angemessener Haltung zu begegnen"* (Anthony 1998).

Stärkung bedeutet hier also nicht nur eine Art psychische und physische Wappnung für die anstehende zweite Begegnung mit der Rätselzone, sie bezieht sich in den Worten von Anthony auch auf die Stärkung des Entschlusses, überhaupt aufzubrechen (siehe Abschn. 13.2). Tatsächlich stellt die Etablierung und Stärkung einer Veränderungsbereitschaft in vielen Fällen den entscheidenden Therapieschritt dar. Nicht selten kommen wir als Therapeuten in die Lage, Patienten zum Aufbruch drängen zu wollen, erreichen mit dieser fordernden Haltung aber eher das Gegenteil. In anderen Fällen wird die Therapie selbst zu einer Art Diaspora. Der Therapeut stabilisiert dann mit seiner Unterstützung ein fragwürdiges Arrangement, das erst dann auseinanderfällt, wenn die Therapie beendet wird. Meiner Erfahrung nach kann in solchen Fällen ein Therapieabbruch der einzige Weg sein, um den Patienten zu veranlassen, seinen Schutzraum zu verlassen, weil er jetzt – ohne den Therapeuten – deutlich weniger attraktiv und bewohnbar erscheint.

Beispielhaft ist hier eine 37-jährige Buchhalterin, die ursprünglich mit einer schweren depressiven Verstimmung in die Therapie kam. Hintergrund war eine berufliche und private Lebenskrise: Sie arbeitete seit mehr als 10 Jahren bei dem gleichen Unternehmen. Sie fühlte sich dort aufgrund der mangelnden Wertschätzung bei gleichzeitiger Arbeitsüberlastung nicht wohl, konnte aber nicht den Mut aufbringen, das Unternehmen zu verlassen. Auf ähnliche Weise fühlte sie sich in ihrer Partnerschaft „gefangen". Es handelte sich um ihren ersten Partner überhaupt, mit dem sie seit ihrem 17. Lebensjahr liiert war, mit dem sie sich aber über die Jahre auseinandergelebt und nichts mehr zu sagen hatte. Sie war also in einer Diaspora gefangen und wartete dort „im Schlamm" (siehe Kap. 6): resigniert und ohne einen Glauben an eine Möglichkeit, ihren Zustand ändern zu können. Zusätzlich schwächte sie sich durch einen exzessiven Nikotin- und Alkoholabusus, saß oft ganze Abende trinkend, rauchend und schweigend in ihrer Küche und geriet dabei auch wiederholt in suizidale Krisen. Als stärkend erlebte sie es demzufolge, dass sie mit therapeutischer Hilfe ihr Suchtverhalten weitgehend aufgeben konnte, wobei eine gleichzeitige Behandlung mit einem Antidepressivum zusätzlich ihren Entschluss stärkte, *„neuen Gefahren in angemessener Haltung zu begegnen"* (Anthony), bzw. sich diesen Gefahren einer Trennung überhaupt erst zu stellen. Damit war sie bereit, sich erneut in die Rätselzone aufzumachen, also den Partner zu verlassen. Zu dieser Zeit entstand ein Bild, das den Aufbruch in die Rätselphase markiert (Abb. 11.19).

Die frühere Zwangs-Gemeinschaft mit ihrem langjährigen Partner symbolisiert sie mit dem blauen Haus, das sie zwischenzeitlich verlassen hatte. Sie wähnte sich zwar auf dem Weg zur Sonne, sah sich aber zunächst mit der Rätselzone konfrontiert (Fragezeichen). Der Aufenthalt dort überforderte die Patientin schließlich vollkommen, v. a. weil sie das Alleinsein nicht ertragen konnte. Nur wenige Wochen nach ihrem Aufbruch flüchtete sie sich daher in eine Affäre mit einem verheirateten Mann, der in keiner Weise ihre Bedürfnisse nach Geborgenheit befriedigen konnte. Sie hatte sich also erneut in einer Scheinwelt eingeschlossen, war also noch nicht wirklich bereit, sich erneut der Rätselzone zu stellen. Dass sich Patienten, wenn sie sich unter therapeutischer Hilfe schließlich aufgemacht haben, ihre Diaspora zu verlassen, erneut in eine (andere)

Abb. 11.19 Die depressive Patientin hat ihren Partner verlassen und begegnet auf dem Weg zur Sonne der Rätselzone

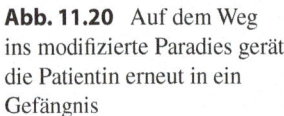

Abb. 11.20 Auf dem Weg
ins modifizierte Paradies gerät
die Patientin erneut in ein
Gefängnis

Diaspora flüchten, sehen wir häufiger und sollten es als Therapeuten auch durchaus tolerieren. Oft handelt es sich dabei um eine Art „erneutes Luftholen", bevor der entscheidende Schritt in eine neue Zone gelingt. Allerdings besteht auch die Gefahr eines erneuten Stillstandes. Ein Bild, das die Patientin zu dieser Zeit malte, zeigte das neue Gefängnis, in das sie mit ihrem neuen Geliebten geraten war (Abb. 11.20).

Der Raum, in dem sie sich bewegt, ist nach zwei Seiten begrenzt. Oben wird mit Schwarz der frühere Raum markiert. Er steht für die vorausgegangene Depression. Unten wird mit Gelb der eigentliche Raum der Befreiung dargestellt, von dem die Patientin allerdings noch kein deutliches Bild hat, womit er für die Rätselzone steht und daher auch angstbesetzt ist. In den oberen Raum will sie nicht zurückkehren, für den unteren glaubt sie nicht stark genug zu sein – die Therapie kam zu einem Stillstand. Hier sollte man sich auch nicht durch den roten Pfeil täuschen lassen. Er symbolisiert nur scheinbar eine Bewegung, in Wirklichkeit wird mit ihm aber nur der aktuelle unbefriedigende Zustand mit dem Geliebten fortgesetzt. Weil auch eine weitere Stärkung, bzw. Stabilisierung der Patientin nicht zum Erfolg führte, nach dem oben Gesagten sogar Teil des Problems geworden war, entschloss ich mich, die Therapie zu beenden. Weil ich jetzt nicht mehr Teil der Diaspora war und ihr diese damit nicht mehr bewohnenswert erschien, konnte sie sie jetzt auch verlassen. Der Leidensdruck musste also nicht abgebaut, sondern vergrößert werden, um ihre Veränderungsbereitschaft zu stärken (siehe Kap. 12: „Lösungen brauchen Spannung"). Ein halbes Jahr später meldete sich die Patientin noch einmal, um mir mitzuteilen, dass sie ihren Geliebten verlassen hätte und jetzt mit einem neuen Partner zusammenlebe, mit dem sie auch ihren lange gehegten Kinderwunsch verwirklichen konnte. Zusammenfassend war es also nicht um eine Stärkung der Patientin gegangen, sondern darum, ihren „*Entschluss zu stärken*", die Diaspora zu verlassen.

Literatur

Anthony, C. K. (1998). *Handbuch zum klassischen I Ging*. Köln: Diederichs.
De Bono, E. (2009). *De Bonos neue Denkschule. Kreativer denken, effektiver arbeiten, mehr erreichen*. München: mvg

Lotman, J. M. (2010). *Die Innenwelt des Denkens*. Berlin: Suhrkamp.

Mayer, C. (2010). *Mit Fokus-Karten zum Ziel. Ein Navigationssystem für Psychotherapeuten und Coaches*. Paderborn: Junfermann.

Möller, M. L. (1988). *Die Wahrheit beginnt zu zweit: Das Paar im Gespräch*. Reinbek: Rowohlt.

Plot Points: die entscheidenden Wendepunkte

Bei der Lösung ihrer Probleme durchlaufen Patienten typischerweise einen bestimmten Wandlungsprozess, der sich in Form von metaphorischen Räumen beschreiben und systematisieren lässt. Auch Schriftsteller und Drehbuchautoren stellen ihren Protagonisten typischerweise vor ein Problem und entwerfen dann Szenarien, in denen dargestellt wird, wie er damit umgeht, also wie er es löst oder daran scheitert. Die strukturelle Ähnlichkeit zwischen literarischen Geschichten und Krankheitsgeschichten war bereits Sigmund Freud aufgefallen. Ohne diesem Zusammenhang näher nachzugehen, wunderte er sich noch darüber, indem er etwa in seinen „Studien zur Hysterie" schrieb:

> Ich bin nicht immer Psychotherapeut gewesen, sondern bin bei Lokaldiagnosen und Elektroprognostik erzogen worden wie andere Neuropathologen, und es berührt mich selbst noch eigentümlich, daß die Krankengeschichten, die ich schreibe, wie Novellen zu lesen sind, und daß sie sozusagen des ernsten Gepräges der Wissenschaftlichkeit entbehren. Ich muß mich damit trösten, daß für dieses Ergebnis die Natur des Gegenstandes offenbar eher verantwortlich zu machen ist als meine Vorliebe; (Freud 1895, S. 227).

Weil die „Natur des Gegenstandes" in medial erzählten Geschichten und Patientengeschichten ähnlich ist, habe ich mich in meinen Untersuchungen vereinzelt der Theorien von Drehbuch-Autoren und Literaturwissenschaftlern bedient und diese dafür verwendet, die Strukturen in Lösungsprozessen zu beschreiben. Ich möchte diese Betrachtungsweise jetzt noch etwas vertiefen, weil sich daraus m. E. weitere interessante Struktur-Aspekte für eine therapeutische Perspektive aufzeigen lassen.

Das Kap. 2 habe ich mit dem aristotelischen Paradigma von Anfang, Mitte und Ende begonnen. Wir können diese Grundstruktur wie eine Folie auf jegliche Erzählung legen und so ihre wesentlichen Grundbausteine erkennen. Es erstaunt also nicht, dass auch zeitgenössische Drehbuchautoren in diesem Paradigma denken, wie es insbesondere Syd Field in seinem mittlerweile als „Bibel" für Drehbuchschreiber rezipierten Grundlagenbuch darstellt (Field 2007):

© Springer Fachmedien Wiesbaden 2017
C. Mayer, *Wie in der Psychotherapie Lösungen entstehen,*
DOI 10.1007/978-3-658-13865-3_12

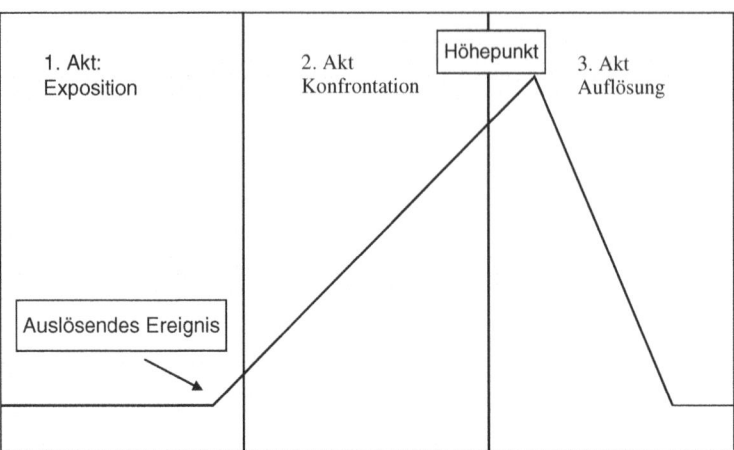

Abb. 12.1 Akt-Struktur einer Geschichte mit Spannungsverlauf

Weil ein Drehbuch eine in Bildern erzählte Geschichte ist, können wir uns fragen, was alle Geschichten gemein haben. Sie haben einen Anfang, eine Mitte, ein Ende, aber nicht unbedingt in dieser Reihenfolge, wie Jean-Luc-Godard sagte (Field 2007, S. 37).[1]

Sehen wir einmal von experimentellen Theaterstücken ab (etwa dem 2-Akter „Warten auf Godot" von Samuel Beckett), so sind praktisch alle Film- und Theaterstücke nach diesem Schema gegliedert, und zwar in einer 3-Akt Struktur (siehe Abb. 12.1):

Im ersten Akt lernen wir den Protagonisten in seiner gewohnten Welt kennen. Wir erfahren, worüber der Film überhaupt geht, also das Thema bzw. die „dramatische Prämisse" (Anfang oder Exposition). Im zweiten Akt wird der Protagonist dann mit zunehmenden Schwierigkeiten konfrontiert (Mitte oder Konfrontation) und im dritten Akt kommt es schließlich zur Auflösung (Ende). Wenn wir den Fokus auf Veränderungsprozesse in Lösungsgeschichten legen, dann sind für uns natürlich vor allem die Übergänge zwischen den Akten interessant. Wenn wir Anfang, Mitte und Ende räumlich denken (siehe Kap. 2), dann entsprechen diese Übergänge den beschriebenen Grenzüberschreitungen zwischen diesen Räumen – und zwar die erste Grenzübergang dem auslösenden Ereignis und die zweite der Ereignistilgung.

---

[1]Auch Patientengeschichten beginnen nicht immer am gleichen Punkt einer allgemeinen Lösungsgeschichte. Bei manchen ist das Problem gerade erst entstanden, wenn sie in therapeutische Behandlung kommen, andere haben sich bereits tief in das Problem verstrickt und wieder andere kommen erst kurz vor dem Ende ihrer Geschichte zu einem Therapeuten. Darüber hinaus gibt es auch noch die Situation, dass ein Patient erst nach dem Ende einer abgeschlossenen Geschichte einen Therapeuten aufsucht, weil er im Nachhinein verstehen will, was mit ihm passiert ist. Er befindet sich gleichsam zwischen zwei Geschichten.

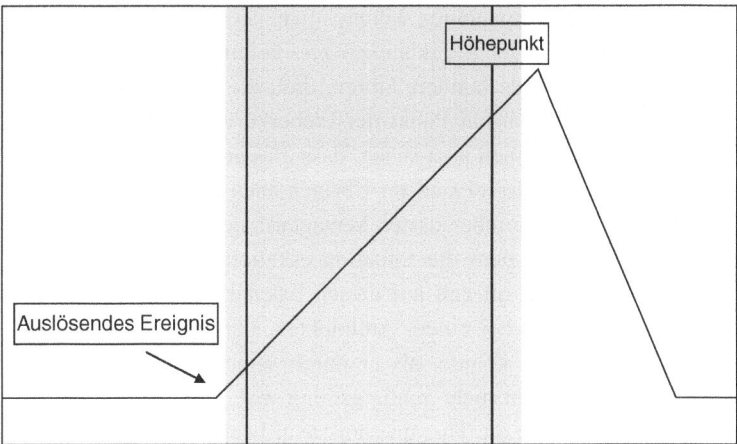

Abb. 12.2 Akt-Struktur einer Geschichte mit Spannungsverlauf. Grau gekennzeichnet ist der Bereich, in dem ein Patient typischerweise in Therapie kommt

Legen wir die Kurve über die Krankheitsgeschichte unserer Patienten, so wird unmittelbar deutlich, dass ein Hilfesuchender meist irgendwo im Laufe des zweiten Aktes in Therapie kommt: Er ist also bereits durch ein auslösendes Ereignis aus dem Gleichgewicht geraten, es hat aber noch keine Ereignistilgung oder Lösung stattgefunden. Ganz ähnlich wie im Film oder Theater steigt auch bei Patienten die Spannung im Laufe des zweiten Aktes, einfach weil diese sich immer weiter in ihre Probleme verstricken, bis der Prozess schließlich in einer Art Höhepunkt kulminiert und dann die Spannung zu einem neuen Gleichgewicht abfällt (siehe Abb. 12.2).

So gesehen verwundert es nicht, wenn gerade dann die Lösung nicht mehr weit ist, wenn die Spannung am höchsten ist und es ist für manche Patienten äußerst entlastend, ihnen genau dies zu vermitteln. Ich denke z. B. an eine verheiratete Patientin, die mit einer inneren Zerrissenheit aufgrund einer 2-jährigen außerehelichen Beziehung zu mir in Therapie kam. Nachdem sie ihr Geliebter an ihrem 40. Geburtstag versetzt hatte, war sie darüber so erzürnt, dass sie ihrem Mann von ihm erzählte und damit jegliche Kontrolle über den weiteren Prozess abgab. Jetzt waren beide Männer wütend auf sie und die Situation schien für die Patientin vollends zu eskalieren. Sie wähnte sich am Tiefpunkt, glaubte nicht mehr an eine Lösung und war deutlich erleichtert (und auch ein wenig irritiert), als ich ihr die Drama-Spannungskurve aufzeichnete und ihr verdeutlichte, dass sie sich m. E. unmittelbar am Übergang zum dritten Akt, also zur Lösung befand. Diese konnte sich nämlich überhaupt erst jetzt ereignen, weil jetzt alle Beteiligten voneinander wussten und die künstliche Spaltung dadurch aufgehoben war. Im „freien Spiel der Kräfte", am Höhepunkt der Krise, stellte sich der Ehemann nach einigen Wochen auf ihre Seite und entwickelte dabei Eigenschaften, die der Patientin durchaus imponierten und das Paar wieder näher zusammenführte.

Lösungen brauchen also Spannung, könnte man vereinfacht sagen, und ein spannungslos vor sich hindümpelnder Krankheitsprozess kommt vielleicht nie zur Auflösung. Mediziner wissen seit mehr als hundert Jahren, dass die Heilung von infektiösen Prozessen oft schlagartig am höchsten Punkt der Fieberkurve einsetzt (die „lysis" kommt nach der „krisis") und wir können jetzt sehen, dass dies auch für psychische Krankheitsverläufe gilt. Ein häufiges Beispiel sind im Übrigen auch sog. „Aufschieber", also Patienten, die meist aufgrund von unbewussten Versagensängsten wichtige Aufgaben bis zu einem Punkt aufschieben, an dem die Situation eskaliert. Leider müssen wir als Therapeuten bei diesen Patienten oft erst auf diesen Eskalations-Punkt warten, bevor eine Transformation eintritt. Z. B. bei einem Architekten, der erst wieder an seine frühere Leistungsfähigkeit anknüpfen konnte, als er durch seine chronische Nicht-Erledigung von Aufträgen schließlich nicht mehr zahlungsfähig war, seine Wohnung verlor und die Obdachlosigkeit drohte. Selbst die Therapie musste er beenden, nachdem er meine Rechnungen bereits seit mehr als einem dreiviertel Jahr nicht mehr begleichen konnte. Auch hier ereignete sich die Wende erst im Zustand der höchsten Spannung bzw. Verzweiflung. Ohne die Hilfe eines Therapeuten setzte genau hier wieder seine Entschlossenheit ein: Er fing wieder an, seinen Aufträgen nachzugehen, konnte schrittweise seine Schulden tilgen und stellte sich dann wieder bei mir vor, um stolz seine Erfolge zu präsentieren, aber auch mit dem Wunsch, die Ereignisse der letzten Monate im Nachhinein zu verstehen.

Zweifellos stellen diese Wendepunkte an den Akt-Übergängen den entscheidenden Teil einer Geschichte dar. Es interessierten sich deshalb nicht nur Psychotherapeuten dafür, sondern auch Drehbuchautoren und -theoretiker wie Syd Field dafür. Er bezeichnete die Übergänge vom 1. zum 2. Akt und vom 2. zum 3. Akt als **„Plot Points"** und beschrieb ihre Funktion in seinem in 24 Sprachen übersetzten Bestseller „Das Drehbuch" (Field 2007. Erstauflage 1979) genauer. Mit dieser Analyse etablierte er ein Paradigma, das seither alle Filmschaffenden beeinflusst. Der erste Plot Point startet die Geschichte und ist äquivalent zum auslösenden Ereignis oder nach Lotman: *„Mit der Überschreitung einer Grenze zu einem gegensätzlich semantisierten Raum"* (siehe Kap. 2). Der Protagonist oder Patient wird an dieser Stelle aus dem Paradies vertrieben.

Warum ist dieser Punkt für tiefenpsychologisch arbeitende Therapeuten so wichtig? Einfach formuliert: Weil es sich dabei um eine wesentliche Wiederholung handelt. Strukturell ist ihm nämlich im Laufe der Kindheit, also seiner Prägungsphase, etwas ganz Ähnliches passiert. Genauso wie er beispielsweise früher von seiner Mutter verlassen worden war, wird er jetzt vielleicht von seiner Freundin verlassen. Aus diesem Wiederholungscharakter begründet sich ja gerade die emotionale Durchschlagskraft dieses auslösenden Ereignisses. In Wirklichkeit handelt es sich allerdings nur scheinbar um eine Wiederholung. Betrachten wir noch einmal unser fingiertes Beispiel, dann ist es ja geradezu offensichtlich, dass es etwas anderes ist, von seiner Mutter verlassen zu werden oder von einer Freundin. Damals war der Patient ein Kind und damit existentiell auf die Mutter angewiesen, jetzt ist er es nicht, und es erscheint daher völlig übertrieben, ähnlich zu reagieren wie früher.

Tiefenpsychologisch arbeitende Therapeuten wissen, dass Patienten regelmäßig frühere Situationen aus ihrer Kindheit mit aktuellen Situationen „verwechseln". Seit Freud wissen wir auch, dass selbst Personen aus der Kindheit mit aktuellen Bezugspersonen „verwechselt" werden und daher z. B. Eigenschaften eines Elternteils auf den Therapeuten „übertragen" werden. Die Übertragungsneigung von Patienten ist also nichts anderes als die in Abschn. 5.2 bereits erwähnte „Veränderungsblindheit". Die meisten Menschen erkennen es nicht, wenn sie es wirklich mit etwas fundamental Neuem zu tun haben, v. a. dann wenn sie glauben sehr viel Lebenserfahrung zu haben. Sie ordnen das Neue in ihr altes Schema ein, anstatt ihr Schema zu erneuern. Und deshalb verhalten sie sich auch so, als hätten sie es mit einer bekannten Situation zu tun, greifen auf ihre alten Lösungsschemata zurück, machen Mehr des Gleichen. Natürlich funktioniert das nicht, im Gegenteil: Es macht die Situation immer schlimmer und führt deshalb zur Eskalation im 2. Akt ihrer Geschichte.

Ich glaube, dass ist es im Kern, was Aristoteles mit dem Begriff „Hamartia" meinte, womit er den Fehler des Helden bezeichnete, der ihn letztlich in der Katastrophe enden lässt. Der Begriff wurde oft mit „moralischer Fehler" übersetzt, der letztlich dann zu einer Art gerechten Bestrafung führt. Aber Aristoteles betont auch immer wieder, dass es sich um einen minimalen Fehler handelt, wie wir ihn alle haben – und eben deshalb fühlt es sich dann auch tragisch an, wenn er in eine überdimensionale Katastrophe oder eine scheinbar unlösbare Situation führt. Letztlich besteht der „Fehler", die Hamartia, in einer Unwissenheit bezüglich der Art des Problems oder dem Charakter der handelnden Personen. Das aktuelle Problem wird mit einem früheren verwechselt, das nur scheinbar dem aktuellen ähnelt und deshalb nicht mit der alten Strategie gelöst werden kann. Die Hamartia in der attischen Tragödie führt dazu, dass der Held

> seinen einmal eingeschlagenen Weg in rücksichtsloser Unerbittlichkeit, geradezu ‚verbohrt und vernagelt' verfolgt (Höffe 2009).

Er verfolgt den Weg gleichsam mit Scheuklappen, die ihn blind machen für die scheinbaren Ablenkungen am Wegesrand. Wäre er aber fähig, diese „Ablenkungen" als neue, interessante Aspekte des Problems wahrzunehmen, dann wäre er vielleicht nicht mehr so entschlossen, dafür aber sehender und überlegter in seiner Art der Konfliktbewältigung. Häufig begegnen mir in meiner Praxis Patienten mit einer aggressiven Art der Konfliktlösung. Sie reagieren auf vermeintliche Ungerechtigkeiten und Kränkungen mit massiver Wut und bringen die Situation dadurch erst zum Eskalieren (siehe Abschn. 8.1). Typischerweise begründen sie ihre Strategie damit, dass sie in der Vergangenheit immer wieder „viel zu friedfertig" reagiert hätten und damit immer am Ende der Verlierer gewesen seien. Wenn man allerdings genauer hinsieht, dann trifft dies allenfalls auf bestimmte Situationen in ihrer Kindheit zu, in der sich tatsächlich derartige Ohnmachtserfahrungen gehäuft hatten. Ohnmachts- und Verlierer-Erfahrungen häufen sich zwar auch in ihrer gesamten weiteren Lebensgeschichte, allerdings nicht, weil sie zu friedfertig waren, sondern weil sie in allen ihren Bezugspersonen fälschlicherweise übermächtige Gegner sehen, die sie glauben, aggressiv bekämpfen zu müssen. Sie verwechseln die aktuelle Situation mit einer frühkindlichen, sind blind gegenüber dem Neuartigen der Situation und provozieren deshalb selbst eine unnötige Auseinandersetzung, die sie schließlich verlieren. Aber nicht nur vermeintliche Dauer-Verlierer haben ihren blinden Fleck gegenüber neuen Situationen – auch Dauer-Gewinner neigen dazu, Situationen falsch zu beurteilen, etwa weil sie Herausforderungen unterschätzen. In dem Film „Das perfekte Verbrechen" (2007) von Gregory Hoblit entspinnt sich ein interessanter Dialog zwischen dem erfolgreichen Staatsanwalt Willy Beachum und dem inhaftierten Mörder Ted Crawford in der Untersuchungshaft:

- CRAWFORD: „Wenn Sie genau hinsehen, hat alles eine Schwachstelle, an der es früher oder später zerbricht."
- BEACHUM: „Suchen Sie nach meiner?"
- CRAWFORD: „Die habe ich doch längst gefunden."
- BEACHUM: „Und die ist?"
- CRAWFORD: „Sie sind ein Gewinner, Will."

Als Star-Staatsanwalt ist sich Beachum seiner Mordanklage viel zu sicher, vernachlässigt Details und glaubt, es nicht nötig zu haben, die Situation sorgfältig analysieren zu müssen. Genau diesen Sachverhalt nutzt der Mörder (gespielt von Antony Hopkins), um sich im ersten Teil des Filmes einen Vorsprung zu verschaffen. Erst als sich der Staatsanwalt, im Moment des Scheiterns seiner Strategie, auf die hochintelligente, psychopathische Denkart seines Antagonisten einstellt, gelingt es ihm schließlich doch noch, ihn mit einem Trick des Mordes zu überführen.

Die aristotelische Hamartia ist nichts anderes als diese habituelle Blindheit gegenüber bestimmten neuartigen Situationen. Sie stürzt den Protagonisten gegen Ende des 1. Aktes in den entscheidenden Konflikt und leitet damit den entscheidenden ersten Wendepunkt einer Geschichte ein. Aristoteles nannte diesen ersten Plot Point „Peripetie", worunter er einen Umschwung von „Glück in Unglück" bzw. von „Wissen in Unwissen" verstand und darin das auslösendes Ereignis eines Dramas sah. Übertragen auf unsere Krankheitsgeschichten entspricht die Peripetie der Vertreibung aus dem Paradies oder dem auslösenden Ereignis und damit dem Eintritt in die Rätselzone, in der „Wissen zu Unwissen" wird. Den zweiten großen Wendepunkt, den zweiten Plot Point, nannte Aristoteles „Anagnorisis" und verstand darunter den Moment, in dem der Protagonist seinen Fehler erkennt. Exakt wird Anagnorisis mit „Wiedererkennen" übersetzt, womit eigentlich ein nachträgliches Erkennen gemeint ist, also eine Art zeitlich verzögerte Erkenntnis, dass die Situation – oder er selbst – doch anders beschaffen ist, als es der Protagonist während der ganzen Geschichte geglaubt hatte. Verzögert entdeckt er schließlich doch noch die wahre Natur des Problems. Während es im antiken Drama jetzt aber für den Protagonisten zu spät ist, um seinen einmal eingeschlagenen Weg noch einmal zu korrigieren, beginnt für unsere Patienten an dieser Stelle der eigentliche Lösungsschritt.

Der Philologe und Philosoph Michael Erler drückt es folgendermaßen aus:

> Aristoteles definiert Wiedererkennen (Anagnorisis) folgendermaßen: ,Wiedererkennung ist, wie schon der Wortlaut sagt, ein Übergang aus dem Zustand der Unwissenheit in den des Wissens, der zu Freundschaft oder Feindschaft! führt, bei Handelnden, die zu Glück oder Unglück bestimmt sind' (Erler 2009, S. 133).

> Steht die Peripetie für einen überraschenden Umschwung von Wissen in Unwissen über den Ausgang einer Handlung, so das zweite Merkmal einer verflochtenen Handlungsstruktur, die Anagnorisis, für einen Umschwung von Unwissen in Wissen darüber, wer der Mitakteur der Handlung und was von ihm zu halten ist (Erler 2009, S. 131).

Der erste Plot Point wirft also sowohl für den Protagonisten als auch für den Zuschauer eine Frage auf („Was ist passiert?" „Wie kann ich mich aus dieser Situation wieder befreien?") – und der zweite beantwortet sie. Beides sind Wendepunkte: Der erste Plot Point wendet die Geschichte, weil der Protagonist hier unvermittelt vom Paradies in die Rätselzone „fällt" – der zweite Plot Point wendet die Geschichte, weil der Held im Laufe der Geschichte etwas über sich gelernt hat und ihm dadurch jetzt plötzlich ein neuer Blick auf das Problem möglich wird. Im ganzen 2. Akt ringt er mit der Antwort auf seine Frage nach der Lösung seines Problems, verstrickt sich dabei aber immer mehr in Schwierigkeiten, weil er aufgrund seines „Fehlers", der Hamartia, noch nicht erkennt, dass es sich um ein **neues** Problem handelt und deshalb die falschen Entscheidungen trifft. Er schaut nicht wirklich hin, sondern folgt einem Modell und ein Modell macht nichts anderes, als dass es *„die Beobachtungen aus der Vergangenheit in die Zukunft verlängert"*, wie es der ehemalige französische Finanzminister Pierre Bérégovoy einmal ausgedrückt hat. Er löst also zunächst einmal das neue Problem nicht, versteht auch noch gar nicht, warum ihm dies nicht gelingt, und befindet sich damit in der Rätselzone und dann vielleicht vorübergehend in der Diaspora, bevor er sich – gestärkt durch den vorübergehenden Schutzraum – wieder dem Rätsel stellt und es jetzt schließlich auf neue Weise löst. Diese „neue Weise" der Problemlösung ist aber nur möglich über eine neue Sichtweise, ein neues Wissen um die Struktur des Problems, die wiederum nur über eine Transformation des Protagonisten in der Rätselzone möglich geworden ist (siehe Kap. 2).

Ergänzend sollte noch hinzugefügt werden, dass sich in modernen Filmen nicht nur zwei Wendepunkte finden, sondern zahlreiche. McKee geht sogar so weit, dass er für jede einzelne Szene einen Wendepunkt fordert, und zwar nicht nur, um den Film spannender zu machen, sondern um die Mikro-Natur des menschlichen Lernens abzubilden. Jede Szene drehe sich immer um einen Wunsch, eine Handlung, einen Konflikt – und um eine Veränderung. Immer komme aber von der Umwelt eine Reaktion, die der Protagonist so nicht erwartet habe.

> […] mit dem Ergebnis, dass sich die Kluft zwischen Erwartung und Ergebnis auftut, die ihre äußeren Geschicke, ihr inneres Leben oder beides vom Positiven ins Negative oder vom Negativen ins Positive wendet, bezogen auf Werte, die, wie das Publikum weiß, auf dem Spiel stehen (McKee 2010, S. 253 f.).

Für den Protagonisten gibt es also so etwas wie „Mini-Ziele", die in der einzelnen Szene verfolgt werden, und ein übergeordnetes Ziel, das das Rückgrat der ganzen Story darstellt. Die Mini-Ziele stehen natürlich im Dienste des übergeordneten Ziels, sind aber nicht unbedingt mit diesem identisch. Gemeinsam ist den kleinen und großen Zielen aber, dass sie nicht im ersten Anlauf erreicht werden, sondern der Protagonist zunächst scheitert, in eine Rätselzone eintritt und dann irgendwann eine Erkenntnis hat, die ihn weiterführt. So gesehen wimmelt es in Geschichten geradezu von Plot Points und auch von „kleinen Rätselzonen". Es wäre interessant, Transkriptionstexte von psychotherapeutischen Sitzungen dahingehend zu untersuchen, ob sich hier Ähnlichkeiten zu den Skript-Analysen McKees hinsichtlich Klüften und Wendepunkten finden. Um eine Krankengeschichte oder einen Film aber als Ganzes zu verstehen, ist diese Mikroanalyse nicht unbedingt notwendig. Wenn wir uns auf das „übergeordnete Ziel" konzentrieren, genügt es vollkommen, die entscheidenden beiden Plot Points am Anfang und gegen Ende zu betrachten. Kleine Ziele sind nicht unwichtig, aber wir sollten als Therapeuten nie das übergeordnete Ziel aus den Augen verlieren, damit die Geschichte nicht wie im antiken Drama in einem endgültigen Scheitern endet.

Auch wenn das antike Drama, mit dem sich Aristoteles beschäftigt, zielstrebig in die Katastrophe führt, weil das „Erkennen" für den Protagonisten zu spät kommt, können wir seinen Ansatz dennoch für unsere Suche nach den Strukturen einer Allgemeinen Lösungsgeschichte verwenden. Wir müssen dazu nur das zeitliche Fenster, das wir betrachten, etwas erweitern – und zwar über den Moment der Katastrophe, des tragischen Endes hinaus. Lösungsgeschichten umfassen zwar den Moment des Scheiterns der ursprünglichen Strategie, gehen aber darüber hinaus, indem nämlich gerade die Erkenntnis der Gründe für das Scheitern einen Neuanfang ermöglicht. Letztlich handelt es sich hier um ein „Lernen durch Leiden", „pathei mathos", ein Zitat, das Aischylos seinem Held Agamemnon in seiner Huldigung an Zeus in den Mund legt: „Er [Zeus] setzte dies: dass aus Leid wir lernen" (Orestie, Vers 177. Siehe: Stein 2007).

Meist dauert es nicht lange, bis dem Protagonisten nach der Katastrophe irgendetwas ein- oder auffällt, was er zur Lösung braucht. Dieses „Etwas" nennt Larry Brooks in seinem Drehbuch-Lehrbuch:

> „The final injection of new information" [...] „At this point the story shifts in the resolution mode, based on this new information or some decision or action on the part of the hero or the antagonist" (Brooks 2011, S. 204).

> There are new doors opening, new strategies to be hatched, new risks with more immediate rewards. At the Second Plot Point you can smell the ending just around the bend. You sense the story is turning that corner, that is now a freight train that cannot be stopped (ebd.).

> At the Second Plot Point the hero learns something that will take him one step closer, the final step, in fact, toward doing whatever needs to be done to bring the story to an satisfactory closure. The Second Plot Point can deliver information, that is not yet known or fully understood by the hero (Brooks 2011, S. 205).

Diese „Information", die dem Protagonisten am 2. Plot Point plötzlich und für alle überraschend die Augen öffnet, kommt nur scheinbar aus dem Nichts. In Wirklichkeit war sie
die ganze Zeit da. Sie ist aber in der Geschichte versteckt und wird jetzt plötzlich durch
eine veränderte Sichtweise entdeckt. Dieses „Aha-Erlebnis" am 2. Plot Point ist damit
vergleichbar der Pointe eines Witzes. Stefan Hauser schreibt hierzu:

> Es ist die Aufgabe des Erzählers, die Geschehnisse auf eine scheinbar eindeutige Weise dar-
> zustellen und gleichzeitig im Text eine zweite Deutungsmöglichkeit anzulegen, die jedoch
> erst durch die Pointe offengelegt wird. […] Ziel der Komplikation ist es also, durch eine
> geschickte Perspektivierung des Geschehens dem Hörer eine bestimmte Auffassung des
> Geschilderten nahezulegen und seine Erwartungen so zu beeinflussen, dass er schließlich
> von der Pointe überrascht wird. Ein typisches Strukturprinzip in Witzen ist die narrative
> Wiederholung, die gewöhnlich in der dreifachen Repetition eines jeweils leicht veränder-
> ten Handlungsverlaufs besteht. In der Regel führt das dreifache Durchspielen einer Hand-
> lung oder einer Ereigniskette im dritten Anlauf zu einer pointierten Lösung (Hauser 2007,
> S. 194).

In ganz ähnlicher Weise repetieren Patienten im Laufe ihrer Geschichte immer wieder
die gleichen Glaubenssätze, etwa dass sie „immer der Pechvogel seien", dass die Eltern
sie „immer abgelehnt hätten" oder dass ihnen „alle Menschen immer feindlich gesonnen seien" etc. Sie übersehen systematisch alle anderen verdeckten Sinnebenen und
Deutungsmöglichkeiten und verleiten überdies mit ihrer Überzeugungskraft auch den
Therapeuten nicht selten dazu, sich ihnen anzuschließen. Hypnotherapeuten sprechen
hier von einer „Problem-Trance" des Patienten und der Therapeut muss aufpassen, sich
von dieser, über seine Empathie, nicht anstecken zu lassen. Wenn ihm dies gelingt, dann
kann auch er es sein, der den Patienten mit einem neuen Verhalten überrascht, etwa
indem er sich durch die Angriffe eines Patienten nicht provozieren lässt und ihn so seinen fixierten Glaubenssatz (dass ihm alle Menschen immer feindselig gesonnen seien) in
Frage stellen lässt (siehe Abschn. 8.1). Gelegentlich erschließt sich die andere Sinnebene
für den Patienten aber auch durch eine Deutung des nicht von seiner Problem-Trance
angesteckten Therapeuten, wie es das folgende Beispiel veranschaulicht: Ein Patient
erzählte mir über viele Stunden von seinen Streitereien mit seiner Ehefrau und plagte
sich mit der schwierigen Entscheidung, sie zu verlassen. Schließlich zog er sogar vorübergehend in sein Büro, aber offensichtlich änderte auch dies nichts an den oft stunden-
langen „Auseinandersetzungen" zwischen dem Ehepaar. Es wurde deutlich, dass beide
diese Gespräche, die auf hohem intellektuellen Niveau stattfanden, benötigten und daraus wertvolle Erfahrungen für sich selbst zogen. Diese Umdeutung der „Streitereien" in
produktive „Diskussionen" erleichterte den Patienten und seine Frau so sehr, dass sich
damit auch das Damoklesschwert einer, von beiden Seiten eigentlich nicht gewünschten
Trennung wie von selbst verflüchtigte – zugunsten einer Neudefinition ihrer Beziehung.
Vorausgegangen war dieser „Pointe" allerdings ein tiefer Moment der Verzweiflung und
Aussichtslosigkeit, wie er so typisch ist für den Moment unmittelbar vor der Erkenntnis
am 2. Plot Point. Wiederum korrespondiert hier die Struktur des Films mit den Prozessen

des Problemlösungsprozesses in der Realität, denn fast immer geht auch dem entscheidenden Schritt bei der Lösung eines „Film-Problems" eine Phase der völligen Aussichtslosigkeit voraus. Ja, es ist gerade ein „Rezept" für einen erfolgreichen Film, diese Aussichtslosigkeit möglichst so eindrucksvoll darzustellen, dass nicht nur der Protagonist, sondern auch der Zuschauer verzweifelt und eigentlich aufgibt. Aus der Sicht des Drehbuch-Lehrers empfiehlt Brooks deshalb den folgenden Trick:

> Here's a little screenwriting trick that works great for novelists, too. Even if you've been going to movies for years you may not have noticed this, but you certainly will going forward. There is an **all-hope-is-lost lull** that occurs right before the Second Plot Point appears (Brooks 2011, S. 206).

Diese „Alle-Hoffnung-ist-verloren-Stockung" ist aber nicht nur ein Trick für ein überraschendes Film-Ende, sondern scheint auch eine wichtige Funktion in jeglichem Problemlösungsprozess zu haben. Erst in der erfahrenen Aussichtslosigkeit verabschiedet sich der Patient von seinen früheren Denkschemata, weil sie sich erst jetzt als völlig unbrauchbar erwiesen haben. Allerdings kommt der überraschende „Heureka-Einfall" nicht wirklich plötzlich und völlig unvorbereitet. Auch wenn der Patient meint, dass bisher nichts geschehen sei, was ihn der Lösung näherbringt, können wir davon ausgehen, dass unbewusst schon seit einiger Zeit ein „Inkubationsprozess" (de Bono) läuft, der sich jetzt – scheinbar plötzlich – in einer neuen Erkenntnis Bahn bricht. Ich will nicht zynisch klingen, aber manchmal warte ich als Therapeut genau auf diesen Punkt, also auf eine Zuspitzung des Problems, weil mir nur so ein wirklich neuer Lösungsansatz (den vielleicht weder ich noch der Patient bis zu diesem Augenblick kennen) möglich erscheint.

Man könnte sich jetzt fragen, wo der Moment des Scheiterns bzw. der völligen Hoffnungslosigkeit in unserem Raum-Modell vom Paradies, der Rätselzone und der Diaspora zu verorten ist. Meiner Erfahrung nach ist dies nicht eindeutig zu beantworten, weil er sich zu jedem Zeitpunkt nach der Vertreibung aus den Paradies ereignen kann: Ein Protagonist kann bereits beim ersten Kontakt mit der Rätselzone eindrucksvoll scheitern, etwa wenn er in eine Psychose abgleitet. Oder sein Weg endet scheinbar dauerhaft in der Diaspora, wenn er keine Befreiungsmöglichkeit mehr sieht und schließlich aufgibt. Er kann aber auch dann noch scheitern, wenn er gestärkt und vorbereitet aus der Diaspora heraus zum zweiten Mal in die Rätselzone aufbricht, weil er die Natur des Problems immer noch nicht erkannt hat oder es sich als gänzlich unlösbar erweist. Jedes Mal geht dieser Moment des Scheiterns aber mit dem beschriebenen Gefühl der Hoffnungslosigkeit einher, der sich aber im Nachhinein als Wendepunkt zum Positiven erweisen kann.

In dem Film „Stalker" illustrierte der russische Regisseur Andre Tarkowski eindrucksvoll ein Scheitern in der Rätselzone. Bei ihm heißt sie schlicht ZONE und markiert einen Bereich, in dem vor einiger Zeit ein Meteorit eingeschlagen hatte und in der jetzt rätselhafte, nicht vorhersagbare Vorgänge geschehen. Es ist hochgradig gefährlich, sich hineinzubegeben, und viele sind darin schon umgekommen, und zwar auf der Suche nach einem geheimnisvollen Zimmer, in dem die „heimlichsten Wünsche" erfüllt werden. Es ist offensichtlich, dass es sich hier um eine Analogie für einen Lösungsprozess handelt. Ein Stalker, also ein Führer, begleitet einen Schriftsteller und einen Professor auf dieser gefährlichen Reise in die ZONE. Er steht gleichsam für den Therapeuten (siehe Kap. 10), der den beiden anderen immer ein wenig voraus ist mit seinem Wissen über diesen Bereich, aber eben nur ein wenig, weshalb die Reise hochgefährlich für alle Beteiligten bleibt. In der 66. Szene des Films entspinnt sich ein Dialog zwischen dem Stalker und dem Schriftsteller:

> STALKER: Ich verschweige nicht, dass es Fälle gegeben hat, wo Leute auf halbem Weg umkehren mussten, ohne etwas erreicht zu haben. Oder wenn das nicht, dass sie umkamen kurz vor dem Zimmer. Aber alles, was hier geschieht, hängt nicht von der ZONE, sondern von uns ab.
>
> SCHRIFTSTELLER: Die Guten lässt sie durch, den Bösen reißt sie den Kopf ab.
>
> STALKER: Nein, ich weiß nicht, ich bin nicht sicher. Mir scheint es so, dass sie nur die durchlässt, die mit … die keine Hoffnung mehr sehen. Nicht die Guten, nicht die Bösen, sondern die Unglücklichen (zitiert nach Franz 2009, S. 89 f.).

Mit dieser Hoffnungslosigkeit, die eine Voraussetzung für das Überleben auf der Suche nach dem Zimmer der Wünsche ist, scheint mir genau dieser „all-hope-is-lost lull" unmittelbar vor der Wende zum Guten gemeint zu sein, von dem Brooks spricht. Es ist der Moment, in dem der Protagonist sein altes Lösungsschema endgültig loslässt, weil er damit angesichts der völlig neuen Aufgabe, nichts mehr anzufangen weiß.

Das soll nicht heißen, dass ich mich als Therapeut nicht manchmal auch mit vorläufigen Lösungen, die auf dem „alten Denken", der „alten Strategie" beruhen, begnügen kann. Sehr häufig handelt es sich dabei darum, dem Patienten zu helfen, sich in der Diaspora behelfsmäßig einzurichten und dann auch dort zu bleiben (siehe Abschn. 8.3). Bei strukturstarken Patienten dränge ich aber doch meist darauf, diese Sicherheitszone wieder zu verlassen, um sich dem „Gegner" oder der Aufgabe noch einmal zu stellen. Und zwar jetzt nicht mehr alleine, sondern in meiner Begleitung. Die Diaspora erscheint mir dabei nur als Zwischenstadium. Möglicherweise korrespondiert sie mit dem, was Aristoteles in seiner Drama-Theorie als „retardierendes Moment" bezeichnet hat. Für Aristoteles markiert diese Verzögerung im 2. Akt eine vermeintlich letzte Chance, der weiteren Zuspitzung und der Katastrophe vielleicht noch einmal zu entkommen. In der Wirklichkeit des antiken Dramas verzögert es aber nur das unvermeidliche tragische Ende. Dagegen verbessert der Aufenthalt in der Diaspora unter einer lösungsorientierten Perspektive noch einmal die Chancen auf einen positiven Ausgang: Weil der Protagonist in der sicheren Abgeschiedenheit der Diaspora noch einmal befähigt wird, in Ruhe über sich und die Natur seines Problems nachzudenken, weil er hier seine Ressourcen entdeckt und dadurch gestärkt wird, könnte man den Raum der Diaspora auch als den Raum der Therapie sehen, den wir als Therapeuten sicherlich nicht nur als „retardierendes Moment", als Verzögerung der Katastrophe sehen wollen. Nach dem, was wir über die Diaspora bereits wissen, kann dieser Raum aber auch einen wirklichen Transformationsprozess verhindern, weil in seinem Schutz die raue Realität „draußen" auch verleugnet werden kann und damit auch die Notwendigkeit zur Veränderung.

Ich will versuchen, einige der hier genannten Aspekte anhand eines Patientenbeispiels zu erläutern. Die 55-jährige Patientin war aus dem Paradies vertrieben worden, als sie durch Zufall von einer Nebenbeziehung ihres langjährigen Partners erfahren hatte. Damit hatte sich die gesamte Sichtweise auf ihre Beziehung verändert, v. a. weil ihr Partner auf diese Enthüllung keineswegs schuldbewusst, sondern aggressiv und mit brüsker Zurückweisung reagiert hatte. Nach unserer Terminologie hatte also mit der Enthüllung und der Reaktion des Partners ein Meta-Ereignis stattgefunden (siehe Abschn. 4.4). Dieses auslösende Ereignis, der 1. Plot Point, korrespondierte mit einer Erfahrung aus der Kindheit mit ihrem alkoholkranken Vater. Bei ihrer emotional abwesenden Mutter hatte sie ihn als emotionalen Anker wahrgenommen. Allerdings hatte er sich bei seiner Suchterkrankung immer wieder als extrem unzuverlässig, zurückweisend und gewalttätig erwiesen. Gerade deshalb hatte sie sich aber immer fester an ihn geklammert – und war entsprechend immer wieder von ihm enttäuscht und brüsk zurückgewiesen worden. Ihre Hamartia bestand jetzt in ihrer unbewussten Annahme der Gleichheit von Vater und Partner. Sie glaubte, das Problem schon zu kennen, und verhielt sich deshalb wie in ihrer Kindheit, mit einem entsprechenden Anklammerungsverhalten an den Partner/Vater, das diesen allerdings nur immer weiter von ihr wegtrieb, womit die Situation immer weiter eskalierte. Die Spannung nahm daher im Verlauf dieses 2. Aktes immer weiter zu und entlud sich schließlich in einem Suizidversuch mit Alkohol und den von mir verordneten Antidepressiva. Mit jeder Zurückweisung durch ihren Partner stürzte die Patientin immer wieder in die Rätselzone, erlebte sich als völlig ratlos, konnte es einfach „nicht fassen", dass sich dieser „liebe Mensch", der sich so fürsorglich um sie und ihre Kinder aus früheren Beziehungen gekümmert hatte, jetzt so verhalten konnte.[2] Aus dieser Rätselphase flüchtete sich die Patientin immer wieder in eine Diaspora, einen kognitiven und emotionalen Schutzraum: Um die Situation überhaupt als erträglich zu empfinden, verleugnete sie immer wieder die neu entdeckten Charakterzüge ihres Partners, oder rationalisierte sie, etwa damit, dass sie sich einredete, es handle sich bei ihm einfach um eine vorübergehende Krise, er stünde einfach beruflich zu sehr unter Druck, vielleicht gebe es gar keine Nebenbeziehung und sie habe sich alles nur eingebildet. Diese Verleugnungshaltung hielt sie sogar noch dann aufrecht, als sie ihr Partner aus seiner Firma entließ und sich weigerte, ihr nach 15 Jahren gemeinsamer Beziehung finanziell zu helfen. Selbst als sie ihm Hand in Hand mit einer anderen jungen Frau auf der Straße begegnet war, redete sie sich ein, es handle sich nur um die Tochter eines seiner Freunde. Ähnlich wie im Beispiel der Patientin aus Kap. 6 musste ich erkennen, dass ich als Therapeut mit meiner stabilisierenden Haltung die Verleugnungshaltung der Patientin noch weiter unterstützte.

---

[2]„Fassungslosigkeit" ist ein häufiger und charakteristischer Affekt beim Eintritt in die Rätselzone: Die Situation kann nicht verstanden bzw. eingeordnet werden, weil man keinen bekannten Rahmen dafür findet, also keine „Fassung".

Letztlich holte sie sich in den therapeutischen Sitzungen die Kraft und die Unterstüt-zung, mit der sie die eigentlich unerträgliche Situation weiter aushalten konnte. Sie nutzte die Stunden, um sich selbst zu versichern, dass eigentlich alles in Ordnung sei, und aufgrund der bekannten Suizidalität hatte ich lange nicht den Mut, ihr diese Hoff-nung ganz zu nehmen. Gleichzeitig wurde sie immer wieder durch neue Ereignisse aus der Diaspora in die Rätselzone gestürzt, stürzte im wörtlichen Sinne darin ab, etwa mit massiven Alkoholexzessen, bei denen sie sich durch Treppenstürze mehrmals schwer verletzte[3]. Sie hatte ihr ganzes Leben in Wohlstand verbracht, v. a. aufgrund der Tatsa-che, dass sie immer mit sehr reichen Partnern liiert gewesen war, die sie v. a. durch ihr sehr attraktives Äußeres für sich eingenommen hatte. Ein wirkliches Interesse der Part-ner an ihrem inneren Wesen hatte dabei nicht bestanden; sie war also von ihnen in gewis-ser Weise als sexuelles Wesen und als Vorzeigeobjekt missbraucht worden und berichtete in diesem Zusammenhang, gegen Mitte der Therapie, auch erstmals von einem sexuellen Missbrauch durch den Vater. Während eines Urlaubs des Therapeuten kam es schließlich zu einer „All-hope-is-lost"-Situation (Brooks), wie sie so häufig dem zweiten Plot Point vorausgeht: Um sich finanziell über Wasser zu halten, hatte die bisher im Luxus lebende Patientin einen Job als Verkäuferin in einer Warenhauskette annehmen müssen. Erwar-tungsgemäß war sie mit den im Stehen zugebrachten 8-h-Schichten in einem Raum mit ausschließlich künstlicher Beleuchtung massiv überfordert und es kam zu einem völligen körperlichen und psychischen Zusammenbruch. Sie brach die Beschäftigung ab und ver-brachte beinahe 2 Wochen trinkend und völlig isoliert in ihrer Wohnung, wurde schließ-lich von ihrer Tochter gefunden und völlig entkräftet auf eine toxikologische Station der Universitätsklinik gebracht. Wiederum zwei Wochen später kam sie zurück in die Thera-pie: deutlich vorgealtert, ungeschminkt – aber erstmals entschlossen und mit einer neuen Erkenntnis. Unwissen war zu Wissen geworden:

Sie hatte endgültig verstanden, *„wer Freund und wer Feind ist"* (Aristoteles), und brach den weiterhin bestehenden losen Kontakt zu ihrem Partner ab (mit dem es zuvor immer auch wieder zu sexuellen Begegnungen gekommen war). Wesentlicher war aber die Erkenntnis, dass sie in ihrem ganzen Leben ihre Stabilität immer bei anderen gesucht hatte, v. a. bei ihren Partnern, aber auch bei ihren 5 Kindern, die aus 5 verschiedenen Beziehungen hervorgegangen waren. Auch mit ihren Kindern durchbrach die Patientin also ihr bisheriges Schema, für andere da zu sein, um ihre eigene Bedürftigkeit nicht zu spüren (Abwehrmechanismus der „altruistischen Abtretung von Bedürfnissen") und emanzipierte sich merklich von ihnen. Sie erkannte weiterhin, wie sehr sie bisher blind gewesen sei, insofern, als dass sie sich stets unzuverlässige Partner nach dem Bild des Vaters gesucht hatte und dabei der irrigen Meinung gewesen war, sie würde es nicht ertragen, von ihnen verstoßen zu werden. Ein abruptes, mit mir nicht abgesprochenes

---

[3]Dieses Oszillieren zwischen Diaspora und Rätselzone sehe ich häufiger. Ein lineares Durchlaufen der einzelnen Phasen – wie in den vorangegangenen Kapiteln beschrieben – stellt somit in man-chen Fällen eine Vereinfachung dar.

Absetzen sämtlicher Antidepressiva hatte maßgeblich zu der beschriebenen Eskalation beigetragen, aus Sicht der Drama-Theorie damit eine Lösung aber erst ermöglicht. Sie hatte zeitlebens nach einem Paradies mit anderen gesucht und sich selbst damit aus dem Blick verloren. Ganz ähnlich wie der Held im Film oder im Drama hatte sie sich geirrt:

> Die Dinge liegen nicht so, wie der Held glaubt, dass sie liegen, und es kann sein, dass der Held die ganze Zeit nach etwas gesucht hat, was er eigentlich gar nicht wirklich wollte. Aber es gibt diesen Moment der Erkenntnis, in dem der Held die wahre Natur und Bedeutung seiner Suche erkennt (Tobias 1993, S. 81).

Interessanterweise haben diese Erkenntnis-Momente sowohl im Film als auch im Leben unserer Patienten oft etwas Gleichnishaftes. Erstaunlicherweise passiert nämlich fast gleichzeitig mit der Erkenntnis irgendetwas in der Außenwelt, was genau die tiefere Bedeutung der Einsicht zu unterstreichen scheint – als ob ein gottähnlicher Regisseur sich diese Schluss-Szene für den Patienten ausgedacht hätte. In Wirklichkeit ist es natürlich anders herum: Weil sich der Patient so intensiv mit seinem Problem beschäftigt, gerät er irgendwann immer mehr in einen Trance-ähnlichen Zustand (siehe oben) und wird dadurch anfälliger für unbewusste Prozesse, die bekanntlich nicht rational, sondern symbolhaft (wie der Traum) organisiert sind. Alles, was geschieht, erlebt er mehr und mehr als Symbol für seinen eigenen Krankheitsprozess. Solange er sich noch in der Aussichtslosigkeit befindet, werden die Dinge und Geschehnisse um ihn herum mit negativen Bedeutungen symbolisiert, und so kann beispielsweise eine nach Jahren erstmals stehengebliebene Uhr plötzlich als Zeichen dafür gedeutet werden, dass jetzt auch sein Tod unmittelbar bevorstünde. Umgekehrt wird aber auch der 2. Plot Point von Ereignissen begleitet, von denen er annimmt, diese hätten erst zu dieser neuen Einsicht geführt.

Eine Patientin haderte beispielsweise damit, dass sie ihr Partner wenige Wochen vor der kirchlichen Trauung betrogen hätte. Zum Entsetzen ihres Mannes sagte sie deshalb die Trauung und das groß angelegte Hochzeitsfest kurzfristig ab und lud sämtliche Gäste wieder aus (die so indirekt von dem Zerwürfnis informiert wurden). Allerdings hatte das Paar bereits standesamtlich geheiratet – was sich für die Patientin jetzt unpassend anfühlte, weil sie sich ihrem Mann nicht mehr nahe fühlte und ihm v. a. kein Vertrauen mehr schenkte. In der Therapie konnte sie dieses Vertrauen (der Vertrauensverlust hatte seine Wurzeln auch in diversen frühkindlichen Enttäuschungen durch ihre Eltern) langsam wieder aufbauen, konnte sich aber auch nach einem Jahr noch nicht entschließen, im Rahmen einer offiziellen Hochzeitsfeier zu ihm zu stehen. Gegen Ende der Therapie unternahm das Paar eine Reise in die Karibik. Nach der Rückkehr erzählte mir die Patientin mit einem Schmunzeln davon, dass in ihr Appartement am Ferienort eingebrochen worden war, dass aber nur die auf dem Nachttisch liegenden Eheringe gestohlen worden waren. Sie hätten keinerlei Nachforschungen darüber angestellt und auch keine Anzeige erstattet, sondern es beide als Zeichen dafür genommen, dass jetzt die „alte Hochzeit", die sich immer falsch angefühlt hätte, getilgt worden und damit jetzt endgültig die Zeit für einen Neuanfang gekommen wäre.

Wäre es nicht eine Lebens-, sondern eine Filmgeschichte, so wäre dies die Schlüssel-szene des Films, die häufig gegen Ende die Story noch einmal in verdichteter Form in einem Bild darstellt. McKee versteht unter der Schlüsselszene

> [...] ein einziges Bild, das alles an Bedeutung und Emotion zusammenfasst und konzen-triert. Wie die Koda einer Symphonie ist das Schlüssebild innerhalb der Höhepunkthand-lung Echo und Resonanz all dessen, was vorausgegangen ist. Es ist ein Bild, das so auf die Erzählung abgestimmt ist, dass der ganze Film, nur durch die Erinnerung an dieses eine Bild, einem schlagartig wieder vor Augen steht (McKee 2010, S. 336).

Um einer gerade sich herauskristallisierenden Erkenntnis eines Patienten zur Geburt zu verhelfen, kann es äußerst hilfreich sein, sich mit ihm auf die Suche nach solch einem Schlüsselbild zu begeben.

Literatur

Brooks, L. (2011). *Story engineering. Mastering the 6 core compentencies of sucsess writung.* New York: F&W Media.

Erler, M. (2009). Psychagogie und Erkenntnis. In O. Höffe (Hrsg.), *Klassiker Auslegen Bd. 38: Aritoteles' Poetik* (S. 123–140). Berlin: Akademie.

Field, S. (2007). *Das Drehbuch. Die Grundlagen des Drehbuchschreibens.* Berlin: Autorenhaus.

Franz, N. P. (2009). *Stalker. Protokoll des Films in der Original- und der deutschen Synchronfas-sung.* Potsdam: Universitätsverlag Potsdam.

Freud, S. (1895). *Studien über Hysterie* (1. Aufl.). Leipzig: Franz Deuticke.

Hauser, S. (2007). Strukturmerkmale des Witztextes. In A. Mentzer & U. Sonnenschein (Hrsg.), *Die Welt der Geschichten. Kunst und Technik des Erzählens.* Frankfurt a. M.: Fischer.

Höffe, O. (2009). Einführung in Aristoteles' Poetik. In O. Höffe (Hrsg.), *Klassiker Auslegen Bd. 38: Aritoteles' Poetik* (S. 1–28). Berlin: Akademie.

McKee, R. (2010). *Story: Die Prinzipien des Drehbuchschreibens.* Berlin: Alexander.

Stein, P. (2007). *Die Orestie des Aischylos.* München: Beck.

Tobias, R. (1993). *20 Masterplots and how to build them.* Cincinnati: Writer's Digest Books.

Die therapeutische Aufgabe 13

13.1 Der Therapeut als Reiseführer in unbekanntem Gelände

In den vorangegangenen Kapiteln wurde dargestellt, was ein Protagonist tun kann
(alleine oder mithilfe eines Therapeuten), um die Diaspora wieder verlassen zu können. Die Überschreitung der Grenze der Diaspora nach draußen führt ihn, nach einer
erneuten Begegnung mit der Rätselzone, entweder in ein modifiziertes Paradies oder an
einen dritten Ort, also auf jeden Fall in einen Raum, mit dem er mit seinen eigentlichen
Bedürfnissen wieder konsistent ist. Damit hat eine Aufhebung der Inkonsistenz, also eine
Ereignistilgung stattgefunden. In einem Seminar bin ich einmal von einem Studenten mit
der Frage konfrontiert worden, was denn dann eigentlich noch die Aufgabe des Therapeuten sei? Nach meinem Modell sähe es doch danach aus, als ob der Patient all diese
„metaphorischen Räume", die Orte seiner Lösungsgeschichte, alleine durchreisen würde.
In der Tat ist dies ein wesentlicher Punkt in meinem Modell. Wir alle waren schon einmal Reisende auf diesen Stationen, sind es beinahe täglich, wenn wir mit den Hindernis-
sen umgehen, die uns das Leben in den Weg stellt. Bei manchen kleineren Problemen
durchlaufen wir den Kreislauf in wenigen Minuten, bei größeren vielleicht in Monaten
oder Jahren. Patienten mit klinischen Symptomen sind aber gerade dadurch charakterisiert, dass sie an einem bestimmten Punkt in dieser Lösungsgeschichte festsitzen, etwa
in der Rätselzone mit Angst-Symptomen oder in der Diaspora mit einem Zwangssyn-
drom oder einer antriebsarmen Depression. Ein Patient befindet sich also schon in seiner
eigenen Lösungsgeschichte, steckt aber an einer ganz bestimmten Stelle darin fest und
wagt es nicht, sich aus dieser Blockadehaltung zu lösen, weil er Angst vor dem hat, was
danach folgt. Er weiß zwar nicht, was dies genau ist, aber das neue Terrain erscheint
ihm dennoch bedrohlicher als der Ort, an dem er sich gerade befindet. Dem Therapeuten
kommt damit nach meinem Modell im Wesentlichen die Rolle eines „Reise-Führers" zu,
der die Räume und Stationen der Lösungsgeschichte mit ihren charakteristischen Eigenschaften kennt und der dem Patienten so eine Ahnung über seine Position darin und v. a.

© Springer Fachmedien Wiesbaden 2017
C. Mayer, *Wie in der Psychotherapie Lösungen entstehen*,
DOI 10.1007/978-3-658-13865-3_13

über die Chancen und Risiken des weiteren Weges vermitteln kann. Und v. a. kann er dem Patienten seine Hilfe bei der weiteren Erkundung des vor ihm liegenden, unbekannten Raumes anbieten, indem er ihm vorschlägt, ihn dort hinein zu begleiten. Der Therapeut gleicht damit in vielen Aspekten dem „Stalker" in Andre Tarkowskis gleichnamigen Film (siehe Kap. 12). Auch er ist ein Wissender, dem sein Wissen wiederum von einem Lehrer gelehrt worden ist, dessen Wissen aber immer nur begrenzt ist, eben weil die Reise und die Räume darin hochgradig individuell sind. Schließlich führt er den Reisenden nicht durch äußere Räume, sondern durch die Räume seiner Innenwelt und ist deshalb selbst ein Reisender, der immer wieder auf Überraschungen und „Fallen" stößt, die er vorher nicht gekannt hatte. Tarkowski lässt den Stalker dazu an einer Stelle des Films sagen:

> Die ZONE, das ist ein sehr kompliziertes System, man könnte sagen, Fallen. Ich weiß nicht, was hier geschieht, wenn hier kein Mensch ist, aber es braucht nur einer aufzutauchen, schon gerät hier alles in Bewegung. Frühere Fallen verschwinden, neue entstehen, gefahrlose Stellen werden unpassierbar. Der Weg wird bald einfach und leicht, bald über alle Maßen kompliziert. Das ist die ZONE. Fast könnte man den Eindruck haben sie sei launisch. Aber sie ist so wie wir sie durch unseren Zustand gemacht haben (zitiert nach Franz 2009, S. 89).

Mit anderen Worten: Es gibt gar keine objektive Landkarte, sondern sie wird in jedem Moment der Reise von dem Reisenden selbst erschaffen oder verändert. Und dennoch gibt es typische Stationen, die wir aus den Erfahrungen mit hunderten von Reisenden, die wir im Laufe unseres Therapeutenlebens begleitet haben, kennengelernt haben, und daraus können wir ein Modell abstrahieren. Von zentraler Bedeutung ist es zunächst, dem Patienten dieses Modell im Sinne einer Landkarte vorzustellen und mit ihm (vielleicht anhand eines spontan gemalten Bildes oder einer Skizze zu seinem aktuellen Zustand oder seiner aktuellen Situation) herauszufinden, wo er sich in dieser Karte gerade jetzt befindet.

13.2   Eine Aufbruchsstimmung herstellen

In Kap. 11 habe ich verschiedene Strategien für diejenigen beschrieben, die sich bereits in einem Diaspora-Gefängnis befinden. Der Therapeut hat dabei die wichtige Aufgabe, zusammen mit dem Patienten diese Strategien gegeneinander abzuwägen oder miteinander zu kombinieren. So hilft er ihm beispielsweise, mit den Personen außerhalb der Mauern zu sprechen und deren Antworten zu übersetzen (Abschn. 11.2). Oder er wendet mit ihm den Blick zurück auf ähnliche Situationen in seinem Leben und erarbeitet mit ihm aus diesen Erinnerungen geeignetere Ausbruchsstrategien (Abschn. 11.3). In den meisten Fällen geht es aber erst einmal darum, den Patienten in seinem Selbstwert zu stärken, etwa indem man ihm hilft, seine Ressourcen oder mögliche Hilfspersonen zu identifizieren und ihn so für die anstehenden Aufgaben vorzubereiten (Abschn. 11.4). Als

Voraussetzung für all diese Schritte ist es von wesentlicher Bedeutung, den Reisenden zunächst zu motivieren, seine schützenden Diaspora-Mauern, seine „Wohlfühl-Zone", überhaupt zu verlassen, also eine Sehnsucht nach dem ursprünglichen Paradies wieder zu erwecken – auch wenn sich im Laufe der weiteren Reise herausstellen wird, dass es dieses in der alten Form nicht mehr gibt (siehe Abschn. 4.1). Die Sehnsucht ist der Versuchung verwandt, der zu folgen ja auch nicht immer direkt zu einer Lösung führt und den Protagonisten häufig scheinbar in noch mehr Probleme verstrickt. Aber immerhin mobilisiert sie ihn, löst ihn aus einer Erstarrung und sollte deshalb aus therapeutischer Perspektive durchaus gelegentlich unterstützt, zumindest aber nicht unterbunden werden.

Interessanterweise beschäftigen sich auch Theologen in letzter Zeit wieder mit dem Begriff der „Versuchung", z. B. anhand des Originaltextes des „Vaterunsers". Einige, wie etwa der jesuitische Theologe Rupert Lay, übersetzen dabei den Originaltext aus dem Aramäischen nicht mehr mit der Formulierung: „Führe uns nicht in Versuchung", sondern mit „Führe uns **in der** Versuchung". Übertragen auf den therapeutischen Kontext bedeutet dies, dass es uns nicht darum gehen sollte, den Patienten von seinen heimlichen Sehnsüchten fernzuhalten, sondern sich ihnen zu stellen – und ihn aber dabei zu begleiten. Im Unterschied zur psychoanalytischen Sichtweise glaube ich nicht daran, dass die bewusst gemachten unbewussten Sehnsüchte den Patienten zu seinem eigentlichen Ziel führen werden – aber die Versuchung wird ihm dabei helfen, sich wieder auf den gefährlichen Weg zurück in die Rätselzone zu begeben. Erst dort wird er dann die Erfahrung machen (und zwar gelegentlich erst im Scheitern), dass er eigentlich nach etwas ganz anderem gesucht hat (siehe Abschn. 4.1), dass er also seine Bedürfnisse und damit sich selbst auf den Prüfstand stellen muss, um zu einer Lösung zu gelangen. Es ist mir durchaus bewusst, dass dieser Weg nicht selten in eine vorübergehende Eskalation führt, aber manchmal ist eine Lösung nur über eine Zuspitzung der Situation zu erhalten (siehe Kap. 12).

Dieser Prozess der Transformation in der Versuchung wird sehr anschaulich in dem Film-Klassiker „American Beauty" (1999) von Sam Mendes dargestellt. Der Film beginnt mit der Darstellung des depressiven Hauptdarstellers Lester Burnham (Kevin Spacey) in der Diaspora. Er geht routinemäßig einem langweiligen Job nach und ist in einer, in Konventionen erstarrten Ehe gefangen. Am Ende der Exposition schildert er seine Situation so:

> LESTER: Ich habe etwas verloren. Ich bin nicht genau sicher, was es ist, aber ich weiß, dass ich mich nicht immer so gefühlt habe … so betäubt. Aber wissen Sie was? Es ist niemals zu spät es sich zurückzuholen.

Schon bald lernt er die Versuchung kennen, und zwar in Form eines jungen Mädchens, einer Schulfreundin seiner Tochter. Der ganze 2. Akt handelt davon, wie er die Liebe dieses Mädchens erringen will: Er kündigt seinen Job, fängt an, intensiv Sport zu treiben, raucht wieder Marihuana, lernt auf seinem Weg Freunde kennen – mit anderen Worten: Er transformiert sich und wird im Laufe dieses Prozesses wieder lebendig. Eigentlich tut er all dies nur, um seiner Angebeteten zu gefallen – die Lebendigkeit ist gleichsam ein

Nebeneffekt, der sich aber schließlich als wesentliche Transformation herausstellen wird. Schließlich gelingt es ihm sogar, mit dem Mädchen im Bett zu landen – um zu erfahren, dass es bei ihr „das erste Mal sei". Diese Szene öffnet ihm die Augen (der zweite Plot Point) und er erkennt, dass es nicht die Lösung für all seine Probleme sein kann, mit einem viel zu jungen Mädchen Sex zu haben. Stattdessen erkennt er die wahre Bedeutung und das Ergebnis seiner Suche: nämlich seine abgestorbenen Gefühle wieder entdeckt zu haben und damit die „Schönheit des Lebens". In der Schlussszene lässt ihn der Regisseur sagen:

> LESTER: Manchmal habe ich das Gefühl, all die Schönheit auf einmal zu sehen und das ist einfach zu viel. Mein Herz fühlt sich dann an wie ein Ballon, der kurz davor ist zu platzen. Und dann geht mir durch den Kopf, ich sollte mich entspannen und aufhören, zu versuchen, die Schönheit festzuhalten. Dann durchfließt sie mich wie Regen. Und ich kann nichts empfinden außer Dankbarkeit für jeden einzelnen Moment meines dummen, kleinen Lebens.

Der Ausbruch aus der Diaspora ist gelungen und zwar nicht, indem er der Versuchung nachgegeben hat, sondern indem er ihr zunächst gefolgt ist, sich dabei transformiert hat, um am Ende etwas Anderes, Wertvolleres zu finden. Auch wenn in diesem Fall keine therapeutische Begleitung erforderlich war, stehen wir mit unseren depressiven Patienten doch häufig vor einer ähnlichen Herausforderung: Es geht darum, sie aus ihrer Erstarrung herauszulösen, indem man zunächst erst einmal wieder nach Sehnsüchten und Versuchungen gräbt und so eine Kraft entfesselt, die der Patient für die Fortsetzung seiner Reise dringend benötigt. Im weiteren Verlauf der Therapie „führen" wir ihn dann „in seiner Versuchung", verhindern Irrwege und „Abkürzungen" (siehe Abschn. 8.2) in ein vermeintliches Paradies und fördern dabei Transformationsprozesse. Gelingt es uns als Therapeuten, den Patienten an dieser Stelle seiner Reise optimal zu unterstützen, dann wird er gleichsam wie von alleine die weiteren Abenteuer in der Rätselzone bestehen und zwar auf eine Weise, die weder wir noch der Patient zunächst vorhersagen können, weil es sich bei der Lösung oft um ein nicht-lineares, also sprunghaftes und überraschendes Ereignis handelt. Ich sehe mich deshalb als Therapeut nicht in der Rolle, eine bestimmte Lösung vorzuschlagen (weil ich sie oft selbst nicht kenne), sondern den Patienten in einer unaufdringlichen Weise zu begleiten und ihm aus meiner Erfahrung Wissen über die einzelnen Zonen, ihre Gefahren und Chancen zu vermitteln, aber auch über sein Wesen, seinen Charakter, seine wahren Bedürfnisse, die ich gemeinsam mit ihm erkunde.

13.3 Wann hat Stabilisierung Vorrang?

Nun kommen aber nicht alle Patienten erst in der Diaspora zu uns. Viele suchen einen Therapeuten bereits unmittelbar nach einem Ereignis auf, das sie soeben aus dem Paradies vertrieben hat, also wenn sie zum **ersten Mal** mit der Rätselzone konfrontiert werden. Sie sind soeben von ihrem Partner verlassen, mit einer schweren Krankheit oder einer anderen existenziellen Situation wie einer Kündigung konfrontiert worden, haben plötzlich mit Ängsten zu tun, die sie nicht einordnen können etc., kurz: Sie stehen erstmals in ihrem Leben vor einer Herausforderung, die sie glauben, nicht bewältigen zu können. Patienten in dieser Phase ihrer Reise wären heillos überfordert mit den oben beschriebenen Hilfestellungen. Eine Förderung von Sehnsüchten, eine Erhöhung der Spannung oder Selbsterkundungen über Lebensrückblicke würde unweigerlich zu einer weiteren Orientierungslosigkeit und schließlich zur Dekompensation führen. Bei der ersten Begegnung mit der Rätselzone gelten andere Regeln. Weil die Situation unklar ist, ist es zunächst einmal nicht ratsam, zu handeln. Gerade dazu neigen Patienten aber in ihrer Angst: Sie reagieren reflexhaft auf die Bedrohung, meist nach einem altbewährten Schema, das nun aber nicht mehr gültig ist. Manche laufen in Panik davon oder attackieren den Gegner, ohne nachzudenken, ob dies jetzt sinnvoll ist. Oder sie greifen zu Alkohol, lenken sich durch Arbeit oder Nebenbeziehungen ab usw.[1] Weil die Situation noch nicht verstanden wird, verschlimmert diese Hyperaktivität oft die Lage und führt so in eine Eskalation – die aber an dieser Stelle keineswegs hilfreich ist (anders als in der Diaspora – siehe oben). Von therapeutischer Seite geht es hier vor allem darum, den Patienten erst einmal zu stabilisieren. An dieser Stelle seiner Reise (und nur an dieser Stelle) müssen wir ihm dabei helfen, einen Schutzraum zu errichten, eine Diaspora, in der er sich zunächst einmal vor der unmittelbaren Bedrohung abschotten kann. Erst an diesem sicheren Ort findet er die Ruhe, um seine Situation zu analysieren und zu verstehen – ohne gleich in ein reflexhaftes Handeln zu verfallen.

13.4 Wo steht der Patient?

Gerade an diesem Punkt wird deutlich, wie sehr wir bei unseren therapeutischen Interventionen die Position des Patienten im Lösungskreislauf berücksichtigen müssen (siehe auch Kap. 14). In Therapie- oder Ausbildungsgruppen markiere ich die unterschiedlichen Stationen der Reise mit entsprechend beschrifteten Blättern, die auf dem Boden ausgelegt werden (Abb. 13.1).

In einem nächsten Schritt werden die Teilnehmer aufgefordert, ihre zu Beginn gemalten Bilder (in denen sie ihren aktuellen Zustand bzw. ihre aktuelle Situation dargestellt haben) zwischen diesen Markierungspunkten zu positionieren.[2] Ich bin dabei immer wieder überrascht, wie prompt und zielsicher die einzelnen Teilnehmer ihre Bilder legen und auf welch einfache Weise sich so ihre unterschiedlichen Bedürfnisse erfassen lassen. In

---

[1]In Gutachtensanträgen für die Genehmigung einer Psychotherapie beschreibe ich diese Hektik oft als „gesteigerten, aber wenig zielgerichteten Antrieb" um die Richtungslosigkeit zu veranschaulichen.

[2]Je nachdem, ob es sich um eine Therapie-, eine Coaching- oder eine Selbsterfahrungsgruppe handelt, findet sich eine unterschiedliche Verteilung der Bilder in diesem Lösungskreislauf.

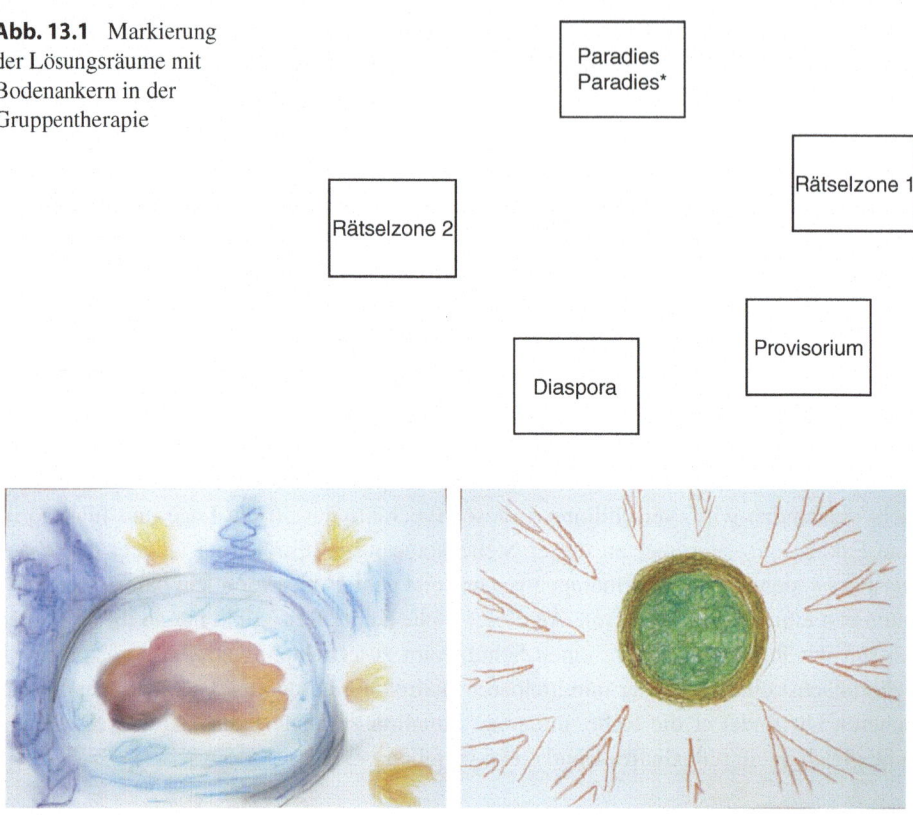

Abb. 13.1 Markierung der Lösungsräume mit Bodenankern in der Gruppentherapie

Abb. 13.2 Das rechte Bild symbolisiert die Diaspora noch als notwendigen Schutzraum. Die Malerin des linken Bildes steht dagegen bereits kurz vor dem zweiten Aufbruch in die Rätselzone

einem Seminar mit Studenten lagen beispielsweise folgende beiden Bilder im Bereich der Diaspora-Markierung, das erste etwas weiter links (also in Richtung der zweiten Begegnung mit der Rätselzone) und das zweite weiter rechts (also näher an dem vorausgegangenen Provisorium) (Abb. 13.2).

Beide stellen zweifellos eine Diaspora dar, wobei mit dieser Methode des Auslegens der Bilder in Gruppen jetzt gleichsam eine räumliche Skalierung der Positionen möglich ist und daraus wiederum eine genauere Erfassung dessen, was die einzelnen Teilnehmer gerade brauchen. Zweifellos geht es bei der Malerin des zweiten Bildes um Stabilisierung. Die Grenze der Diaspora ist hier nur scheinbar stabil, in Wirklichkeit droht aber jederzeit ein Durchschlagen der Blitze. Anders beim ersten Bild: Ohne auch nur irgendetwas von der Malerin zu wissen, wird aus dem Bild selbst und seiner Position innerhalb des Lösungskreislaufes deutlich, dass sie den Aufenthalt in der Diaspora zunehmend als unbefriedigend empfindet (Symbol der dunklen Wolke) und eigentlich schon auf dem Sprung nach draußen in die verlockende Sternenwelt ist – was die Teilnehmerin auch auf Nachfragen bestätigt. Stabilisierung wäre hier wenig hilfreich. Vielmehr benötigt sie eine Bestätigung in ihren Aufbruchsbemühungen, vielleicht auch eine Verstärkung ihrer Sehnsüchte nach einem neuen Paradies, damit sie ihre verbleibenden Ängste vor dem zweiten Kontakt mit der Rätselzone auch noch überwinden kann.

Bei jenen Patienten wiederum, die gerade aus dem Paradies vertrieben wurden, die also zum ersten Mal mit der Rätselzone konfrontiert werden, wäre eine derartige Aufforderung zum Handeln völlig fehl am Platze. Weil die neue Situation noch gar nicht verstanden wird, ist hier zunächst Analyse gefragt[3]: „Was ist eigentlich passiert?" „Wer sind die Beteiligten?" „Welches zentrale Bedürfnis wurde verletzt?" „In welcher Geschichte befinde ich mich eigentlich?" „Welche Überschrift hat sie?" Gerade die letzte Frage ist wesentlich, führt sie doch zum eigentlichen Thema, das uns auch in Geschichten bereits im 1. Akt (genauer: mit der Exposition) präsentiert wird.

13.5   Das Thema der Geschichte erfassen

Sowohl in Filmgeschichten als auch in Lebensgeschichten erfassen wir das Thema am besten dialektisch mit einem Wert und einem Gegenwert. Diese Begriffe suggerieren auf den ersten Blick eine moralische Qualität, was aber hier nicht gemeint ist, sodass man den Konflikt besser mit dem Gegensatz zwischen einem Bedürfnis und seiner Negation formulieren sollte. Den tiefenpsychologisch und analytisch arbeitenden Kollegen ist diese dialektische Denkweise vertraut, stellt sie doch die Grundlage der modernen psychodynamischen Diagnostik dar (OPD Arbeitskreis 2004). Bei den Konflikten, mit denen es Therapeuten zu tun haben, geht es um Abhängigkeit versus Autonomie, Nähe versus Distanz, Selbstwert versus Fremdwert, Kontrolle versus Unterwerfung, Über-Ich versus Es, Zweier- versus Dreierbeziehung (ödipale Konflikte). Dieser zentrale, in Wert und Gegenwert formulierbare Konflikt, bestimmt das Thema der Patientengeschichte. Ganz ähnlich in Filmen und Romanen. *„Schriftsteller sind instinktiv dialektische Denker"*, schreibt McKee (2010, S. 192) und meint damit, dass sie ihr Thema stets zwischen diesen Gegensätzen aufspannen. Als Beispiele nennt er Antagonismen wie *„Lebendig/tot, Liebe/Haß, Freiheit/Sklaverei, Wahrheit/Lüge, Mut/Feigheit, Treue/Betrug, Weisheit/ Dummheit, Stärke/Schwäche, Aufregung/Langeweile"* (ebd. S. 43) und wir ahnen, dass sich diese Liste fast beliebig fortsetzen ließe.[4] Die von McKee vorgelegten Beispiele, die er in seinem Buch „Story" auch jeweils mit ausgewählten Filmen unterlegt, suggerieren, dass es sich immer um einen „guten" und einen „schlechten" Wert handeln müsse. Dies ist sogar häufig der Fall, etwa wenn der schlechte Wert von einem „bösen" Antagonisten

---

[3]Diese Analyse sollte im Übrigen nicht aus der Intuition, aus einem Bauchgefühl heraus erfolgen, weil die Intuition auf früheren Erfahrungen basiert, die aber jetzt, angesichts des neuartigen Charakters der Bedrohung, nicht mehr gültig sind.

[4]Ich persönlich profitiere dabei von dem größeren Spektrum an Gegensätzen aus der Literatur- und Filmgeschichte und empfinde die Festlegung auf die wenigen Kernkonflikte der Psychoanalyse als Einschränkung der therapeutischen Perspektive.

verkörpert wird. Allerdings haben wir es in der Therapie häufig mit inneren Konflikten zu tun und diese beziehen ihre Konflikthaftigkeit meist aus einer Ambivalenz: Beide Alternativen erscheinen auf ihre Weise verführerisch, ihre Verwirklichung ist aber mit jeweils unterschiedlichen Schwierigkeiten oder auch Ängsten verbunden. Es handelt sich also nicht um eine Frage zwischen „Gut und Böse", sondern zwischen „Gut und Gut". Leo Tolstoi machte diesen speziellen Gegensatz zur Grundlage fast all seiner Geschichten und stellte fest: *„Die besten Geschichten entspringen nicht einem Gegensatz zwischen ‚gut versus schlecht', sondern einem zwischen ‚gut versus gut'"* (zitiert in Tobias 1993, S. 53). Und die eindrucksvollsten Protagonisten sind die, die zwischen diesen gegensätzlichen „guten" Werten gefangen sind. Wie z. B. die von Tolstoi geschaffene Figur Anna Karenina. Sie schwankt zwischen den „guten" Werten: romantische Liebe zu ihrem Geliebten einerseits und Treue zu ihrem Ehemann, v. a. aber zu ihrem Kind.[5]

Kommen wir zurück auf unser Ausgangsthema, die Rolle des Therapeuten in der Lösungsgeschichte eines Patienten, speziell bei der ersten Begegnung mit der Rätselzone. Das Finden eines Themas erweist sich hier als grundlegend für alles Folgende, weil mit diesem dialektisch aufgefächerten Thema erstmals Hypothesen über die beiden im Konflikt liegenden Grundbedürfnisse des Patienten aufgestellt werden. Ich habe mir angewöhnt, dieses (vorläufige) Thema auch für den jeweiligen Patienten zu formulieren und ihm damit eine Orientierungshilfe für die verwirrenden Eindrücke und Erlebnisse in der Rätselzone an die Hand zu geben. Erstaunlicherweise können selbst unreflektierte Patienten überraschend gut damit umgehen, stimmen entweder eifrig zu oder korrigieren mich als Therapeuten, indem sie prompt und ohne länger nachzudenken ein anderes Gegensatzpaar in den Raum stellen, fast so, als hätten sie sich schon sehr lange mit dieser Art der dialektischen Diagnostik beschäftigt. So ausgestattet mit einer Überschrift zu ihrer Geschichte begeben sie sich dann mit mir weiter auf ihre Reise, deren Ausgang zu diesem Zeitpunkt noch für uns beide unbestimmt ist und im Laufe derer es nicht nur zu einer Selbsttransformation kommen wird, sondern sehr häufig auch zu einer Transformation des Konfliktes, also ihres Themas.

---

[5]Was man an diesem Roman auch gut sehen kann, ist die Tatsache, dass sich Konflikte oft nicht einfach auflösen lassen. Sie werden transformiert in andere Konflikte und gerade Romane und Filme sind ein gutes Beispiel dafür, wie das geschieht. In Anna Karenina wird dieser Konflikt zwischen Liebe und Treue zum Beispiel plötzlich zu einem zwischen „sich selbst treu bleiben" und der „Anpassung an die Gesellschaft". Und mit der gesellschaftlichen Meinung im 19. Jahrhundert, dass außereheliche Beziehungen niemals offiziell toleriert werden dürfen, steht die Heldin plötzlich vor einer unüberwindbaren Mauer und kann sich nur noch in den Selbstmord flüchten.

13.6   Den Ausgang der Geschichte offen lassen

Nach meinem Modell sollte ein Therapeut diese Unbestimmtheit bzw. Offenheit des therapeutischen Prozesses im Hinblick auf den Ausgang der jeweiligen Geschichte zulassen und nicht vorschnell ein konkretes Ziel formulieren. Wenn man den therapeutischen
Prozess als „Geschichte" konzipiert, dann kann man das Ende nicht kennen. Nicht nur
der Patient begegnet nämlich im Laufe dieser Geschichte immer wieder unvorhergesehenen, überraschenden Ereignissen, sondern ich als Therapeut mit ihm. Als Fremdenführer
oder Stalker, weiß ich zwar mehr über das unbekannte Gelände und die grundsätzlichen
Strukturen von Veränderungsprozessen, aber ich habe keine Ahnung von dem, was als
nächstes in seiner Welt, also von außen, geschehen wird.

Ein Beispiel für eine derartige, für uns beide überraschende Wendung durch ein äußeres Ereignis lieferte mir kürzlich ein 43-jähriger Patient. In einem heftigen Streit mit seiner Frau hatte er sie – nach einer massiven Provokation – tätlich angegriffen, sie auch
verletzt, und war daraufhin mit einer gerichtlichen Auflage belegt worden, dass er sich
ihr nicht mehr näher als 100 m nähern dürfe. Weil er auch seine 3 Kinder nicht mehr
sehen durfte, fiel er in eine schwere Depression. Er äußerte aber in den Sitzungen auch
immer wieder eine „mörderische Wut" auf seine Frau, die mir als Therapeut durchaus
Sorge machte, waren doch weitere Aggressionsdurchbrüche nicht ausgeschlossen. Die
Frau hingegen provozierte ihn weiter, überzog ihn mit Gerichtsverfahren, stellte überzogene Unterhaltsforderungen und hatte sexuelle Affären mit zahlreichen Männern, die
sie vor meinem Patienten keineswegs geheim hielt. Zweifellos war der Patient aus dem
Paradies in die Rätselzone vertrieben worden. Er konnte es schlichtweg nicht fassen, was
seine Frau ihm angetan hatte, konnte sich auch selbst nicht mehr verstehen in dem, was
er getan hatte, trank vermehrt Alkohol und war schließlich kaum mehr in der Lage, seiner Arbeit nachzugehen. Das therapeutische Thema war, neben der Impulsstörung des
Patienten, ein Autonomie-/Abhängigkeitskonflikt, wobei ich (wie wohl die meisten Therapeuten in meiner Situation) auf eine Stärkung des Autonomie-Pols hinarbeitete, um ihn
zu stabilisieren. Doch dann erhielt er plötzlich Liebesbriefe von seiner Frau! Sie hatte
ihn monatelang abgewertet und beschimpft und jetzt plötzlich schrieb sie ihm, was er
doch für ein toller Mann wäre, wobei sie sich selbst immer weiter abwertete und sich
auch entschuldigte für ihr Verhalten. Wir waren beide zunächst völlig überrascht von
dieser Wende. Allerdings wurde mir aus den Schilderungen des Patienten von den jetzt
wieder möglichen Treffen mit seiner Frau deutlich, dass diese wohl an einer bipolaren
Psychose leidet und dass es im Rahmen einer manischen Phase zu der oben beschriebenen Eskalation gekommen war. Unter einer entsprechenden Medikation lebt sie jetzt
wieder glücklich mit meinem Patienten zusammen.

Zugegebenermaßen handelt es sich hier vielleicht um ein extremes Beispiel, das aber
doch deutlich macht, wie äußere Ereignisse oder neue Informationen eine Geschichte
auf eine Weise wenden können, die nicht vorhersehbar ist. Das Beispiel zeigt, wie wichtig es auch für uns als Therapeuten ist, mit dem Patienten in der Rätselphase Fakten zu
sammeln, reflexhaftes Verhalten zu unterbinden und vor allem stets offen zu sein für

Einflüsse von außen. Dies gelingt aber nur, wenn wir den therapeutischen Prozess nicht von Anfang an planen oder fixe Ziele entwerfen, sondern ihn eher als Geschichte sehen, die sich erst allmählich vor unserem Auge entfaltet, die sich aber auch immer wieder in überraschender Weise wenden kann.

13.7   Anfang und Ende einer Geschichte erkennen

Das zuletzt geschilderte Beispiel ist auch noch unter einem anderen Aspekt interessant. Es zeigt nämlich, dass es sehr wohl einen therapeutischen Unterschied macht, auf welche Art ein Patient aus dem Paradies vertrieben worden ist (siehe Abschn. 4.4). Zunächst sah es ja so aus, als ob es sich um eine Vertreibung aufgrund einer Ordnungsverletzung des Patienten gehandelt hätte, der mit seinem Aggressionsdurchbruch erst die Trennung und die Gegenaggression seiner Frau ausgelöst hatte. Wir erinnern uns an die Ereignisdefinition von Lotman:

> Ein Ereignis ist somit immer die Verletzung irgendeines Verbotes, ein Faktum, das stattgefunden hat, obwohl es nicht hätte stattfinden sollen (Lotman 1993, S. 336).

Mit der Information, die wir am Ende der Geschichte hatten, war er aber aus dem Paradies vertrieben worden, weil sich die Ordnung in diesem Raum selbst geändert hatte. Mit dem Ausbruch ihrer bipolaren Psychose war es die Ehefrau, die die Regeln verändert hatte – was aus Sicht des Patienten ein Meta-Ereignis darstellte, auf das er nur reagiert hatte:

> Davon zu unterscheiden ist nun die dritte Möglichkeit, wie es (strukturell) zu einem Ereignis kommen kann. Hierfür, für die Ereignisinitiierung aufgrund einer Raumzerstörung, das **Metaereignis,** ist auch die Ordnung selbst einzubeziehen. Das System der semantischen Räume selbst, also die Grundordnung der dargestellten Welt, transformiert sich. […] Genau dadurch kann es zu einer Situation kommen, die nun ereignishaft ist, ohne es vorher gewesen zu sein (Gräf et al. 2014, S. 338).

Unter einer therapeutischen Perspektive ist es wichtig, zwischen einem Ereignis durch Regelverletzung oder einem Meta-Ereignis zu unterscheiden. Auch wenn es sich häufig um Mischformen handelt, macht es eben doch einen Unterschied, ob man den Patienten vorwiegend als jemand sieht, der sich mehr oder weniger geschickt auf ein äußeres (Meta-)Ereignis einstellt oder der dieses Ereignis durch eine „Regelverletzung" erst initiiert hat. Jedenfalls reagierte der hier beschriebene Patient deutlich erleichtert auf die Enthüllung der psychischen Erkrankung seiner Frau, entlastete sie ihn doch deutlich von seinen Schuld- und Wutgefühlen und ermöglichte ihm so einen neuen Zugang zu seiner Partnerin, der auch während der nächsten Monate stabil blieb. Er war also wieder in einem Paradies gelandet, das insofern „modifiziert" war, als dass er jetzt über die psychische Disposition seiner Frau wusste und in der Therapie erfahren hatte, wie er damit künftig umgehen konnte.

War die Therapie damit beendet? Schließlich waren erst 27 von insgesamt 50 von der Krankenversicherung genehmigten Sitzungen absolviert und der Patient selbst kam immer noch gerne zu mir, um von seinem neuen Glück und den Veränderungen in seinem Leben zu berichten. Und zudem hätte es auch noch einiges aus dem früheren Leben des Patienten zu besprechen gegeben, wie etwa seine vaterlose Kindheit, die Diskriminierung als Legastheniker und eine gescheiterte erste Ehe vor der jetzigen. Nach meinem Verständnis von Therapie sollten wir uns in unseren Therapieentscheidungen nicht zu sehr von den Vorgaben der Versicherungen oder von Therapierichtlinien beeinflussen lassen. Ja, die Therapie war an dieser Stelle beendet, weil die aktuelle Geschichte des Patienten beendet war. Sicher würde er auch aus diesem Paradies irgendwann wieder einmal vertrieben werden, vielleicht durch ein Meta-Ereignis wie einen Jobverlust oder eine Krankheit, vielleicht aber auch durch eigenes Zutun. Das wäre dann vielleicht wieder ein Thema für eine erneute Therapie. Aktuell befindet er sich aber sozusagen zwischen dieser und der nächsten Geschichte und wenn es einen günstigen Zeitpunkt gibt, einen Patienten auch einmal wieder mit sich alleine zu lassen, dann ist es dieser Zeitraum zwischen zwei Geschichten.

Als Ärzte oder Therapeuten sind wir alle einmal angetreten, Patienten von ihrem Leid zu heilen. Es macht aber einen wesentlichen Unterschied, ob wir diese Heilung als eine Art dauerhafte Befreiung von einem inneren Makel oder Defekt sehen oder als vorübergehende Hilfe bei der Auflösung einer verfahrenen Geschichte. Natürlich gibt es auch Therapie übergreifende Lernprozesse, etwa wenn ein Patient erstmals mit einem Therapeuten die Erfahrung macht, dass er anderen Menschen trauen kann, und dann diese Erfahrung mitnimmt auf seinem weiteren Lebensweg. Meiner Erfahrung nach kommt es aber häufig vor, dass Menschen auf diesem Lebensweg vor die unterschiedlichsten Herausforderungen gestellt werden, die sich nicht unter einem einheitliches Thema subsumieren lassen. Sie werden aus den verschiedensten Paradiesen vertrieben und geraten daraufhin in Geschichten mit den unterschiedlichsten Überschriften, für die in einem Therapieprozess auch unterschiedliche Lösungen erarbeitet werden müssen. Es würde daher eine Menge Zeit, Geld und auch therapeutische Ressourcen sparen, wenn wir uns von der Vorstellung verabschieden würden, dass wir jedem Problem mit einer 1–5-jährigen Therapie begegnen müssten und die Therapiedauer stattdessen der Dauer der jeweiligen Geschichte anpassen würden. Meiner Erfahrung nach sind dafür nicht selten nur wenige Wochen oder Monate erforderlich – mit der Konsequenz, dass wir den Patienten dann nicht unsinnigerweise noch zwischen den Geschichten weiterbehandeln müssten (wozu uns die Therapierichtlinien und das Gutachterverfahren drängen) und damit noch genügend Stunden-Kontingente für die nächste oder vielleicht auch übernächste Geschichte hätten.

Literatur

Franz, N. P. (2009). *Stalker. Protokoll des Films in der Original- und der deutschen Synchronfassung.* Potsdam: Universitätsverlag.

Gräf, D., Grossmann, S., Klimczak, P., Krah, H., & Wagner, M. (2014). *Filmsemiotik. Eine Einführung in die Analyse audiovisueller Formate* (2. Aufl.). Marburg: Schüren.

Lotman, J. M. (1993). *Die Struktur literarischer Texte* (6. Aufl.). Paderborn: Wilhelm Fink.

McKee, R. (2010). *Story: Die Prinzipien des Drehbuchschreibens.* Berlin: Alexander.

OPD Arbeitskreis. (Hrsg.). (2004). *Operationalisierte psychodynamische Diagnostik – OPD* (4. Aufl.). Bern: Huber.

Tobias, R. (1993). *20 Masterplots and how to build them.* Cincinnati: Writer's Digest Books.

Raumdiagnostik: Eine kurze Zusammenfassung

14

14.1 Die einzelnen Stationen: Charakterisierung und therapeutischer Fokus

Die folgende Zusammenfassung soll dem Therapeuten in einer Übersicht die wichtigsten Charakteristika der einzelnen Räume oder Phasen noch einmal vor Augen führen. Daraus abgeleitet finden sich darin in Kurzform auch Hinweise für die Orientierung des Behandlers im Hinblick auf den zentralen Therapie-Fokus in unterschiedlichen Abschnitten der Lösungsgeschichte.

Das Paradies

Psychologische Charakterisierung: Ein Zustand, in dem die Grundbedürfnisse einer Person befriedigt werden. Je nach dem erfüllten Grundbedürfnis (siehe Abschn. 4.4) wird dieser Zustand mit unterschiedlichen Attributen belegt: Ruhe, Geborgenheit, Liebe, Sicherheit, physische Lustbefriedigung, Bestätigung, Kontrolle. Es handelt sich um einen Gleichgewichtszustand, der gelegentlich auch negativ charakterisiert wird, etwa als die Abwesenheit von Schmerz, Angst, Depression etc.

Bildhafte Charakterisierung: Sehr häufig wird das Glück durch eine Sonne oder helle Bereiche im Bild symbolisiert. Wichtige Bezugspersonen tauchen als Hilfs-Objekte auf – oder es ist gerade eine Rückzugsmöglichkeit, die Ruhe verspricht. Kraft- und Natursymbole werden dargestellt, wie etwa Strahlen, Bäume, Blumen oder ein See. Bedrohungen sind nicht sichtbar, auch nicht hinter einer Absperrung (siehe Diaspora).

Therapie-Fokus: Würdigung des aktuellen Glücks, eventuell Arbeit an der „Angst vor dem Paradies" (siehe Abschn. 4.4). Wenn sich das Paradies als nachhaltig erweist, sollte die Therapie beendet werden und ggf. bei einer erneuten Vertreibung wieder aufgenommen werden.

© Springer Fachmedien Wiesbaden 2017
C. Mayer, *Wie in der Psychotherapie Lösungen entstehen,*
DOI 10.1007/978-3-658-13865-3_14

Die Rätselzone

Psychologische Charakterisierung: Wenn die Rätselzone zum ersten Mal betreten wird, ist der Leitaffekt Angst oder ein Gefühl der Bedrohung vorherrschend. Die Bedrohungen werden von ihrem Wesen her nicht verstanden. Daher fühlt sich der Protagonist hier auch häufig ratlos, durcheinander, verwirrt, gelegentlich auch „wie im Traum". Ein fließender Übergang in die Psychose ist möglich. Hohes physiologisches Aktivierungsniveau. Fragen tauchen auf: „Wer bin ich?" „Wer sind die Anderen?" „Was ist zu tun?" Beim zweiten Betreten der Rätselzone aus der Diaspora heraus kommen positive Affekte hinzu: Entschlossenheit (das Rätsel lösen zu können), Wehrhaftigkeit, ein Gefühl der kreativen Potenz, Neugier. Obwohl jetzt eine Ahnung davon besteht, „auf dem richtigen Weg" zu sein, geht dieser Schritt aus der Diaspora heraus gelegentlich immer noch mit einer hohen Anspannung und vielleicht auch einer Angst vor dem Scheitern einher.

   Bildhafte Charakterisierung: Häufige Bildelemente sind Fragezeichen, chaotische Strukturen (Durcheinander der Linienführung, verschmelzende Farben, Dschungelmotive). Leere bzw. „nicht semantisierte Räume", Wegkreuzungen („Wohin soll ich gehen?"), Versinken in einem Meer oder einem See, Darstellung eines Fallens. Bedrohungen wirken ungefiltert auf den Protagonisten ein, es fehlen Abgrenzungen oder Schutzräume. Gegenwehr erscheint unmöglich.

   Therapeutischer Fokus: Handelt es sich um die erste oder die zweite Begegnung mit der Rätselzone? Diese Frage lässt sich am besten klären, wenn man berücksichtigt, woher der Patient kommt: Aus dem Paradies (1. Begegnung) oder aus dem Provisorium/ der Diaspora (2. Begegnung).

- *Therapeutischer Fokus bei der 1. Begegnung:* Fakten und Beobachtungen sammeln: Aus welchem Paradies ist der Patient vertrieben worden? Handelt es sich um die erstmalige Vertreibung oder um die Wiederholung einer Vertreibung aus einem Kindheitsparadies? Wer sind die Mitspieler und wie sind diese charakterisiert? Was ist das (dialektisch formulierbare) Thema der Geschichte? Gibt es schon einen ersten (provisorischen) Schutzraum? Wie könnte ich diesen durch Stabilisierungsarbeit verstärken? Verhinderung von reflexhaften Verhalten zugunsten dieser Analyse-Arbeit.
- *Therapeutischer Fokus bei der 2. Begegnung:* Das Augenmerk des Therapeuten und des Patienten liegen auf dem möglichen Auftauchen einer neuen Erkenntnis und dem Gewahrwerden von Transformationsprozessen: Was ist anders als früher? Reagiere ich anders als früher? Oft muss der Patient in dieser Phase nur in seinem Mut bestärkt werden, Neuland zu betreten.

Das Provisorium

Psychologische Charakterisierung: Wie bei der ersten Begegnung mit der Rätselzone ist hier der Leitaffekt die Angst, gelegentlich auch Aggressivität. Der Protagonist kann sich nur unter großen Mühen, mit großer Anstrengung oder hektischer Aktivität der Bedrohungen erwehren. Ein kräftezehrendes Unterfangen. Hohes physiologisches

Aktivierungsniveau. Der Patient sehnt sich nach Schutz oder glaubt, sich einfach nur besser wehren zu müssen.

Bildhafte Charakterisierung: Darstellung von Instabilität. Fehlen von festen Verankerungsstrukturen, wie etwa einem tragfähigen Boden. Schutzlinien sind noch durchlässig oder scheinen der Bedrohung nicht standzuhalten. Der Protagonist ist in Bewegung, muss permanent etwas tun, um sich zu schützen. Es werden Lösungen mit begrenzter Haltbarkeit vorgestellt, z. B. der Kampf mit einem übermächtigen Gegner, eine Last, die auf Dauer nicht tragbar ist, und etwa ein Boot zum Sinken bringen wird, eine bröckelnde Schutzmauer etc.

Therapeutischer Fokus: Fortsetzung der Stabilisierungs-Arbeit und Wertschätzung der provisorischen Lösungsversuche des Patienten. Beruhigung ist wichtiger als die Ausarbeitung von Therapiezielen. Körperliche Diagnostik und Stabilisierung bei entsprechenden somatischen Risikofaktoren wie Herzkreislauferkrankungen, die in diesem Stadium nicht selten zu einer Gefährdung führen. Rückzug aus dem unmittelbaren Geschehen.

Die Diaspora

Psychologische Charakterisierung: Ein aushaltbarer Zustand. Ein Kompromiss, der aber erkennbar nicht optimal ist. Eine Scheinwelt, die gelegentlich übertrieben positiv beschrieben wird (Abwehrmechanismus der Rationalisierung) oder aber auch als „goldener Käfig" empfunden wird. Der Protagonist versucht, sich abzulenken. Leitaffekt sind der Zwang, die Depression (siehe auch „erlernte Hilflosigkeit" im Kap. 6) oder die Sehnsucht (nach dem verlorenen Paradies, der Heimat). Häufig entwickeln sich psychosomatische Symptome, Süchte oder dissoziative Zustände. Die Freiheitsgrade sind beschränkt.

Bildhafte Charakterisierung: Bedrohungen werden abgeblockt, es erscheinen stabile Schutzräume, Häuser oder Inseln. Innerhalb der Räume herrscht Enge, aber der Protagonist kann gewohnten Tätigkeiten nachgehen. Gelegentlich werden Ersatzhandlungen wie Drogen- oder Medienkonsum dargestellt. Manchmal ähnlich wie das Paradies dargestellt, aber dieses ist hier umgrenzt von starken Schutzmauern, außerhalb derer Bedrohungspfeile oder chaotische Strukturen andrängen. Sind die Mauern sehr massiv dargestellt, erwecken sie die Assoziation eines Gefängnisses. Jemand ist unter einer Last begraben – es bestehen keine Freiheitsgrade mehr.

Therapeutischer Fokus:

- Der Patient ist gerade erst in die Diaspora eingetreten und empfindet sie daher als Schutzraum. In diesem Fall helfe ich ihm über entsprechende Stabilisierungsarbeit, die Mauern zu verstärken und sich in der Diaspora wohnlich einzurichten. Vermeidung von vorschnellen, dauerhaften Lösungen wie Heirat, Hauskauf, endgültige Trennung, Kündigung etc.
- Wenn sich der Patient bereits seit Längerem in der Diaspora befindet und diese zunehmend als Gefängnis empfindet, konzentriert sich der Therapeut auf seine latenten

Veränderungswünsche. Die Spannung wird erhöht. Der Fokus liegt auf der Ergründung der eigentlichen Bedürfnisse oder der Sehnsucht nach dem ursprünglichen Paradies. Ermutigung zum Aufbruch in die Rätselzone und Vorauswahl der geeigneten Strategien (Erkundung des Außenraums, mit dem Außen reden, der Blick zurück, Stärkung aber auch Konfrontation mit dem unbefriedigenden Status quo – siehe Kap. 11).

14.2 Leitmotive

Gelegentlich ist nicht unmittelbar ersichtlich, in welcher Zone sich der Protagonist gerade befindet. Zur genaueren Lokalisation sind dann Leitmotive hilfreich. Das bestimmende Motiv oder das Thema eines Bildes kann entweder über den Leitaffekt des Protagonisten erfragt werden oder es ist aus dem Bild unmittelbar visuell ersichtlich.

Leitmotiv „Anstrengung" (affektiv)
Ein Berg wird bestiegen, Gewichte gestemmt, eine Last getragen, ein Kampf geführt oder eine Person in voller Bewegung dargestellt. Ein genaueres Nachfragen über die Natur der Anstrengung ist erforderlich, um die Zone genauer zu bestimmen. Lustvolle Anstrengung kann Ausdruck vitaler Funktionslust sein (Paradies). Die Anstrengung eines Verzweifelten verweist auf das Provisorium. Die entschlossene Anstrengung kann den Versuch darstellen, sich aus der Diaspora zu befreien, auf dem Weg hin zur Erfüllung der wahren Bedürfnisse (z. B. Berggipfel als Symbol für den wiedererlangten Selbstwert).

Leitmotiv „Aussichtslosigkeit" (affektiv)
Markiert ein Endstadium in einer bestimmten Zone, die (ohne Transformation des Protagonisten) nicht mehr verlassen werden kann. Endstadium Rätselzone: Jegliche Orientierung ist verloren gegangen. Endstadium Diaspora: Ein nicht überwindbares Gefängnis, eine Vertiefung, aus der man sich nicht befreien kann, ein Gewicht, das auf einem lastet. Endstadium Provisorium: Ein Kampf ist endgültig verloren.

Beachte, dass Situationen der Aussichtslosigkeit grundsätzlich ein unmittelbarer Vorbote der Lösung sein können (siehe die Ausführungen zum 2. Plot Point im Kap. 12)

Leitmotiv „Übergang" (bildnerisch)
Zwei verschiedene Zonen kommen ins Bild. Entweder stehen diese (noch) getrennt nebeneinander oder es wird eine Grenzüberschreitung dargestellt. Häufige Motive: ein Tor, eine Schwelle, ein Pendel, ein Boot, eine Person, die von „A nach B" geht. Am häufigsten werden folgende Grenzen überschritten: vom Paradies in die Rätselzone, von der Rätselzone in die Diaspora, von der Diaspora in den „dritten Ort" oder in ein (modifiziertes) Paradies.

Leitmotiv „Weg" (bildnerisch)

Ein Weg verbindet und ist deshalb ein Symbol für den Übergang zwischen den einzelnen Zonen. Um welche es sich dabei handelt, erschließt sich aus den übrigen Bildelementen. Führt der Weg ins „Nichts" oder in eine unbestimmte Struktur (Wolke, „chaotische" Bildstellen etc.), markiert er den Übergang in die Rätselzone. Blockierte Wege verweisen auf die schwer überwindbare Grenze der Diaspora. Zweigt sich der Weg auf oder gleicht er einem Irrgarten, dann wird damit meist eine Station innerhalb der Rätselzone markiert. Zum Motiv des „aufsteigenden Wegs" siehe das affektive Leitmotiv „Anstrengung".

Leitmotiv „Kontaktlosigkeit" (affektiv und bildnerisch)

Dargestellt werden entweder eine einzelne einsame Person (ohne weitere Bildmotive), oder mehrere Personen, die nicht miteinander in Kontakt sind (in verschiedene Richtungen schauen, durch Abgrenzungen voneinander getrennt sind, in verschiedenen Häusern wohnen). Leitaffekt ist meist Depression oder Sehnsucht. Auch wenn keine Trennlinien dargestellt sind, verweist das Motiv meist auf die Diaspora.

14.3   Wie Patienten ihre Station beschreiben

Gerade in der ersten Therapiesitzung, oft sogar mit dem ersten Satz, beschreiben Patienten ihre Lebenssituation oft in einer sehr allgemeinen Weise, die meist schon einen Hinweis auf die Zone gibt, in der sie sich befinden. Naturgemäß handelt es sich dabei nicht um das „Paradies", sondern um eine der anderen Zonen.

Rätselzone

- „Ich kann mich nicht entscheiden."
- „Alles stürmt auf mich ein."
- „Ich bin vollkommen durcheinander."
- „Ich bin am Abstürzen."
- „Alles ist im Fluss."
- „Alles ist total verrückt."

Provisorium

- „Ich bin nur am Kämpfen."
- „Ich kann mich nicht abgrenzen."
- „Ich bin am Untergehen."
- „Alles ist nur noch anstrengend."
- „Alle sind gegen mich."
- „Ich fühle mich bedroht."

Diaspora

- „Alles lastet auf mir."
- „Ich bin in einem tiefen Loch."
- „Es geht nicht weiter."
- „Etwas hindert mich, mein Ziel zu erreichen."
- „Ich fühle mich wie eingesperrt."
- „Ich bin in einem goldenen Käfig."
- „Ich bin geschützt."
- „Endlich eine Atempause."

The manufacturer's authorised representative in the EU is Springer
Nature Customer Service Centre GmbH, Europaplatz 3, 69115 Heidelberg,
Germany. If you have any concerns regarding our products, please
contact ProductSafety@springernature.com

Printed and bound by CPI Group (UK) Ltd, Croydon, CR0 4YY
27/04/2026
02097564-0015